西方参与式民主理论发展研究

卢瑾 著

人民出版社

总　序

一

20世纪70年代末期,在西方,由于经济滞胀和政府失败的出现,引发了一场声势浩大的政府管理改革运动。这场政府改革运动随之在世界范围展开。至今,仍在世界范围内以特有的方式走向深入。

从政府管理的角度看,这场政府改革运动与传统上的政府改革最大的不同,不仅仅在于基于现实条件下更加深入地认识政府与市场、政府与社会的关系,确定现代市场经济条件下的政府职能,即解决政府干什么的问题,更在于在行政职能的输出方式,即对政府的行政方式进行探索,着重解决政府如何干的问题。这一场政府改革解决政府在市场经济条件下如何履行好自己的职能的问题,相当程度上是整个改革的一个主要内容和重大突破,其基本逻辑,是在强调政府管理的目标与价值的基础上,加强对公共产品属性的认识,确认了私人和市场参与公共产品生产和提供的必要与可能,进而创新了政府管理的方法与技术,在现实中整合社会资源以满足公共需求,[①]从而回应了公众基本生活需求和社会经济发展的需要,并且在一定程度上治理了传统的政府难以应对的问题,即政府机构的"精简——膨胀,再精简——再膨胀"的怪圈。

---

① 崔运武:《当代公共产品的提供方式与政府责任》,《思想战线》2005年1月。

政府存在的基本要求,就是处置公共事务以满足公众需求,促进社会的存在和发展,而政府管理公共事务的方式,就是公共管理模式,它由公共管理过程中各公共产品提供者功能的定位、参与程度和参与方法等基本要素构成。在人类已有的公共管理实践中,主要出现过在公共产品的提供中政府为主并有限投入的公共管理保护模式、政府全面负责乃至完全垄断的干预模式,政府与社会和市场合作的市场模式。① 因此,公共管理模式本质上是在公共管理过程中存在或可供选择的政府与市场、政府与社会的分工方式。无疑,自从20世纪30年代中期第一次世界经济危机以后,以政府对经济和社会的全面干预为起点和标志,随着行政国家的出现,在政府作为公共事务主要甚至是唯一管理者的情况下,现实的公共管理模式就是典型的干预模式或垄断模式。然而,自20世纪70年代期以来,现实政府管理的变革,现实的结果就是公共管理模式的变革,公共管理市场模式的出现和成长。② 正是在这一现实变革的基础上,基于理论与实践的互动,尽管人们对当前是否已有一个不同于传统的公共行政的新的公共管理理论的出现存在不同的观点,但可以肯定的是,正是现实变革的推动和新的公共管理理论的迅猛发展,越来越多的人基于对范式的深入的理解,认为即便不提公共管理已是一个新的理论或学科,但至少已是一个正在成长的新的研究范式。这一点,在我国,从1990年代中期教育部规定的学科专业目录的调整,以及近期社会科学研究及管理部门的及时调整,也足以说明。

在当代中国,自1993年建立社会主义市场经济体制的改革展开以来,可以说正是得益建立社会主义市场经济体制改革的展开和深入,以及社会主义市场经济体制的初步确立,公共管理模式的转换已成为一个不以人的意志为转移的客观进程。概言之,这一客观进程的内在逻辑是,一方面,建立社会主义市场经济体制改革的逐步深入,导致了公共需求的日益丰富和复杂,对政府公共管理的方式提出了新的要求。另一方面,正是随着建立社

---

　① 郎佩娟:《公共模式研究,政法论坛》,《中国政法大学学报》20卷第1期,2002年2月。
　② 崔运武:《公共事业管理概论(第二版)》,高等教育出版社2006年版,第二章。

会主义市场经济体制改革的展开和深入,是使作为公共管理模式从干预走向市场的重要因素——以民间组织或非营利组织为基本组织形式的社会(公民社会),相当程度上从无到有,不断发展,而党中央和国务院及时地认识了当代中国公共需求的发展变化,把握了公共管理发展的内在逻辑,因而随着改革的深入,提出必须以社会主义市场经济运行的基本要求来确定政府职能,必须大力培育和发展社会中介组织,并且制定了一系列促进民间组织发展的方针和政策,要求加强社会管理和公共服务职能,提出要努力提高干部和公务员的现代公共管理素质,建立一个既与当代公共管理发展总体趋势相一致,又符合中国特点的新型公共管理体制。一句话,当今中国,公共管理模式的转换应该已是一个不争的现实。

正如同当代西方的"新公共管理"在实践上与传统的公共行政或说公共管理有明显的不同,因而在理论与实践的互动中形成了对传统的公共行政理论进行重大变革,进而形成"新公共管理理论"一样,当代中国公共管理模式的转换作为一种在中国出现的客观现实,一种在中国未曾有过新的公共管理实践,它为能够对这一实践做出解释并做出进一步改革导引的理论的构建提出了要求。正因为如此,在当代中国的社会科学领域,自上世纪90年代中期至今,公共管理研究已成为一个理论热点,一个正在探索的理论:面向现实的重要领域。

二

在当代中国,对公共管理理论的探索,我们认为基本目标有二:

第一,总结研究当代世界的公共管理变革和理论发展。具体言之,即审视当代世纪范围内,尤其是20世纪70年代末期以来政府管理改革先行国家公共管理改革的实践,总结其经验和教训,研究其新公共管理理论之所以产生的动因、理论发展的脉落,如从管理主义、公共选择理论,到新公共管理理论,再到治理理论、新公共服务理论内在的发展逻辑与现实影响因素。在把握当代世界范围内公共管理变革的基本趋势,追踪理论发展前沿的基础上,探求公共管理中具有普适性的因素,本着"他山之石,可以攻玉"的原则,促进当代中国公共管理变革及理论的发展。

第二,探索有中国特色的,能对中国公共管理实践有解释、说明和预测的公共管理理论。当代中国的公共管理,是对当代中国公共事务进行协调和控制的过程。这一过程是在基于中国文化传统的发展,在当代中国特定的社会经济发展条件下,在有中国特色的社会主义政治制度下,在中国共产党的领导下展开的,是公共管理有中国特色的一种管理模式。因此,对当代世界范围内公共管理理论的追踪和研究,归根到底,就是要探索有中国特色的公共管理理论,尤其是要通过这一理论的探索和建构,对改革开放以来我国经济的高速而持续地增长,社会稳定,民主进步,人民群众不断增长的物质和文化需求得到满足,公众生活质量不断提高的这一"中国模式"做出令人信服的解释和说明,为未来的进一步发展基于公共管理做出有价值的参考的预测。

如何展开这一探索,从理论建构的角度看,我们认为最基本的就是要基于学科综合的基础上来进行。当代公共管理理论的产生和发展,正如人们所公认的,当代正在成长的公共管理理论,它的关注焦点由"内部取向"转变为"外部取向",由重视机构、过程和程序研究转到重视项目、结果与绩效的研究,从而使战略管理、管理的政治环境、项目执行、绩效评估、公共责任及公共管理伦理成为核心问题;它倡导的管理理念,其中心问题的"如何提供公共利益和服务",它提供的一整套管理的方法和技术,则是十分注重在处理公共管理问题尤其是政府与市场、企业与社会关系时,提供一整套不同于传统公共行政学的新思路与新方法。

而这一切之所以成为可能并形成一种较完整的知识体系,则是由于它的知识基础,即公共管理学作为一种广泛和综合的知识框架,把当代经济学、管理学、政策分析、政治学和社会学等学科的知识和方法融合到公共部门管理尤其是政府管理的研究中。因此,要追踪研究当代世界的公共管理知识,尤其是要建构有中国社会主义特色的公共管理理论,必须走一条基于以政府为主要研究对象,但又不局限于政府,以公共行政学为基本视野,但又必须同时关注相关的多学科，即基于以公共事务管理为核心，基于公共管理又必须逸出公共管理，逸出公共管理又必须回归公共管理的多学科研究路径。

三

云南大学在国内对公共管理理论的探索者的行列中，不是先行者，但肯定是一个积极的、孜孜不倦的参与者。

云南大学有较悠久的政治学和行政学的研究传统。1923年云南大学正式建立后，即于1925年建立了政治学系，展开了政治学和行政学的探索。新中国成立后，云南大学的政治学和行政学走过的是和其他兄弟院校一样的历程。改革开放后，云南大学迅速恢复了政治学学科，并于1980年代初结合地方社会经济发展的需要，开办了少数民族干部行政管理大专班。这一行政管理干部大专班沿至上世纪90年代末，在为云南省培养了大批合格的素质不断提高的少数民族行政管理干部的同时，也促进着我们对行政管理理论和教学的探索。1986年，云南大学获得了政治学理论硕士授权，即在这一专业中根据当时学科划分的要求，开设了行政学方向，培养行政管理方面的高级专业人才。随之，在国家学科专业调整，明确地建立行政管理专业后，云南大学先后获得了行政管理的本科专业和硕士点，开展了行政管理的专业教育。

1999年，世纪之交，世界范围内公共管理模式的变革和我国建立社会主义市场经济体制改革的步步深入，使正在成长的公共管理学科，展现出了前所未有的蓬勃生机。针对云南省社会经济发展的需要，感觉到了时代的脉动，以及公共管理这一高度整合的新兴学科必将成为社科领域的一个显学，一个极为重要的人才培养基地的巨大需求，云南大学依托学校既有的相关学科优势资源，以原政治学与行政管理学系为基础，于1999年7月正式建立了公共管理学院，云南大学公共管理学院也得以成为全国第一个正式建立的公共管理学院，从而使我们对公共管理理论的追踪关注，对新型的具有公共管理理念、掌握当代公共管理技术和方法的多学科的交叉型、复合型、应用型的人才培养,有了坚实的学科平台和新的人才培养条件。

云南大学公共管理学院建立后,我们积极追踪公共管理理论,展开公共管理学科的建设。我们的建设战略,一是以行政管理学科建设为基本支撑,二是积极将教学与研究相结合,将理论与实践相结合,将科学研究与教学研究。如此,九五期间,行政管理学科被列为云南省重点建设学科。在复旦大学等高校的支持下,我们行政管理重点学科建设获得了极大的发展,获得了一大批国家社科基金、教育部基金、教育部青年教师奖基金、国家新世纪重大教改项目等,支撑了整个学科建设,使学科力量不断得到发展,于2003年获得了MPA教育授权,2005年获得了行政管理博士授权,并建立了省部共建的公共管理实验教学中心。

"十一五"伊始,得益于正在深入发展的改革现实对公共管理的需求,基于我们从九五开始的以行政管理为基础的学科建设,以公共管理学科建设为目标——一个以公共管理为核心,一个更加综合的学科整合的建设,即公共管理学科建设,被列为云南省"十一五"重点建设学科。我们基于公共管理的学科特点和基本内涵,确定了公共管理理论与公共事业管理、公共政策与地方政府治理、公共经济与政府理财、区域高等教育发展与管理、电子政务五个建设方向,从更宽广的视野或学科入手,依赖于以往建设的基本路径,展开了新的积极探索。而在"十二五"即将启动之际,根据以项目带动学科加强学科建设的相关要求,我们的"区域公共服务的体制与技术及公共危机管理能力研究"项目,被列为云南大学"211"工程三期重点学科建设项目,从而使我们对公共管理理论的追踪和探索,有了新的更高的平台。

为了记录和展现我们探索的结果,我们计划将近期比较成熟的成果付梓出版。当然,尽管当今世界已是一个信息社会,资讯的传递和使用已非传统社会可比,但由于原有的学科基础和研究力量,以及地域等条件所限,我们对当代公共管理理论的追寻和探索,难免前瞻与后顾并存、深刻与肤浅共融。但我们以为,对在一个诱人的,但实际上又充满艰难、困惑,迷宫般的思想殿堂里的探索者而言,或许同样重要的,不仅仅在于所得,还在于有一种为理想而追求的锲而不舍的探索精神,一种为中国公共管理理论发展贡献一得之愚而带来的创造的欢乐。

是为序!

崔运武

2010 年 1 月 5 日于昆明

目　录

导　言

"一个人如果仅仅去过一种私人生活,如果像奴隶一样不被允许进入公共领域,如果像野蛮人一样不去建立这样一个领域,那么他就不能算是一个完完全全的人。"①

——汉娜·阿伦特

一、研究的缘起及意义

当代,无论是国内还是国外,学者们主要探讨的不再是该不该推进民主政治的问题,而是如何更加有效地推进。作为世界政治的重要组成部分,中国民主政治的发展需要借鉴其他国家的理论和实践经验。近年,西方协商民主理论(Deliberative Democracy)②逐渐成为中国学术界研究的热点之一。其实,西方协商民主是特殊社会政治条件的产物,并不完全适合中国。因此,我国要借鉴西方协商民主理论,就首先需要弄清:西方协商民主的实质是什么? 西方协商民主有什么价值与局限? 中西协商民主的区别是什么?

---

① ［美］汉娜·阿伦特:《公共领域和私人领域》,汪晖:《文化与公共性》,生活·读书·新知三联书店1998年版,第70页。

② 学界关于"Deliberative Democracy"的翻译存在较大分歧。"deliberative"本身具有审议的、审慎的、深思熟虑的、讨论的和协商的等多重含义,在对"dell berative"不同的理解下,出现了多种译法:审议民主、商议民主、商谈民主、慎议民主、深思熟虑的民主和协商民主等。鉴于各种译法都有其优缺点,而"协商民主"这种翻译方式已产生影响的情况下,本文暂且采用"协商民主"的译法,但与中国协商民主不同。

本研究正是源于对这些问题的持续关注。

可以说,西方协商民主理论是参与式民主理论(Participatory Democracy)①发展的新阶段。参与式民主理论兴起于 20 世纪 70 年代,它以自由主义民主理论为基础,强调在代议制民主的基础上引进更多的直接民主因素,扩大公民对公共事务的直接参与。1970 年,美国学者卡罗尔·佩特曼(Carole Pateman)出版了《参与和民主理论》一书,正式提出参与式民主理论。它充分强调"参与"在民主中的核心作用,对西方当代民主实践进行了一系列的反思,带来了民主模式的创新。

在西方民主理论中,"参与"在民主中的地位一直是一个核心问题。民主(democracy)一词出自古希腊文,最早见于古希腊历史学家希罗多德的《历史》一书。从词源上说,古希腊文 demokratia(民主)由 demos 和 kratos 两个单词组成。demos 是"人民"和"地区"的意思,kratos 则是"权力"和"统治"的意思,两者合在一起便是"人民的统治"。然而,这种词源学的解释过于简单和抽象,并不能真正体现民主的内涵。现实政治生活中的民主是一个异常复杂的概念,西方思想史上有很多思想家从不同的角度对其进行了阐释,形成了各种各样的定义。但难以否认,对民主的界定都不可避免地要涉及到公民参与。例如,科恩(Carl Cohen)提出:"民主是一种社会管理体制,在该体制中社会成员大体上都能直接或间接地参与或可以参与影响全体成员的决策"。② 多元民主论的代表人物达尔(Robert A. Dahl)在论述什么是"民主"时,提出了民主的五项标准,其中第一项标准就是"有效的参与"。③ 总之,参与与民主密切联系,是民主的内在要求和重要内容。

然而,在实际民主生活中,对待参与却一直存在两种对立态度:一种强调人民的参与权利,鼓励更广泛的积极参与,重视公共利益,认为政治参与是个人发展的重要条件;另一种则担心多数人暴政,限制参与,重视私人领

---

① "Participatory Democracy"在国内被翻译为"参与式民主"、"参与型民主"、"参与制民主"和"参与民主"等,这些译法差别不大,本文统一采用"参与式民主"译法。

② [美]科恩:《论民主》,聂崇信等译,商务印书馆 1988 年版,第 10 页。

③ [美]罗伯特·达尔:《论民主》,李柏光、林猛译,商务印书馆 1999 年版,第 43 页。

域,强调保护个人自由。这两种态度与西方的"积极自由"(positive free-dom)和"消极自由"(negative freedom)两种自由观密切相关。

在西方学术话语中,自由一般被划分为两种,即"消极自由"和"积极自由"。最早对自由进行区分的是法国思想家贡斯当(Benjamin Constant),他把自由分为两种类型:"第一种类型的自由是古代人十分珍视的自由,第二种则是近代民族视为弥足珍贵的自由"。① 在他看来,古代人的自由是政治自由,是参与政治事务的自由,现代人的自由是个人自由。"古代人的目标是在有共同祖国的公民中间分享社会权力:这就是他们所称谓的自由。而现代人的目标则是享受有保障的私人快乐:他们把对这些私人快乐的制度保障称作自由"。② 20 世纪初,英国思想家伯林(Isaiah Berlin)在贡斯当自由观的基础上,进一步提出了"消极自由"和"积极自由"的概念。在他看来,"消极自由"是回答"主体(一个人或人的群体)被允许或必须被允许不受别人干涉地做他有能力做的事、成为他愿意成为的人的那个领域是什么?"而"积极自由"是回答"什么东西或什么人,是决定某人做这个、成为这样而不是做那个、成为那样的那种控制或干涉的根源?"③简单地说,消极自由是"免于……"的自由,而是积极自由是"去做……"的自由。可见,所谓"消极自由"指的是在"被动"意义上的自由。即人在意志上不受他人的强制,在行为上不受他人的干涉,也就是"免于强制和干涉"的状态(being free from something)。所谓"积极自由"是指人在"主动"意义上的自由,即作为主体的人做的决定和选择,均基于自身的主动意志而非任何外部力量。当一个人是自主的或自决的,他就处于"积极"自由的状态之中(being free to do something)。积极自由强调的是主体活动的主动性和自治性。而消极自由的重点在于外部力量没有对主体形成束缚和控制,未受到他人的干涉。

---

① 〔法〕邦雅曼·贡斯当:《古代人的自由与现代人的自由》,阎克文、刘满贵译,商务印书馆1999 年版,第 24 页。

② 〔法〕邦雅曼·贡斯当:《古代人的自由与现代人的自由》,阎克文、刘满贵译,商务印书馆1999 年版,第 33 页。

③ 〔英〕以赛亚·伯林:《自由论》,胡传胜译,译林出版社 2003 年版,第 189 页。

围绕"消极自由"和"积极自由"的争论,理论界形成了两个基本派别。一派坚持"消极自由",他们把关注点放在自由的外在性方面,力图消除限制人们实现自由意志的外在因素,认为自由乃是外界障碍不存在的状态,维护个人自由的关键是尽可能减少外界障碍,特别是减少国家或政府对经济活动和社会生活的干预,防止政府滥用权力,侵害个人的各种自由权利。贡斯当、伯林,以及当代以哈耶克(F. A. Hayek)为代表的保守自由主义者等都是"消极自由"的倡导者;另一派则将自由延伸和扩大,在如何确保个人自由问题上,更加强调"积极自由",即关注积极参与对于促进个人发展的重要性,认为自由乃是意味着自主和自立,个人自由的维护不仅在于消极地摆脱限制,更在于获得自由地去做某件事情的能力,而国家必须负担起增进个人能力之职责,尤其是要干预经济活动,构建福利社会,以使个人有更好地行使自由的能力。卢梭(Jean‐Jacques Rousseau)、马克思(Karl Heinrich Marx),以及当代以格林(Thomas C. Greene)、罗尔斯(John Rawls)等为代表的新自由主义者等都是"积极自由"的倡导者。

从民主的视角看,自由观的上述分歧导致了消极保护个人权利和积极参与之间的张力:一方面,为了强调消极自由,保护个人权利,可能忽视公共利益和限制参与;另一方面,强调通过积极参与促进人的发展,可能损害个人权利和自由。这是从古希腊开始,一直到当代的各种民主理论的根本分歧所在,它造就了西方民主理论史上的两个基本派别,即英国学者戴维·赫尔德(David Held)所称的保护型民主和发展型民主理论[①]。

"民主思想的最初形式,与积极的和统一的人类本性概念相关"。[②] 古希腊城邦时期强调整体主义和人的政治性,形成了倡导积极参与的直接民主制,并在雅典的伯里克利连任将军时期达到顶峰。但是,这种直接民主制在人类政治历史上并不长久,它无法适应随着经济政治发展而导致的疆域扩大和人口增加,被长久湮没在中世纪神权政治的黑暗之中。近代,民主政

---

① [英]戴维·赫尔德:《民主的模式》,燕继荣等译,中央编译出版社 2004 年版,导论第 7 页。

② [英]恩斯特·拉克劳、查特尔·墨菲:《领导权与社会主义的策略——走向激进民主政治》,尹树广、鉴传今译,黑龙江人民出版社 2003 年版,第 203 页。

治再度兴起,但此时的民主政治已经与古希腊的直接民主制大相径庭,逐渐形成了以代议制为核心的间接民主制。而且,文艺复兴运动和宗教改革提高了个人在社会中的地位和价值,促进了有利于民主成长的观念和形势的发展。同时,资产阶级日益强大起来,奠定了未来民主政治稳定的社会基础。在这种背景下,民主理论得到了真正发展,但其内部逐渐分化,形成了以卢梭为代表的发展型共和主义民主和洛克(John Locke)开始的保护型自由主义民主理论两个流派。① 正如罗素(Bertrand Russell)所指出的,"从卢梭时代以来,自以为是改革家的人向来分成两派,即追随卢梭的人和追随洛克的人"。②

第一派是强调积极参与的发展型共和主义民主理论。这一派最重要的代表是卢梭,主张公民直接参与公共决策,强调公民积极参与对于个人发展具有重要的价值。民主按照卢梭赋予它的原初含义,意味着与所有人有关的事务应该由所有人来决定,其核心是人民主权学说。他认为民主意味着人民掌握国家主权,国家主权和人民主权是统一的。在他看来,国家主权永远属于人民,它是不可代表的,"唯有服从人们自己为自己所规定的法律,才是自由"。③ 由此,他认为参与能够提高个人自由的价值,能够使个人成为自己的主人。从这个意义上,卢梭的发展型民主思想与古代雅典的民主观念一脉相承。但是,近代以来的社会条件必然会实际限制这种古典民主形式的发展,以致卢梭也认为民主只适合于小国寡民。因此,这种以积极参与为核心的民主理论没有成为早期民主国家政治实践的指导,且由于其形式上激进的特点而被弃置一旁。

第二派是强调消极自由的保护型自由主义民主理论。这一流派主张代

---

① 受古典共和主义民主的保护型和发展型两种民主模式影响,20 世纪之前的自由主义也包含保护和发展型两种民主模式(分别以麦迪逊和密尔为代表),而且,自由主义的发展型民主在很大程度上影响了当代参与式民主理论,但 20 世纪开始主要的自由主义民主模式却都是保护型的。而近代以来的共和主义民主模式基本是发展型的(参见[英]戴维·赫尔德:《民主的模式》,燕继荣等译,中央编译出版社 2004 年版,导论第 5 页)。

② [英]罗素:《西方哲学史》(下卷),马元德译,商务印书馆 1976 年版,第 225 页。

③ [法]卢梭:《社会契约论》,何兆武译,商务印书馆 1980 年版,第 30 页。

议制,坚持法治,限制参与,核心是保护个人权利。17世纪洛克开启了自由主义民主传统,他第一次从理论上论证了"天赋人权"的基本原则,并通过对分权理论经验性的阐述,为资产阶级以民主形式组织国家提供了理论论证,为自由主义和民主的结合做出了开创性的贡献。到19世纪初,民主开始被视为公民以民选代表为中介手段参与决定集体决策。以此为开端,以消极自由为核心,主张宪政、法治和代议制的保护型自由主义民主逐渐形成,并成为近现代西方民主的主流。

　　自由主义民主试图从理念和制度上把消极保护和积极参与这两种对立协调起来。一方面,强调个人基本自由和权利,特别是保护个人免受政治权力迫害的权利;另一方面用有层次的代议制和政治体制来解决大规模民众参与带来的问题,用严密的官僚体制来解决管理和效率问题。但是,这些创新并没有从根本上解决这一矛盾。因此,20世纪上半叶,很多学者放弃了理想主义民主的价值,而追求对民主的经验式、实证式的分析,精英民主理论正反映了这一特征。该理论认为在政治生活中,几乎不存在民主参与和个人或集体发展的空间,民主充其量不过是选择决策者并制约其过分行为的手段。它认为,卢梭强调的"人民直接参与决策"是不现实且无法操作的,民主的本质在于设计出以竞争方式来制约执政者的制度安排。在这个方面,熊彼特(Joseph Alois Schumpeter)在1942年对民主的定义最具代表性:"民主方法就是那种为作出政治决定而实行的制度安排,在这种安排中,某些人通过争取人民选票取得作决定的权力"。① 在精英民主理论的基础上,保护型的自由主义民主理论进一步发展出多元民主等形式。可以说,在当代占主流的各种保护型自由主义民主理论中,参与的唯一功能就是起到保护性的作用,即保护个人的权利和自由免受侵犯。

　　20世纪中期,保护型自由主义民主日益显现出许多自身难以克服的重大缺陷。于是,60年代末和70年代初,西方普遍爆发了大规模的社会动乱

① ［美］约瑟夫·熊彼特:《资本主义、社会主义与民主》,吴良键译,商务印书馆1999年版,第395—396页。

和"新左派"运动,公众采取游行、示威、抗议行动,建立各种组织,直接向自由主义民主发难。他们揭露西方民主政治的虚伪,不满于参加有限的选举活动,要求直接参与公共事务,尤其是要求参与社会经济管理。许多人对传统的选举制度提出了怀疑,认为选举不能代表民主程序的全部,更不能反映民主的实质,因而对西方的选举采取了消极抵制的态度和做法,诉诸暴力和恐怖活动。亨廷顿(Samuel Phillips Huntington)在 1976 年出版的《难以抉择》一书中指出,这是"在技术统治模式下,贫富之间日趋扩大的裂痕连同对政治参与的压制最终导致的参与爆炸"。① 在此背景下,倡导积极参与的民主理论再度兴起。

纵观之,西方民主理论的发展,根本上表现为强调消极保护个人权利与强调积极参与的民主理论的此消彼长。虽然,强调消极自由的保护型民主理论是近现代西方民主理论的主流,但强调积极参与的发展型民主理论并没有退出历史舞台,而是在批评保护型民主理论的过程中不断地修正和完善,对西方民主理论的发展做出了重要贡献。因此,许多西方学者试图寻找新的民主理论模式,以融合二者,超越消极保护与积极参与之间的张力。参与式民主和协商民主理论的形成与发展正体现了这种要求。

可见,西方协商民主理论产生于西方的特殊语境,以自由主义民主为基础,是参与式民主寻求消极保护与积极参与平衡的产物。它具有特定的涵义,意味着政治共同体中的自由、平等公民通过参与政治过程提出自身观点,并充分考虑其他人的偏好,根据条件修正自己的理由,实现偏好转换,在达成共识的基础上赋予立法和决策以合法性。最近,国内有一些学者将中国的民主协商制度与西方的协商民主理论相等同。但事实上,我国社会主义民主政治中的协商,是由中国特殊的历史和现实条件决定的,是在中国共产党领导之下,建立在民主集中制的基础上的,一个扩大参与、集思广益的过程,与西方协商民主不同。同时,任何民主模式的形成和发展都有其特定

---

①　[美]塞缪尔·亨廷顿、琼·纳尔森:《难以抉择——发展中国家的政治参与》,汪晓寿、吴志华、项继权译,华夏出版社 1989 年版,第 25 页。

的环境,不同的社会条件必定产生不同的民主形式。在我国完全照搬西方的协商民主,必然会遇到一些难以克服的矛盾。

鉴于此,本书的目的是通过对西方参与式民主理论发展的研究,找出西方参与式民主理论发展的逻辑,揭示协商民主理论的实质,分析其价值与局限,为我国批判地借鉴西方协商民主提供理论依据。

本书从消极保护与积极参与之间张力的视角入手,在马克思主义指导下,研究西方参与式民主理论的发展。这具有两方面的意义:一方面,有助于系统梳理和全面认识参与式民主与协商民主理论。通过从消极保护与积极参与之间张力的视角,可以深刻理解西方参与式民主理论的发展逻辑,揭示协商民主理论的实质,为我国批判地借鉴协商民主提供理论依据;另一方面,有助于借鉴西方参与式民主理论有益成分,避免其缺陷,为促进我国扩大公民有序参与提供理论借鉴。当前,我国正在建设有中国特色的社会主义民主政治,扩大公民有序参与是其主要内容。我国社会主义民主制度是在经济文化比较落后的条件下建立起来的,就广大人民当家作主的民主实质而言,有着巨大的优越性,然而这种优越性的充分发挥既有赖于经济文化的发展,又有赖于政治体制的完善。通过研究西方参与式民主理论的发展,可以帮助我们批判地借鉴西方公民参与的理论和经验,进一步推进我国的社会主义民主政治建设,为最终实现人全面而自由的发展创造条件。

二、国内外研究现状

西方协商民主是参与式民主理论发展的新阶段。目前,国内外学者对协商民主和参与式民主理论都进行了研究,但对参与式民主理论的研究相对较少,而对协商民主理论的研究要多一些,尤其是近年,国内外学界越来越关注协商民主理论,出现了大量的研究成果,但总的说来,西方参与式民主和协商民主理论都还存在很多值得深入探讨的问题。

(一)对参与式民主理论的研究

国外学者关于参与式民主理论的研究至少可以追溯到20世纪早期,当时,英国费边社会主义的后期代表道格拉斯·柯尔(G. D. H. Cole)继承了卢梭的某些思想,提出鼓励积极参与的职能民主制。20 世纪 60 年代西方的新左派运动使积极参与理念复兴,马尔库塞(Herbert Marcuse)、阿伦特(Hannah Arendt)等学者都从参与角度来研究民主理论。1970 年,佩特曼(Carole Pateman)在《参与和民主理论》一书中正式提出参与式民主理论。

参与式民主理论提出后,受到了学术界的广泛关注,几乎每隔几年就有一本研究参与式民主的重要著作问世。例如,1980 年,曼斯布里奇(Jnae J. Mansbridge)出版了《超越敌对民主》(Beyond Adversary Democracy);1984 年,巴伯(B. Barber)出版了《强势民主》(Strong Democracy);1989 年,克罗宁(Thomas E. Cronin)出版了《直接民主》(Direct Democracy);1995 年,阿彻(Robin Archer)出版了《经济民主》(Economic Democracy);同年,赫尔德(David Held)出版了《民主与全球秩序》;1996 年,拉米斯(Douglas Lummis)出版了《激进民主》(Radical Democracy)[1]等。

曼斯布里奇在《超越敌对民主》中区分了两种不同类型的民主。"unitary democracy"是在面对面的关系下对共同利益、共识的追求。这种民主以共同利益和平等为基础,以大家取得共识为程序。利益不冲突、规模小、情谊与信仰是这种直接民主的主要特征。她把代议制称为"adversary democracy",因为这种间接民主假设公民的利益是不断冲突的。代议制、大多数人统治、一人一票是这种民主的主要形式和特征。曼斯布里奇的这一概念框架并没能产生广泛、深刻的社会影响。克罗宁的《直接民主》关注的是制度的创新和完善。该书受美国二十一世纪基金会的委托而写。全书研究三种直接民主的制度设计:公民倡议、全民公决和召回制度(the recall system)。赫尔德的《民主和全球秩序》讨论了民主制度的危机,他尖锐地指

---

[1]　Jane J. Mansbridge, Beyond Adversary Democracy, Basic Books, 1980; Benjamin R. Barber, Strong Democracy; Participatory Politics for a New Age, University of California Press ,1984; Thomas E. Cronin, Direct Democracy: The Politics of Initiative, Referendum, and Recall, Harvard University Press, 1989; David Held, Democracy and Global Order: From the Modern State to Cosmopolitan Governance, Polity Press, 1995; Robin Archer, Economic Democracy: The Politics of Feasible Socialism, Oxford University Press, 1995; Douglas Lummis, Radical Democracy, Cornell University Press, 1996. (参见何包钢:《民主理论:困境和出路》,法律出版社 2008 年版,第 47 页。)

出,在一个全球化程度日益提高的世界中,人民的直接参与机会越来越少,也越来越不重要。在上述情况下,他提倡全球民主,即把民主原则延伸到国际领域,以捍卫民主精神,拯救民生危机。他强调全球民主自身包括普通大众的直接参与,全球民主不仅仅是用民主原则来改造联合国制度,而且旨在进一步扩大普通百姓的直接参与。拉米斯的《激进民主》主张在面对面的小群体社区、工作场所和本土化的第三世界中尽可能地实行自治和直接民主,尽可能地拓展自由空间,并努力发展和壮大公民社会。他认为,民主就是人民的统治,是一种最简单、最本质的东西。但是,民主却总被误解为是一种有助于少数精英赢得和拥有政治权力的制度,是这些精英谋取其统治合法性的工具。①

另外,赫尔德在《民主的模式》中将参与式民主列为八种民主模式之一,②并对当代的参与式民主理论进行了总结,提出了参与式民主的一般模式:1、论证原则:对自由的平等权利和自我发展只能在"参与型社会"中才能实现,这个社会培植政治效率感,培养对集体问题的关系,有助于形成一种有足够知识能力的公民,他们能对统治过程保持持久的兴趣。2、主要特征:公民直接参与对于包括工区和地方社区在内的社会中关键制度的管理;重新组织政党体系,使政党官员直接对政党成员负责;"参与性政党"在议会或立宪制内运作;保持一种开放的制度体系,以确保试验政治形式的可能性。3、基本条件:通过物质资源的再分配,直接改造许多社会团体的不佳资源基础;在公共和私人领域,最大限度地削减不负责任的官僚权力;开放的信息体系,确保充足信息条件下的决策;重新审查照顾孩子的规定,以便妇女同男子一样具有参与公共生活的机会。③

参与式民主理论受到重视的同时,也遭到了不少批评。许多学者质疑

①　此段内容参阅何包钢:《民主理论:困境和出路》,法律出版社 2008 年版,第 47—49 页。

②　赫尔德的八种民主模式分别是:四种古典模式(古代雅典民主、共和主义民主、自由主义民主、直接民主)和四种当代模式(竞争性精英民主、多元主义民主、合法型民主、参与式民主)。(参见戴维·赫尔德:《民主的模式》,中央编译出版社 2004 年版,第 5 页)

③　[英]戴维·赫尔德:《民主的模式》,中央编译局出版社 1998 年版,第 340—341 页。

参与式民主的可行性、参与式民主在当代复杂社会中的效率等。例如，美国学者萨托利(Giovani Sartori)批评参与式民主是个含糊不清的概念，认为最接近参与式民主的概念是直接民主和公民表决式民主，而在当代社会背景下，已经失去了直接民主的条件。他提出："只有在小团体的范围内，参与才是有意义的和真正的参与"，随着参与从小团体上升到政治制度的层次，"参与便会既无法解释也不足以维持整个民主大厦了"。① 同样，美国学者贝尔(Daniel Bell)也对参与式民主的意义提出质疑，认为参与式民主"并不是它的信奉者所说成的那种万灵药"，②个人不可能影响改变他们生活的决策。事实上，参与式民主理论的确存在着许多难以克服的缺陷，并没有回答在具体的公民生活和民主过程中，参与式民主应该如何运行和操作的问题。

国内对参与式民主理论的研究较少，基本上还处于引进和介绍阶段。《当代西方民主思潮评析》一书对参与式民主理论进行了最早的系统评述，包括详细分析马尔库塞、托夫勒、奈斯比特和贝尔等学者的观点。③《20 世纪西方民主理论的演化》一文把"从代议制民主论到参与式民主论"列为 20世纪西方民主理论演化的四个趋势之一。④ 另外还有 2002 年发表的《参与式民主理论初探》⑤等文章。也有学者对浙江温岭民主恳谈会模式进行了调研，称之为"中国参与式民主的新发展"。⑥ 2003 年 11 月 13 日《北京青年报》以《参与式民主适合中国》为标题，发表了中国社会科学院政治学研究所副所长房宁教授在网上就全面建设小康社会问题回答网友的提问，但在文中并没有对什么是参与式民主、为什么参与式民主适合中国这些重要问题进行阐述。⑦ 2006 年翻译佩特曼的《参与和民主理论》一书。近年，随

① ［美］乔万尼·萨托利:《民主新论》，冯克利、阎克文译，东方出版社 1998 年版，第 128 页。
② ［美］丹尼尔·贝尔:《后工业社会的来临——对社会预测的一项探索》，高铦、王宏周、魏章玲译，新华出版社 1997 年版，第 399 页。
③ 徐鸿武等:《当代西方民主思潮评析》，北京师范大学出版社 2000 年版，第 18 页。
④ 陈炳辉:《20 世纪西方民主理论的演化》，《厦门大学学报》1999 年第 3 期。
⑤ 蒋本国:《参与式民主理论初探》，《学习与探索》2002 年第 6 期。
⑥ 慕毅飞主编:《民主恳谈:温岭人的创造》，中央编译局出版社 2005 年版，第 80 页。
⑦ 邓兴军:《参与式民主适合中国》，《北京青年报》2003 年 11 月 13 日第 A35 版。

着协商民主理论研究在国内的兴起,参与式民主理论受到越来越多的国内学者的关注,出版了一些介绍性的相关著作,包括《参与式民主的理论》、《参与式民主理论研究》①等。

同时,还有很多学者发表了与参与式民主相关的论文,还包括一些学位论文。总的看来,这些国内学者对参与式民主理论的研究主要集中在三方面:一是对参与式民主理论总体的介绍和评价。例如,《从参与到协商:当代参与型民主理论之前景》、《民主时代的参与》、《当代西方参与式民主评析》②等论文对参与式民主理论进行介绍和探讨,提出协商民主理论是参与式民主理论发展的新阶段。《西方民主理论史纲》一书也专门介绍了参与式民主理论,指出"其核心主张是只有公民广泛地、真实地参与国家政治生活,才能体现民主的真谛"。③ 二是对参与式民主理论代表人物观点的剖析。例如,《民主与参与:走出貌合神离的困境? ——评卡罗尔·帕特曼的参与民主理论》和《理解参与——帕特曼的参与式民主理论》④介绍和评析了佩特曼的参与民主理论。尤其是前者指出,参与式民主理论本身面临一些难以解决的难题,参与和民主能否走出貌合神离的困境依然是一个悬而未决的问题。《拥占性个人主义与自由主义民主——C. B. 麦克弗森的政治学说》和《自由主义民主的困境与重建——麦克弗森的政治理论研究》⑤则对麦克弗森的民主观进行了分析。三是参与式民主理论对我国的启示。

① 陈炳辉:《参与式民主的理论》,厦门大学出版社 2012 年版;原宗丽:《参与式民主理论研究》,中国社会科学出版社 2011 年版。

② 陈尧:《从参与到协商:当代参与型民主理论之前景》,《学术月刊》2006 年第 8 期;《民主时代的参与》,《读书》2006 年第 8 期;晋振华:《当代西方参与式民主评析》,苏州大学硕士学位论文 2007 年。

③ 孙永芬:《西方民主理论史纲》,人民出版社 2008 年版,第 237 页。

④ 胡伟:《民主与参与:走出貌合神离的困境? ——评卡罗尔·帕特曼的参与民主理论》,《政治学研究》,2007 年第 1 期;张丹丹:《理解参与——帕特曼的参与式民主理论》,吉林大学硕士学位论文 2006 年。

⑤ 陈尧:《拥占性个人主义与自由主义民主——C. B. 麦克弗森的政治学说》,《上海交通大学学报(哲学社会科学版)》2004 年第 1 期;余宜斌:《自由主义民主的困境与重建——麦克弗森的政治理论研究》,复旦大学博士论文 2007 年。

《西方参与式民主理论及其对中国社会主义民主政治的启示》《中国参与式民主发展研究》《当代西方参与式民主理论的发展及对我国的启示》①等文探讨了西方参与式民主理论对我国社会主义民主政治的重要意义。另外，还有许多其他相关论文对参与式民主理论进行了介绍和评价，由此可见，虽然深入分析参与式民主理论的成果不多，但可以看出学者们开始逐步意识到参与式民主理论的重要价值。

（二）对协商民主理论的研究

参与式民主理论在近年来兴起的协商民主理论研究中得到了进一步发扬。西方协商民主理论兴起于 20 世纪后期，近年受到学者们的广泛关注。1990 年，约翰·S. 德雷泽克（John S. Dryzek）发表了《讨论式民主：政治、政策与政治科学》，并在 2000 年发表了研究协商民主的重要著作《协商民主及其超越》。他提出协商民主理论的批判性正在削弱，它要获得进一步发展必须超越自由主义的宪政框架，恢复其批判性。1996 年，圣路易大学的詹姆斯·博曼（James Bohman）出版了论述协商民主条件的著作《公共协商：多元主义、复杂性与民主》。他认为在多元文化、社会复杂性和不平等条件下，协商民主依然可以令人信服地阐述解决这些问题的办法。同年，美国学者阿米·古特曼（Amy Gutmann）和丹尼斯·汤普森（Dennis Thompson）出版了《民主与分歧》，在书中作者较为系统地探讨了协商过程中的互惠性、公开性、问责制，以及有关协商结果的基本自由、福利职责和公平机会问题，认为协商民主是解决道德分歧的恰当手段。2004 年，他们又出版了《为何是协商民主？》②一书，根据当代公共生活的变化，进一步对协商民主理论进行了研究和修正。

除此之外，1998 年，哥伦比亚大学教授乔·埃尔斯特（Jon Elster）主编

---

①　梁军峰：《中国参与式民主发展研究》，中共中央党校博士学位论文 2006 年；陈尧：《西方参与式民主理论及其对中国社会主义民主政治的启示》，《社会主义研究》2008 年第 1 期；董石桃：《当代西方参与式民主理论的发展及对我国的启示》，《学术界》2010 年第 6 期。

②　该书的英文名是"Why Deliberative Democracy"，台湾学者谢宗学和郑惠文把此书名翻译为《商议民主》（智胜文化事业有限公司 2006 年版）。

的《协商民主》是一本在学界享有盛誉的文集,它探讨了作为决策机制的协商民主。哈佛大学欧洲研究中心教授塞拉·本哈比(Seyla Benhabib)发表了《民主与差异:变化中的政治边界》①、《以文化为名的主张:全球时代中的平等与多样性》等文集和著作,提出一种"复杂的多元文化对话"的模式,把个人视为公民社会内部文化交流与竞争过程的核心②。还有美国圣路易大学哲学教授詹姆斯·博曼和威廉姆·雷吉(William Rehg)主编的《协商民主:论理性与政治》、南非开普敦大学教授毛里西奥·帕瑟林·登特里维斯(Maurizio Passerin d'Entreves)主编的《作为公共协商的民主:新的视角》等文集,这些文集收录的文章集中代表了目前西方学术界对协商民主问题研究的最高水平和最新动向。可以说,近十年来,协商民主理论在西方政治学界逐渐占据了重要的地位。2000年后出版的关于民主问题和政治哲学的论著很少有不涉及协商民主的。正如加拿大著名学者威尔·金里卡(Will Kymlicka)所指出的,"为了克服以投票为中心的民主制的缺陷,民主理论家越来越关注先于投票的慎议和舆论形成的过程。民主理论家已经把注意力从投票站的情况转向了公民社会中公共慎议的情况"。③

在国内,学术界对协商民主的研究起步较晚,从2001年哈贝马斯访华演讲开始,"协商"这个词才逐渐在学术界及社会话语中流行起来。较早是2002年发表的《当代西方政治理论的热点问题》一文中介绍了协商民主理论。④ 2003年发表的《协商政治:对中国政治发展的一种思考》一文将协商民主理论与中国实际相结合,提出协商政治是中国发展民主政治的最佳选择。⑤ 之后,协商民主理论受到国内学术界的广泛关注,出现了大量翻译和介绍国外理论的资料和论文。2004年11月,浙江大学和澳大利亚塔斯玛

① ［美］塞拉·本哈比主编:《民主与差异:挑战政治的边界》,黄相怀译,中央编译出版社2009年版。

② Seyla Benhabib, The Claims of Culture: Equality and Diversity in the Global Era, Princeton: Princeton University Press, 2002, p. 101.

③ ［加］威尔·金里卡:《当代政治哲学》,刘莘译,上海三联书店2004年版,第524页。

④ 俞可平:《当代西方政治理论的热点问题(下)》,《学习时报》2002年12月23日。

⑤ 林尚立:《协商政治:对中国民主政治发展的一种思考》,《学术月刊》2003年第4期。

尼亚大学共同主办了"协商民主理论与中国地方民主的实践"国际学术研讨会。参加这次研讨会的国外学者的一些论文在国内发表,为国内的研究提供了重要资料。① 2006 年 2 月,中共中央颁布了《关于加强人民政协工作的意见》,其中明确指出:"人民通过选举、投票行使权利和人民内部各方面在重大决策之前进行充分协商,尽可能就共同性问题取得一致意见,是我国社会主义民主的两种重要形式"。② 中央的这一文件为进一步发展中国特色的协商民主理论提供了契机。2007 年《中国政党制度白皮书》第一次确认了协商民主的概念,指出"选举民主与协商民主相结合,是中国社会主义民主的一大特点"。③ 2012 年 11 月党的十八大明确将社会主义协商民主作为我国人民民主的重要形式,并对完善协商民主制度和工作机制,丰富协商民主的形式和内容,推进协商民主广泛、多层、制度化发展等做出全面阐述,对协商民主在中国的进一步发展有重要意义。④

目前,国内对于协商民主理论还处于介绍和初步研究阶段,成果大多数是译著和论文,研究专著较少。在译著方面,2004 年陈家刚选编《协商民主》一书,收录了国外最主要的关于协商民主理论的文章。2006 年至 2009 年,中央编译出版社出版了俞可平主编的"协商民主译丛",包括八部国外关于协商民主的重要著作和文集,为国内研究协商民主理论提供了重要资料⑤。2007 年 1 月,浙江人民出版社出版了谈火生选编的《审议民主》,共收

---

① 陈剩勇,何包钢主编:《协商民主的发展》,中国社会科学出版社 2006 年版。

② 《中共中央关于加强人民政协工作的意见(摘要)》,《人民日报》2006 年 3 月 2 日第 001 版。

③ 《国务院新闻办公室发表〈中国的政党制度〉白皮书》,来源:新华网 http://news. xinhuanet. com/newscenter/2007 – 11/15/content_7078834_3. htm。

④ 《胡锦涛在中国共产党第十八次全国代表大会上的报告》,来源:新华网 http://news. xinhuanet. com/18cpcnc/2012 – 11/17/c_113711665. htm。

⑤ 这八部著作和文集是:[澳]约翰・S. 德雷泽克:《协商民主及其超越:自由与批判的视角》、[美]詹姆斯・博曼:《公共协商:多元主义、复杂性与民主》、[南非]毛里西奥・帕瑟林・登特里维斯:《作为公共协商的民主:新的视角》、[美]詹姆斯・博曼、威廉・雷吉:《协商民主:论理性与政治》、[美]约・埃尔斯特:《协商民主:挑战与反思》、[美]伊森・里布主编:《美国民主的未来——一个设立公众部门的方案》、[美]塞拉・本哈比:《民主与差异:挑战政治的边界》、[美]詹姆斯・菲什金、[英]彼得・拉斯莱特主编:《协商民主论争》。

录 16 篇国外学者的文章。还有中央编译局主办的《马克思主义与现实》将协商民主作为其一个重点栏目，发表了许多国外学者的重要文章。2011 年陈家刚主编的《协商民主与政治发展》收录了 14 篇国外学者关于协商民主理论的文章，介绍了协商民主的基本理论，探讨了协商民主理论的基本逻辑、主体架构、实践以及未来发展①。

在研究性著作方面，2002 年出版了汪行福的《通往话语民主之路——与哈贝马斯对话》，这是一本较好地解读哈贝马斯协商民主观的著作。②2007 年出版了罗豪才等著的《软法与协商民主》，此书将法治发展特别是宪政发展与协商民主联系起来，并进而以协商民主的兴起作为探讨软法未来发展的时代背景和内在动力。③同年 12 月，出版了谈火生的《民主审议与政治合法性》，该书集中考察了民主协商与政治合法性的关联。④2008 年 3 月澳大利亚华裔学者何包钢在其专著《民主理论：困境和出路》中指出，协商民主理论是走出西方民主理论困境的出路。⑤2009 年出版了几部研究协商民主的专著，其中：《协商民主与当代中国政治》指出协商民主理论以发达资本主义国家的政治现实为基础，是自由民主发展到一定阶段的产物，是应对全球化时代各种风险与危机的现实选择，它对于促进中国宪政建设、合法决策、公民参与和政治对话，以及构建和谐社会、和谐世界，具有积极的意义；《协商民主与椭圆观角》以协商民主的源起为基点，对中西方协商民主的含义、特点、基础、实践和价值等基本问题进行了探索性阐述；《协商民主与有序参与》则从经度与纬度的结合上，探讨了协商民主的内涵、价值及其与有序参与的互动关系。⑥之后，更多相关著作相继出版，例如：高建、佟德

---

① 陈家刚主编：《协商民主与政治发展》，社会科学文献出版社 2011 年版。

② 汪行福：《通往话语民主之路——与哈贝马斯对话》，四川人民出版社 2002 年版。

③ 罗豪才等：《软法与协商民主》，北京大学出版社 2007 年版。

④ 谈火生：《民主审议与政治合法性》，法律出版社 2007 年版。

⑤ 何包钢：《民主理论：困境和出路》，法律出版社 2008 年版。

⑥ 陈家刚：《协商民主与当代中国政治》，中国人民大学出版社 2009 年版；李后强、邓子强：《协商民主与椭圆观角》，四川人民出版社 2009 年版；莫吉武等《协商民主与有序参与》中国社会科学出版社 2009 年版。

志编的《协商民主》从协商民主的价值与意义出发,精选了二十多篇论文对我国协商民主的框架与理论、要素与实践、个案与思考作出了全面的思考①。同时,近年还出现了很多专门研究协商民主理论的博士和硕士学位论文,例如《西方协商民主理论研究》通过与共和主义、自由主义以及与选举民主比较的维度,揭示了西方协商民主的含义、类型、特征、实践基础、理论渊源、哲学基础、价值诉求和政治正当性②。《协商合作视野下的民主政治研究》以对现代民主政治的反思和探索为切入点,研究协商合作的历史缘起、理论架构、政治运作和现实启迪③。

此外,台湾学者也积极地引进协商民主理论,并进行了深入地阐释。例如,台湾国立大学的陈东升和林国明致力于将协商民主理论引入台湾,并应用到实践中,探讨协商民主与科技政策的关系等。而许国贤则在其《商议式民主与民主想象》一文中解析了协商民主的基本论述及其在民主理论谱系中的定位,并探讨了其所面临的问题。④ 具体说来,学者们集中对协商民主的内涵、价值和困境等问题进行了探讨。

1. 关于协商民主的内涵与流派

自 20 世纪后期协商民主理论复兴以来,许多学者从不同角度对协商民主给出了不同定义,但至今仍有很大分歧。概括来说,西方学界有代表性的协商民主概念可归为以下三种类型:⑤一是将协商民主看作是一种民主治理形式。例如,古特曼和汤普森提出,可以把协商民主定义为一种治理形式,这种形式"可促使自由而平等的公民(及其代表们),提出互相能够接受且普遍可以相信的理由,来为各种决定辩护,其目的在于达成对当前全体公民具有约束力,但未来仍可接受挑战的各种结论"。⑥ 瓦拉德兹认为,协商民主"作为一种具有巨大潜能的民主治理形式,它能够有效回应文化间对话

① 高建、佟德志编:《协商民主》,天津人民出版社 2010 年版。
② 韩冬梅:《西方协商民主理论研究》,中国社会科学出版社 2008 年版。
③ 王洪树:《协商合作视野下的民主政治研究》,中国社会科学出版社 2011 年版。
④ 许国贤:《个人自由的政治理论》,法律出版社 2008 年版,第 195—225 页。
⑤ 参阅陈家刚:《协商民主引论》,《马克思主义与现实》2004 年第 3 期。
⑥ Amy Gutmann, Dennis Thompson:《商议民主》,智胜文化事业有限公司 2006 年版,第 7 页。

和多元文化社会认知的某些核心问题"。①　二是将协商民主看作是一种社团或组织形式。这种观点将协商民主看作是静态的。库克提出,"协商民主指的是为政治生活中的理性讨论提供基本空间的民主政府"。②　科恩认为"协商民主意味着一种事务受其成员的公共协商所支配的社团。这种社团的价值将民主本身视为一种基本的政治理想,而不仅仅是可以根据某方面的平等或公正价值来解释的衍生性理想"。③　同时,科恩提出协商民主的形式概念有五个特征:1.协商民主是一个正在形成的、独立的社团;2.协商民主是一种多元联合;3.成员们共享这样的观念:恰当的联合条件为他们的协商提供基本框架,同时,这些联合条款也是这种协商的结果;4.成员将协商程序看成是合法性的来源;5.社团成员承认其他人的协商能力。④　三是将协商民主看作是一种决策方式。例如,米勒提出:"当决策是通过公开讨论过程而达成,其中所有参与者都能自由发表意见并且愿意平等的听取和考虑不同的意见,这个民主体制就是协商性质的"。⑤

　　国内学者在协商民主的定义上基本遵循西方学者对协商民主的看法,主要有两种:第一种是广义的,认为协商民主是一种治理形式。有的学者提出协商民主是一种治理形式,"其中,平等、自由的公民在公共协商过程中,提出各种相关理由,尊重并理解他人的偏好,在广泛考虑公共利益的基础上,利用公开审议过程的理性指导协商,从而赋予立法和决策以政治合法性"。⑥　另一种是狭义的,把协商民主看成是一种决策方式。有的学者认为,"协商民主,简单地说,就是公民通过自由而平等的对话、讨论、审议等

---

① 乔治·M.瓦拉德兹:《协商民主》,《马克思主义与现实》2004年第3期。

② 梅维·库克:《协商民主的五个观点》,陈家刚选编:《协商民主》,上海三联书店2004年版,第43页。

③ 乔舒亚·科恩:《协商与民主合法性》,詹姆斯·博曼、威廉·雷吉主编:《协商民主:论理性与政治》,中央编译出版社2006年版,第50页。

④ 乔舒亚·科恩:《审议与民主的合法性》,谈火生编:《审议民主》,浙江人民出版社2007年版,第176—177页。

⑤ 戴维·米勒:《协商民主不利于弱势群体?》,毛里西奥·帕瑟林·登特里维斯主编:《作为公共协商的民主:新的视角》,中央编译出版社2006年版,第139页。

⑥ 陈家刚:《协商民主:概念、要素与价值》,《中共天津市委党校学报》2005年第3期。

方式,参与公共决策和政治生活"。①

事实上,西方的协商民主并没有统一的理论框架,学者们从不同的视角来构建协商民主,形成了不同的理论流派。

根据澳大利亚学者卡罗琳·亨德克里斯的观点,从协商的规模和形式角度,可将协商民主理论分为微观和宏观两种类型。这两者的差异主要在于对公民社会在协商民主中的作用和行为的认识不同。微观协商民主理论的解释集中于界定理想的协商程序,其代表有罗尔斯、科恩、古特曼、汤普森、埃尔斯特等。微观协商民主理论"只是有限地讨论了协商应该包括谁,而且也没有在本质上涉及公民社会"。② 微观协商民主理论集中于界定和讨论协商论坛的本质与理想条件,鼓励公民社会通过参与协商论坛而与国家合作,要求协商论坛的参与者必须是理性的,排除使用策略的行为形式,而且要通过协商程序的安排消除参与者在权力、势力、资源等方面的不平等。宏观协商民主则关心公共领域内发生的错综复杂的协商形式,公民社会起主导作用,其代表有哈贝马斯、博曼、德雷泽克等。宏观协商民主理论家强调非正式的、发生在公民社会中的谈话式协商形式,其中的交流是自发的、不受限制的。"它包括从面对面小范围的讨论到社会运动以及媒体在内的一系列交流空间。很难预测的、谈话式的协商没有必要排除策略性的活动形式,如抗议、抵制和激进主义"。③ 宏观理论家更喜欢看到公民社会对抗国家的作用,他们也不排除协商参与者可以使用策略的行为方式,特别是用这种行为来对抗国家或经济权力及不平等,他们虽然也看到了社会中存在的某种不平等,但他们并不认为这种不平等会对协商的可能性造成威胁。

值得注意的是,一些学者尝试将微观和宏观协商民主的分歧联系起来。例如,哈贝马斯在强调公共领域的同时,提出了双轨民主模式,认为合理的

---

① 俞可平:《协商民主:当代西方民主理论和实践的最新发展》,《学习时报》2006 年 11 月 6 日第 006 版。

② 卡罗琳·亨德克里斯:《公民社会与协商民主》,陈家刚选编:《协商民主》,上海三联书店2004 年版,第 126 页。

③ 卡罗琳·亨德克里斯:《公民社会与协商民主》,陈家刚选编:《协商民主》,上海三联书店2004 年版,第 128 页。

协商政治必须是双轨的,即需要通过两种渠道来完成,一是议会这种制度性组织,二是社会公共领域这种非正式的交往形式。他说:"商议性政治是在意见形成和意志形成过程的不同层次上沿着两个轨道进行的——一个是具有宪法建制形式的,一个是不具有正式形式的"。① 在他看来,一种合理的协商政治必须承认,社会是民主意愿的来源地,而国家的制度性组织则是民主意愿的载体或表达渠道。约翰·S.德雷泽克则从话语民主的视角探讨了协商民主不仅仅局限于宪政结构之内,更应该发生在一个必不可少的政治活动空间——公共领域之内。他认为,"协商民主可能发生在三个层面的不同领域:国家制度、特设论坛、公共领域。这三个领域内的协商民主都有其不同的特点与运作方式"。②

此外,根据美国学者诺埃里·麦加菲观点,从思想资源和问题意识角度,西方协商民主理论可分为三种类型:第一种是以偏好为基础的协商民主理论。这种模式主要由社会科学领域的协商民主理论家所倡导,包括埃尔斯特、费希金等。这种模式主要通过政治科学对经济学语言和理论结构的借鉴来实现,将其注意力集中在个体的意见和偏好之上。第二种是理性的程序主义的协商民主理论。这种模式来源于纯粹规范取向的哲学家,以罗尔斯、哈贝马斯为代表。这种协商模式有着完全规范性的哲学根基,公民完全按照普遍化的规范行事,这是一种理想状态。第三种是综合的协商民主理论。其思想资源来自杜威和阿伦特,开创者包括马修斯、扬克洛维奇、巴伯等。按照这种观点,协商的目标本质上不是追求唯理性,而是理解之可能性。③ 而按照布劳格的观点,从规范性程度角度,协商民主理论可分为三类:共和主义的协商理论、后现代的协商理论以及普遍主义的协商理论。④由此观之,协商民主理论还处于不断地探索阶段。

---

① 哈贝马斯:《在事实与规范之间》,生活·读书·新知三联书店 2003 年版,第 389 页。

② John S. Dryzek:《不同领域的协商民主》,《浙江大学学报(人文社会科学版)》2005 年第 3 期。

③ 参阅诺埃里·麦加菲:《民主审议的三种模式》,谈火生编:《审议民主》,浙江人民出版社 2007 年版,第 48—58 页。

④ 参阅谈火生:《审议民主理论的基本理念和理论流派》,《教学与研究》2006 年第 11 期。

2. 关于协商民主的价值与定位

从 20 世纪后期开始,国内外学者都逐步认识到协商民主理论具有的重要价值。西方学者对此进行了很多探讨,库克将其总结为五点:"(1)公共协商过程的教育作用;(2)公共协商过程形成共同体的力量;(3)公共协商程序的公正性;(4)公共协商结果的认识平等;(5)协商民主表述的政治理想与'我们是谁'的一致性"。① 国内学者也对协商民主理论的价值进行了总结和阐述。有学者将协商民主的价值概括为:(1)促进合法决策;(2)培养公民精神;(3)矫正自由民主的不足;(4)制约行政权的膨胀;(5)从世界层面以及各国的经验现实来看,协商民主的多样性实践恰好能够说明其作为民主趋向的价值。② 也有学者提出:"协商民主能够促进决策的合法化,控制行政权力膨胀,培养公民美德和平衡自由主义的不足"。③ 还有学者认为:"协商民主的引入有助于维护公共政策议程建构的公共性、合法性、民主性和有效性,有助于为公共政策议程建构机制提供新的思路,有助于规避公共政策议程建构中的'隐蔽'、'垄断'和'不决策'等问题,从而不断提升公共政策品质并促使其得到顺利贯彻"。④

在肯定协商民主价值的前提下,学者们围绕协商民主与选举民主的关系探讨协商民主的定位问题。根据克里斯蒂诺的观点,可以把二者的关系归纳为三种不同的观点:第一,必要条件论,认为选举民主的运作,要以公民之间平等的协商为必要前提条件,缺乏公共协商的选举民主是一种不受欢迎的政治形态;第二,唯一论,也称排他论,就是说协商民主是当今民主政治运作的唯一模式,投票无法体现民主的价值,民主重要性存在的唯一理由就是自由和平等公民之间的公共协商,选举民主是没有必要存在的;第三,贡献论,认为协商民主对自由竞争式选举民主的运行是有贡献的,但协商民主

---

①　梅维·库克:《协商民主的五种观点》,毛里西奥·帕瑟林·登特里维斯主编:《作为公共协商的民主:新的视角》,中央编译出版社 2006 年版,第 15 页。

②　陈家刚:《协商民主:概念、要素与价值》,《中共天津市委党校学报》2005 年第 3 期。

③　贺龙栋:《协商民主的理论诘难与现实挑战》,《社会主义研究》2008 年第 1 期。

④　李强彬:《论协商民主与公共政策议程建构》,《求实》2008 年第 1 期。

可能既不必要,也非充分,两者之间是互补关系。① 多数西方协商民主理论者认同第三种观点,即协商民主对自由竞争式选举民主起到一种辅助和纠正的作用,主要是弥补选举民主的不足,而不是全盘取代选举民主的运作。例如,克里斯蒂诺本人就认为,以协商民主模式取代选举民主模式的观点是无法成立的,因为,协商并不能取代投票,"正是因为投票权的广泛分配才使公共协商在大范围内存在。……它对于公共协商的效率,甚至其存在都是一个必要条件"。②

最近,还有学者探讨了协商民主与参与式民主的关系。例如,加拿大学者希尔墨就认为大多数协商民主理论主要"集中于参与的方式,即公民之间的审议"③,与参与式民主不同。国内也有学者对二者进行了区分,指出:"参与民主和协商民主作为两个相互联系但又有所区别的理论和机制,在当前的理论和实践探讨过程中有时被混为一谈,这种情形不仅不利于二者的各自发展与借鉴融合,也可能对其产生错误的指导,阻碍民主实践的深入发展"。④ 但不可否认,协商关注参与的方式,这也是参与式民主理论研究的主要问题,因此可以把协商民主看作参与式民主理论发展的新阶段。

虽然,学者们对于协商民主理论的定位有不同的看法,但可以肯定的是,他们承认协商民主具有重要的理论价值,而且大部分学者认为协商民主并不排斥投票,只是其重心在投票之前的协商过程。

3. 关于协商民主的困境及其借鉴

协商民主具有传统民主范式所不具备的优势。但是,在协商民主理论的优越性特征大大深化了民主进程的同时,其可行性也受到了较大挑战。因此,如何实现协商民主理论与现实相结合,提高其可行性,是当前学者讨

---

① 托马斯·克里斯蒂亚诺:《公共协商的意义》,詹姆斯·博曼、威廉·雷吉主编:《协商民主:论理性与政治》,中央编译出版社 2006 年版,第 186—187 页。

② 托马斯·克里斯蒂亚诺:《公共协商的意义》,詹姆斯·博曼、威廉·雷吉主编:《协商民主:论理性与政治》,中央编译出版社 2006 年版,第 191 页。

③ 杰弗里·希尔墨:《参与式民主理论的现状(上)》,《国外理论动态》2011 年第 3 期。

④ 郑慧:《参与民主与协商民主之辨》,《华中师范大学学报(人文社会科学版)》2012 年第 6 期。

论的核心。

许多学者指出了协商民主理论面临的现实困境。一方面是来自协商民主理论内部的反思。例如，瓦拉德兹认为，在多元文化社会中实施协商民主理想必然要面临三个重要的问题：(1)缺乏统一或共同的政治共同体；(2)认知和道德的不可通约性；(3)种族文化团体之间的显著不平等。而且，现实中的很多因素都会导致对协商民主的政治怀疑主义，比如：文化多元主义、社会中日益严重的大规模的社会不平等、社会复杂性、不可避免的共同体偏见和意识形态等。① 博曼和雷吉也指出，在协商理想中存在内在的紧张关系："程序正当性与判断和理由需要独立标准之间的紧张；自由和平等之间的紧张；多元主义和公开性的紧张；协商理想和当代社会中的多元和复杂的实际社会条件之间的紧张"。②

另一方面，协商民主理论也遭到外部各方的批评。在当代政治学理论中，协商民主理论往往被认为具有激进色彩而遭到自由主义民主论者的批评，在主流政治学理论中也没有受到应有的重视。许多学者质疑协商民主的可行性、协商民主在当代复杂社会中的效率等。具体来说，第一种批评来自现实主义者。其批评指向协商理想与现存民主实践之间存在着的巨大鸿沟。第二种批评来自社会选择理论者。社会选择理论深受自由主义传统影响，运用"阿罗不可能定理"的研究方法提出，从一系列个人偏好中寻求与民主程序应有的条件相一致的集体决策不可能，协商民主理想无法在宪政框架中实现。③ 第三种批评来自差异民主理论者。差异民主继承了后现代理论激进和批判性传统，以"差异"为假设前提批判公共协商以及公民参与这一形式对各种差异进行压制从而达成沉闷的一致。第四种批评来自参与诱因论者。参与诱因论者认为，公共协商的结果反映的是具有利益偏差的

---

① 乔治·M.瓦拉德兹：《协商民主》，《马克思主义与现实》2004年第3期。

② 詹姆斯·博曼、威廉·雷吉：《协商民主：论理性与政治》，中央编译出版社2006年版，导言第16页。

③ 戴维·米勒：《协商民主不利于弱势群体?》，毛里西奥·帕瑟林·登特里维斯主编：《作为公共协商的民主：新的视角》，中央编译出版社2006年版，第140—141页。

协商。第五种批评来自社会分工论者。社会分工论者认为,社会分工的条件下,如何平衡精英决策和民众决策的分歧是协商民主不得不面对的挑战。①

目前,国内学术界关于西方协商民主理论的研究已经不再局限于对这一理论本身的介绍,而是把更多的关注点放在了中国对它的借鉴上。对此,存在三种观点:第一种是价值论,认为协商民主虽然兴起于西方,但对中国有重要价值。例如,有学者提出:"由于民主发展阶段的不同,我们在民主政治建设过程中面临的问题,遭遇的困难,与西方多元文化社会面临的问题不同,但协商民主理论对现阶段中国的民主政治建设同样具有其特定的理论价值和实践指导意义"。② 第二种是内生论,认为协商民主是中国内生的,不存在适用不适用的问题。例如,有的学者提出:"协商民主是中国内生的,是在中国的具体国情下生长、发展和成熟起来的,是中国共产党将马克思主义基本原理与中国革命、建设和改革的实践紧密相结合,独立探索民主道路和建构民主制度的创造性成果"。③ 第三种是差异论,认为协商民主与社会主义民主政治是两种不同类型的民主政治,不能简单引入与倡导。例如,有的学者指出:"社会主义民主政治与西方的协商民主是两种不同性质不同类型的民主政治,是两股道上跑的车"。④ 还有学者提出虽然中国民主政治制度的协商元素与西方协商民主中协商成分有偶合,"但这一民主模式基本上还是植根于中国独特的历史与现实的政治资源之上。因此,以西方审议(协商)民主为基本模式来改造和构建中国的民主模式,显然是做不到的"。⑤

从上述三种观点可以看出,国内学者对西方协商民主的理论价值都给

---

① 参阅贺龙栋:《协商民主的理论诘难与现实挑战》,《社会主义研究》2008 年第 1 期。

② 陈剩勇:《协商民主理论与中国》,《浙江社会科学》2005 年第 1 期。

③ 齐卫平:《中国特色协商民主的内生源简论》,《中央社会主义学院学报》2008 年第 2 期。

④ 张献生、吴茜:《西方协商民主理论与我国社会主义民主政治》,《中国特色社会主义研究》2006 年第 4 期。

⑤ 金安平、姚传明:《"协商民主":在中国的误读、偶合以及创造性转换的可能》,《新视野》2007 年第 5 期。

予了肯定,但在是否适用于中国的问题上出现了分歧。事实上,任何民主模式的形成和发展都有其特定的环境,不同的社会条件必定产生不同的民主形式。因此,西方协商民主理论产生于西方的特殊语境,与中国式协商有着本质区别。清楚地认识到二者的差异,是借鉴西方协商民主的根本前提。

值得注意的是,近几年,西方协商民主理论研究又开始进入政治实验研究阶段。学者们结合不同的实践问题展开了各种不同形式的政治实验,以修正和发展协商民主理论。在这方面处于领先地位的是斯坦福大学詹姆斯·费什金(James S. Fishkin)教授。协商民主包括协商民意测验、公民陪审团(或称"公民议会"、"共识会议")、专题小组(又称焦点组)和大规模的协商大会(亦称21世纪城镇大会)等多种实践形式。① 这些形式已经在许多国家和地区进行过多次试验,并取得一定成效。学者们现在已不再满足于协商民主理论研究仅仅停留在价值研究层次,而是希望通过各种政治实验研究来找到实现协商民主的最佳方式。虽然目前的这些制度形式都处于初级实验阶段,但正如费什金所说:"尽管这个研究项目还远远没有到盖棺定论之时,不过初期的实验结果十分看好将协商引入大众民主,这样就可以在公众可以审慎的条件之下将每个人包容其中"。②

通过上述对参与式民主和协商民主理论研究的回顾,可以看到,目前国内外学界都越来越关注参与式民主和协商民主理论。总的说来,国内对参与式民主和协商民主理论的研究方兴未艾,很多问题还有待进一步探讨:第一,国内学者对参与式民主只是初步介绍,缺乏对参与式民主的发展规律、前景和困境的系统总结。第二,学者们看到协商民主是西方民主理论发展的新趋向,具有重要借鉴价值。例如有学者提出协商政治是中国发展民主政治的最佳选择,也有学者提出协商民主理论是走出西方民主理论困境的出路。但是,当代西方协商民主是西方语境的,是对现代选举式民主的批判与修补,并不完全适合于中国。因此,需要深入分析其产生的特殊社会、政

---

① 何包钢:《协商民主之方法》,《学习时报》2006年2月13日第005版。
② James S. Fishkin:《实现协商民主:虚拟和面对面的可能性》,《浙江大学学报(人文社会科学版)》2005年第3期。

治、经济和文化背景,以揭示西方协商民主理论的实质。第三,目前的研究中,只有少数学者看到了协商民主理论与参与式民主理论的密切关系,这是理解协商民主理论的一个关键。因此,需要对这一问题进行进一步的研究。事实上,参与式民主理论在西方是一个重要的民主理论流派,虽然不属于主流,但对西方民主理论的发展有着重要的影响。通过对参与式民主理论的发展进行梳理,深入挖掘其理论内涵,展望其发展前景,可以为我国的民主建设提供有益的借鉴。

三、研究路径和方法

本书以消极保护个人权利与积极参与政治的张力为视角,通过对西方参与式民主发展过程的梳理,揭示参与民主理论的发展逻辑和实质,探讨它的价值与局限,并指出对我国民主政治建设的启示。

(一)研究思路

从保护个人权利与积极参与政治之间的张力是西方民主的根本困境的理念出发,论证当代自由主义民主面临危机的根源是过度强调消极保护个人权利,而参与式民主理论试图通过重新强调积极参与,弥补自由主义民主的不足,但它发展中存在消极保护与积极参与之间的张力。西方协商民主是参与式民主理论发展的最新成果,为消极保护与积极参与提供了平衡的机制,具有重要的理论和实践价值。但是,协商民主理论以个人主义为基础,因此还是主要强调消极保护个人权利,积极参与仍是有限的,寻求消极保护个人权利与积极参与的平衡仍是它今后发展的方向。因此,我们在借鉴西方参与式民主理论时,要在马克思主义的指导下,结合具体国情,借鉴其有益成分,克服其缺陷,探索具有中国特色的社会主义民主模式。

具体而言,本书分为四个部分进行论述:第一章探讨参与式民主理论的缘起。此章通过西方参与式民主理论兴起背景的分析,找出其兴起的原因,以及它要解决的主要问题,论证西方参与式民主理论的兴起是对当代自由主义民主危机的反应,提出它不是全新的理论,而是对古典民主理想的复兴。一方面,通过对自由主义民主的兴盛和危机的深入分析指出其危机产生的根源是过度强调消极保护个人权利,忽视积极参与的重要价值,因此参与式民主理论试图通过重新强调积极参与,弥补自由主义民主的不足。另一方面,分析参与式民主的理论渊源,包括古希腊直接民主制、卢梭的人民主权思想和密尔的积极参与理念。

第二章分析参与式民主的理论建构及其内在困境。此部分通过对其建构过程的分析,论证西方参与式民主理论的实质是在保护个人权利的基础上,重新强调积极参与对个人发展的重要价值,并指出其发展的根本困境是消极保护个人权利与积极参与之间的张力。具体来说,首先,梳理当代参与式民主理论发展的三个阶段:一是以柯尔和阿伦特为代表的参与式民主理论的滥觞阶段;二是佩特曼和麦克弗森对参与式民主理论的建构阶段;三是托夫勒、奈斯比特和巴伯对参与式民主理论的发展阶段。其次,通过历史性的梳理,指出西方参与式民主理论的实质是对西方自由民主理论的批评与修补,在其发展过程中存在着消极保护与积极参与的张力。

第三章论述参与式民主的协商转向。此章是本论文的一个重点,论证西方协商民主理论是参与式民主发展的新阶段,它试图通过话语协商,确保所有人拥有真正的发言权,为消极保护与积极参与提供平衡机制。其一,分析民主理论协商转向的背景,包括西方社会的多元化趋势、聚合民主的理论困境、信息网络技术的发展等。其二,深入剖析协商民主理论。首先介绍哈贝马斯和罗尔斯对协商民主理论的重要影响。在此基础上,对古特曼、汤普森、德雷泽克和博曼等学者的协商民主理论进行深入分析。其三,指出协商民主理论既关注保护个人权利,又倡导公民参与公共协商,为消极保护与积极参与平衡提供机制。

第四章反思参与式民主理论。此章主要是分析参与式民主理论的价值与局限,指出其发展面临的困境,展望其前景,并指出对我国的启示。首先,对参与式民主理论进行客观评价:一方面,指出作为参与式民主发展的新阶段,协商民主揭示了自由主义民主的种种弊端,超越了既有民主模式,体现了民主理论发展的新趋向;另一方面,指出协商民主理论仍以个人主义为基础,存在诸多无法克服的难题,积极参与还是有限的。其次,考察近年西方的协商民主实践,指出其发展面临的挑战,并展望其发展前景。最后,分析西方参与式民主理论对中国民主政治建设的启示。提出马克思主义民主观以实现人的全面而自由发展为目的,在其指导下的民主才能真正超越参与式民主理论的局限性。

此外,本书的创新在于从消极保护个人权利与积极参与的紧张关系入手,通过分析西方参与式民主向协商民主理论的演进,提出协商民主为消极保护与积极参与提供了平衡机制,并指出其发展趋势和面临的困境,探索我国应如何批判地借鉴西方协商民主理论。

(二)主要研究方法

本研究属于思想史范畴。因此,本书主要借助文献分析法、比较分析法、历史分析法等方法,通过对国内外现有相关研究成果的收集、整理和归纳,提炼出可供参考的理论资源,并在这一基础上对相关问题进行思考和剖析。

1. 文献分析法。本书着重于对当代西方参与式民主理论进行思想史的考察,梳理历史上有关参与式民主理论的研究成果,因此,重要政治思想家的文本就成为本研究的主要分析来源。一方面通过分析主要参与式民主思想家的文本,梳理总结参与式民主的理论内涵、特征和主要观点;另一方面,考察相关思想家对参与式民主理论的评价,以进一步深刻认识参与式民主理论的实质。

2. 历史分析法。本文的论证过程坚持历史主义的态度,即把西方参与式民主理论的发展放到特定的历史条件中去考察,指出其形成和演进的影响因素,及其进一步发展的趋势和面临的困境。

3. 比较分析法。民主有不同的模式,参与式民主的特点必须在与其它民主模式的比较中才能显现出来,尤其是要把它与自由主义民主的区别和联系弄清楚,这是理解参与式民主的关键。另外,还要通过比较不同历史时期的思想家对于民主参与的论述,以全面认识参与式民主理论的形成、演进与嬗变。

还需要说明的是,与精英民主和多元民主理论不同,参与式民主并没有形成完整的理论体系,其观点散见于不同学者的文献中,而且学者之间的具体主张存在一定差异。因此,由于篇幅所限,本书只能选取不同阶段一些具有代表性的学者的文献作为主要线索和研究对象,对其他学者的思想暂不讨论。

第一章 参与式民主理论的缘起

参与式民主理论兴起于20世纪70年代，它以自由主义民主①理论为基础，强调在代议制民主的基础上引进更多的直接民主因素，扩大公民对公共事务的直接参与。以代议制为核心的自由主义民主19世纪基本完成其理论建构，并一直在西方民主理论中占据主导地位。但是，伴随着现代社会日益增长的复杂性和多元性，自由主义民主在当代西方社会经济、政治运行过程中，显现出诸多弊端，面临着重重危机。可以说，西方参与式民主理论的兴起正是对当代自由主义民主危机的反应。本章通过对自由主义民主的兴盛与危机的分析，论证当代自由主义民主危机产生的根源是过度强调消极保护个人权利，忽视了积极参与对于个人发展的重要价值，因此参与式民主理论试图通过重新强调积极参与，弥补自由主义民主的不足。但值得注意的是，参与式民主理论不是全新的，而是对古典民主理想的复兴。它的理论渊源包括古希腊直接民主制、卢梭的人民主权思想和密尔的积极参与理念等。这些实践和理论中包含着丰富的积极参与思想，为当代西方参与式民主理论的建构提供了理论基础。

---

① 首先需要说明代议制民主、宪政民主、选举民主、聚合民主与自由主义民主之间的关系。自由主义民主是一种间接民主，亦即代议制民主和选举民主，主张通过普遍选举、政党竞争和代议机构来实施民主。它同时也是一种宪政民主，主张通过法治、分权等手段来制约国家权力，坚持公私领域的界分，强调保护个人自由和权利不受侵犯。它还是一种聚合民主，主张在多数原则指导下，通过偏好聚合以实现民主。在各种论著中，代议制民主、宪政民主、选举民主和聚合民主一般都特指自由主义民主，只是关注的角度不同，在本文中也是这样使用。但需要注意的是，代议制、选举、宪政和偏好聚合等这些内容不独为自由主义民主所有，不能把它们完全等同于自由主义民主。也就是说，其它民主模式同样可以具有代议制、选举、宪政和偏好聚合等内容。

一、自由主义民主的兴盛与危机

西方参与式民主理论是在以代议制为核心的自由主义民主产生危机的背景下出现的。自由主义民主源于自由主义与民主的结合,它兴起于17世纪,到19世纪基本完成其理论建构。从20世纪开始,主要的自由主义民主模式都是保护型的,在当代西方一直占据主导地位。它强调消极自由,以保护个人权利为目的,限制大众参与,认为民主只是选举领导人的一种手段,其典型代表是熊彼特的精英民主论和达尔的多元民主论。自由主义民主在苏东剧变后达到了自信的顶点,福山(Francis Fukuyama)宣称:"从拉丁美洲到东欧,从苏联到中东和亚洲,强权政府在20年间大面积塌方。尽管他们没有都千篇一律地实行稳定的自由民主制度,但自由民主制度却始终作为惟一一个被不懈追求的政治理想,在全球各个地区和各种文化中得到广泛传播"。① 但事实表明,伴随着现代社会政治、经济的高度发展,自由主义民主在西方社会运行过程中,越来越陷入一种难以自拔的泥沼,显现出诸多弊端,遭受各方的质疑。

(一)自由主义民主的兴盛

古希腊的民主理想与实践是人类民主的启蒙,以雅典的城邦民主制最为典型。这种民主制的特点是:公民属于城邦,私人生活隶属于公共事务和公共的善;公民参与政治并不是实现其他目的的手段,参与本身就是目的;公民在政治上是平等的,每个公民可以通过参加公民大会决定城邦的政策,也可以通过抽签的方式担任公职。也就是说,古希腊民主是直接民主,统治者也就是被统治者,公民直接行使权力而不是委托别人。古希腊的民主理想与实践为后世留下了巨大思想财富。但是,随着马其顿征服古希腊,人类第一次民主实践结束。此后,民主政治销声匿迹了两千多年。直到17世纪英国光荣革命后民主政治才逐渐复苏,但是重新兴起的民主政治已经与

---

① [美]弗朗西斯·福山:《历史的终结及最后之人》,黄胜强,许铭原译,中国社会科学出版社2003年版,第4页。

古典民主有着质的区别。

1. 近代自由主义民主理论的兴起

近代思想的直接源头可追溯到文艺复兴时期,其后是宗教改革和启蒙运动。"文艺复兴"(Renaissance)一词源于意大利语,意为再生或复兴,是指14世纪至16世纪在欧洲兴起的一场有关艺术、文学、自然科学和建筑等各方面的思想文化运动,是古代经典学术与艺术的复活或再生,即在基督教传统之外重新发现古希腊罗马的璀璨文明,揭开了近代欧洲历史的序幕。意大利的彼特拉克、萨鲁塔蒂、亚尔培蒂等,北欧的伊拉斯谟、托马斯·莫尔等,都是文艺复兴时期著名的人文主义者。他们抨击经院学派全神贯注于神学,而忽略了对人的关怀,强调世俗生活,强调人的价值,强调人的教养和全面发展。之后的宗教改革进一步强调了个人价值,这为启蒙时期自由主义民主理论的产生奠定了基础。

自由主义民主的思想来源于自由主义和民主的结合。西方自由主义民主的相关思想最早可追溯到中世纪英国的议会制度,但其真正形成始于17世纪的英国。当时,随着资本主义的不断发展和资产阶级力量的壮大,资产阶级要求打破封建专制的束缚,建立资产阶级民主政治,以维护资产阶级利益,发展资本主义。1689年的权利法案确立了议会的最高权力,随后议会又接受了人民主权的原则。英国革命中进行的一系列改革,直接推动了代议制、法治、宪政等自由主义民主信条的形成。资产阶级革命的实践推动了自由主义和民主的结合。

其一,"天赋人权"原则是自由主义民主的基石。"天赋人权"指自然界中的人普遍固有的权利,并不由法律、信仰、习俗、文化等来赋予或改变。人是否完全作为个体享有天赋权利是自由主义民主传统开始的关键。这种传统开始于17世纪,霍布斯标志着从服膺绝对专制主义转向反对暴政的自由主义的转折点,他提出需要确立个人权利和自由,同时确立国家确保社会和政治秩序的足够权力。这对自由主义的形成有决定性的意义,但其理论中交织着深刻的自由主义和非自由主义的双重因素。英国学者洛克(John Locke)第一次从理论上论证了"天赋人权"的基本原则。他在批评霍布斯的基础上,阐述了自由主义民主思想,指出人们享有天赋的、不可剥夺的自然权利的学说源于自然法的思想传统。他说:"自然法,教导着有意遵从理性的人类:人们既然都是平等的和独立的,任何人就不得侵害他人的生命、健康、自由或财产"。① 他提出自然权利是不可转让的,并将私有财产与自由、平等一样列为不可转让的权力,其中财产权是首要的人权,"人们联合成为国家和置身于政府之下的重大的和主要的目的,是保护他们的财产"。② 洛克基于"天赋人权",提出了他对自由的理解:"人的自然自由,就是不受人间任何上级权力的约束,不处在人们的意志或立法权之下,只以自然法作为他的准绳。处在社会中的人的自由,就是除经人们同意在国家内所建立的立法权以外,不受其他任何立法权的支配;除了立法机关根据对它的委托所制定的法律以外,不受任何意志的统辖或任何法律的约束"③。

洛克代表着自由主义民主宪政传统的发端。在论证个体享有天赋权利的基础上,他第一次通过对分权理论进行经验性的阐述,从而为资产阶级以民主形式组织国家提供了理论论证,为自由主义和民主的结合做出了开创性的贡献。最早提出分权制约思想的是古罗马时期的波利比阿(Polybius),但他仅是对不同权利和职能部门的划分,而明确提出把国家权力的不同部分交由不同阶级的个人或集团掌握,互相制约,防止侵害公民权利的思想最早是由洛克提出的。他把国家权力划分为立法权、执行权和对外权三个部分,并分别由国王和议会掌握,相互牵制,建立一个君主立宪国家。对于这三种权利,他提出,"立法权是享有权利来指导如何运用国家的力量以保障这个社会及其成员的权利"。④ 而执行权是负责执行已被立法机关制定生效的那些法律的权利。对外权则是"包括战争与和平、联合与联盟以及同国外的一切人士和社会进行一切事物的权利"。⑤ 事实上,洛克只

---

① [英]约翰·洛克:《政府论》(下篇),叶启芳、瞿菊农译,商务印书馆1964年版,第6页。
② [英]约翰·洛克:《政府论》(下篇),叶启芳、瞿菊农译,商务印书馆1964年版,第77页。
③ [英]约翰·洛克:《政府论》(下篇),叶启芳、瞿菊农译,商务印书馆1964年版,第16页。
④ [英]约翰·洛克:《政府论》(下篇),叶启芳、瞿菊农译,商务印书馆1964年版,第89页。
⑤ [英]约翰·洛克:《政府论》(下篇),叶启芳、瞿菊农译,商务印书馆1964年版,第90页。

是把权利分成了两种,因为他把对外权和执行权都交给了国王,并没有把司法权单独划出。但是他有一个非常进步的地方,即他始终强调人民的地位,强调把国家的最后决定权归于人民。

法国理论家孟德斯鸠(Montesquieu)在洛克的基础上进一步提出分权制衡理论。孟德斯鸠比洛克更细致地区分了行政、立法和司法。他认为,在现代条件下,只有在国家内部精心地建立一套制度实行分权与制衡,自由才有其基础。孟德斯鸠提出,对一个国家来说,政治自由就是"一个人能够做他应该做的事情,而不被强迫去做他不应该做的事情"。① 对一个公民来说,"政治自由是一种心境的平安状态。这种心境的平安是从人人都认为他本身是安全的这个看法产生的。要享有这种自由,就必须建立一种政府,在它的统治下,一个公民不惧怕另一个公民"。② 孟德斯鸠认为,只有三权分立的政府,才能实现政治自由。在他看来,每个国家的权力都可以划分为三种:(1)立法权力;(2)有关国际法事项的行政权力;(3)有关民政法规事项的行政权力。他把第二项和第三项分别简称为"行政权"和"司法权"。他坚定地认为:"如果同一个人或是由重要人物、贵族或平民组成的同一机关行使这三种权力,即制定法律权、执行公共决议权和裁判私人犯罪或争讼权,则一切使都完了"。③ 在孟德斯鸠看来,要保证国家和公民的政治自由,三种权力必须分别交由不同的人和不同的机构来行使。他提出,一切握有权力的人都容易滥用权力,这是"万古不易"的一条经验。防止权力滥用的途径,就是使每个人和每个机构掌握的权力都有一定的界限,使权力的运用到此必须停止,不得逾越。"从事物的性质来说,要防止滥用权力,就必须以权力约束权力"。④

可见,洛克、孟德斯鸠等自由主义思想家们的理论核心是确保个人权利和自由,为此他们强调通过宪政、法治和分权制衡,限制政府权力。从18世

① [法]孟德斯鸠:《论法的精神》(上册),张雁深译,商务印书馆1959年版,第183页。
② [法]孟德斯鸠:《论法的精神》(上册),张雁深译,商务印书馆1959年版,第185页。
③ [法]孟德斯鸠:《论法的精神》(上册),张雁深译,商务印书馆1959年版,第186页。
④ [法]孟德斯鸠:《论法的精神》(上册),张雁深译,商务印书馆1959年版,第184页。

纪开始,这种思想成为自由主义民主理论的主线,是 19 世纪和 20 世纪初发展的民主政府的重要内容,也是现代国家的核心观念。但这些思想中的大部分只有雏形,而且也没有预见到政党政治等民主代议制政府的许多关键性成分。

其二,代议制成为自由主义民主的基本形式。美国的潘恩(Thomas Paine)开创了代议制政府理论。他提出了"简单民主制"的概念,分析了简单民主制和代议制的区别。在他看来,古希腊雅典实行的那种直接民主制是一种简单的民主制,它"不过是古代人的公共会堂。它既体现政府的公有原则,又体现了政府的形式。当这些民主国家的人口增长和领土扩大之后,这种简单的民主形式就行不通了"。① 简单的民主制只适应于小国寡民的国家,代议民主制则适应于一切国家。他认为:"简单的民主制是社会不借助辅助手段而自己管理自己。把代议制同民主制结合起来,就可以获得一种能够容纳和联合一切不同利益和不同大小的领土与不同数量的人口的政府体制;而这种体制在效力方面也胜过世袭政府"。②

潘恩极力推崇代议共和制政府。他指出,世界上流行着两种类型的政府:一种是实行选举的代议制政府;一种是世袭的继承制政府。前者通称为共和政体,后者则通称为君主政体或贵族政体。而共和制和君主制的根本区别,就在于共和制是为公共谋福利的政体,君主制是为个人谋私利的政体。"所谓共和国并不是什么特殊的政府体制。它完全体现了政府应当据以建立与行使的宗旨、理由和目标:res – publica 意为公共事务或公共利益;或可直译为公共的事"。③ 因此,潘恩认为这是两种截然不同而且对立的政体,它们分别建立在"理性"和"愚昧"这两个截然不同的基础之上,理性要求人们服从自己,愚昧则要求人们屈从于统治者所发出的任何命令。和君主制相对立的共和政体是以"理性"为基础的。另外,他指出,共和政体和民主政体也是有区别的,民主政体一般是指古希腊雅典那种实行直接民主

① 《潘恩选集》,马清槐译,商务印书馆 1981 年版,第 243 页。
② 《潘恩选集》,马清槐译,商务印书馆 1981 年版,第 246 页。
③ 《潘恩选集》,马清槐译,商务印书馆 1981 年版,第 243 页。

的政体,共和政体则是指实行代议民主制的政体。共和制吸收了直接民主制的优点,同时避免了直接民主制的缺点。代议共和制最大的优越性之一,就是它能集中社会的智慧,能运用集体的智慧来作为国家的指导,他说:"那个叫做政府的,或毋宁认为应当是政府的那种东西,不过是使社会各部分团结的一个中心。要做到这一点,除了采用能增进社会的各种利益的代议制以外,别无他法。代议制集中了社会各部分和整体的利益所必需的知识。它使政府始终处于成熟的状态"。① 可见,在潘恩看来,共和政体是最合理的政体,这是因为"这一政体包含着三大元素:代议、公利、公证,即它是由人民普选产生的代表来行使国家的立法、行政和司法权力的。它以理性为指导,为公共谋福利,得到人民大众的拥护和支持"。②

代议制在 19 世纪的英国得到进一步发展。按照参与式民主论者麦克弗森(C. B. Macpherson)的说法,19 世纪初由英国功利主义学派的开山鼻祖边沁(Jeremy Bentham)和詹姆斯·密尔(James Mill)构建了第一个自由主义民主模式。③ 在资本主义蓬勃发展背景下,边沁提出了一种功利主义原理指导下的代议制民主理论。他认为,政府起源于人们服从的习惯,只有在代议制政府形式中,统治者才能真正地受制于人民的意志,而且,因为人民的意志常常与普遍利益相一致,从而也就受制于普遍利益。詹姆斯·密尔接受了边沁的思想。事实上,他们主要关注的是改革贵族政治,通过投票权来使政府保障私人的利益,维持资本主义市场社会的功能。在他们的著作中,自由主义民主理论得到了基本的表述:治者必须通过政治机制对被治者负责(政治机制指秘密投票、定期选举、政治代表候选人之间的竞争等),这些机制为公民选择、认可和控制政治决策提供了令人满意的手段。通过这些机制,在强力和权利、权威和自由之间可以达到一种平衡。

---

①　《潘恩选集》,马清槐译,商务印书馆 1981 年版,第 246 页。

②　马啸原:《西方政治思想史纲》,高等教育出版社 1998 年版,第 370 页。

③　麦克弗森在他著名的《自由主义民主的生命与时代》一书中,将自由主义民主按照出现的顺序区分成四种模式:保障式民主、发展式民主、均衡式民主和参与式民主,并以边沁为第一种。(参见 Macpherson,C. B. The Life and Times of Liberal Democracy. Oxford:Oxford University Press,1977,p. 22.)

19 世纪中叶,英国思想家约翰·密尔(John Stuart Mill)对自由主义进行了修正,并全面设计了代议制政府。当时,阶级分立的西方社会剥削性质日益明显,劳工生活日益恶化,这使得有必要修正原始的自由主义民主模式。密尔修正和发展了边沁提出的功利主义,并关注在人类的全部行为领域中,个人自由达到什么程度。对他来说,自由民主的或称代议制的政府之所以重要,不仅因为它为追求个人满足设置了一些边界,而且,因为它是个性自由发展的一个重要方面。他所著的《代议制政府》奠定了议会制的理论基础,对代议制做了全面的设计,对议会的职能、选举权问题和代议制政府的行政等问题都作了深入细致的分析。

密尔认为,理想上最好的政府形式是代议制政府。在他看来,最能够满足社会要求的唯一政府形式是全体人民参加的政府,只是因为在人口众多、国土辽阔的现代国家中,所有的人亲自参加公共事务是不可能的,所以理想的类型只能是代议制政府。他说:“显然能够充分满足社会所要求的唯一政府是全体人民参加的政府;任何参加,即使是参加最小的公共职务也是有益的;这种参加的范围大小应到处和社会一般进步程度所允许的范围一样;只有容许所有的人在国家主权中都有一份才是终究可以想望的。但是既然在面积和人口超过一个小市镇的社会里除公共事务的某些极次要的部分外所有的人亲自参加公共事务是不可能的,从而就可得出结论说,一个完善政府的理想类型一定是代议制政府了”。[1] 据此论述,密尔得出结论说:“理想上最好的政府形式就是主权或作为最后手段的最高支配权属于社会整个集体的那种政府,每个公民不仅对该最终的主权的行使有发言权,而且,至少是有时,被要求实际上参加政府,亲自担任某种地方的或一般的公共职务”。[2]

密尔认为,代议制团体的主要职能是掌握并行使最后的控制权。“代议制政体就是,全体人民或一大部分人民通过由他们定期选出的代表行使最后的控制权,这种权力在每一种政体都必定存在于某个地方。他们必须完

---

① ［英］J. S. 密尔:《代议制政府》,汪瑄译,商务印书馆1982 年版,第55 页。
② ［英］J. S. 密尔:《代议制政府》,汪瑄译,商务印书馆1982 年版,第43 页。

全捏有这个最后的权力。无论什么时候只要他们高兴,他们就是支配政府一切行动的主人。不需要由宪法本身给他们以这种控制权"。① 他提出,作为代议制团体的议会,其主要职能就是掌握并行使这一最后的控制权。密尔在论述了代议制民主的优越性后,陈述了它也面临着几重困难,容易产生一些缺陷和危险。这主要包括:第一,随着选举权扩大,广泛民主参与的实现,才智低劣的人可能当选为代议团体的成员。这样会降低高度复杂立法、行政机构的工作效率和决策水平。第二,代议机构为平庸多数控制,他们可能利用民主实行阶级统治和阶级立法以压迫少数人,民主将加强多数人力量,压制个性自由。因此,在他看来,民主不能简单地视为多数统治,不一定是全体人民都有选举权。保护少数人的权力是社会平等的主要标志,仅仅代表简单多数治理的政府是虚假的民主制,代表全体人民治理的全民政府才是真正的民主制。"如果把选民扩大到全体人口,它就不正确了。因为在那种情况下,每一地区的多数将由体力劳动者构成,当有尚待决定的任何问题时,这些阶级若和社会其余的人不一致,则任何其他阶级在任何地方都不能获选"。② 要避免虚假民主制观念给代议制民主带来害处,防止有教养的少数人在代议制团体中可能根本没有代言人,只能依靠受过教育、有教养的少数人防止多数人的"阶级立法",才能实现真正的民主。

　　针对代议制民主的弊端,密尔指出解决办法应是在扩大民主同时,提出一些有效措施来防止民主制的消极面。他竭力寻找防止权力滥用而又不损害平民政府所特有的长处的那种办法,考虑如何在两者之间建立一个合适的调节机制。"如果代议制度能做到理想上完善,又如果可能把它保持在那种社会状态中,它的组织就必须是这样:这两个阶级——体力劳动者及其同类为一方,雇主及其同类为另一方——在代表的安排上保持平衡,每一方左右着议会内大致相同的票数"。③ 他认为,虽然社会中多数人是主人,但要通过对智力专长的要求,建立公众生活的一般标准,并把它作为民主的基

---

① ［英］J. S. 密尔:《代议制政府》,汪瑄译,商务印书馆1982年版,第68页。
② ［英］J. S. 密尔:《代议制政府》,汪瑄译,商务印书馆1982年版,第104页。
③ ［英］J. S. 密尔:《代议制政府》,汪瑄译,商务印书馆1982年版,第99页。

础。"永远应当在各种个人利益之间保持着这样一种平稳,使任何一种个人利益要获得成功,必须有赖于得到至少一大部分按照更高动机和更全面更长远的观点行动的人们的支持"。① 具体来说,他提出的解决方法包括:一是限制普选权。尽管密尔强调在一个充分发达和文明的国家里,应当实行普选,但他又提出没有受过教育的人参加选举是完全不能允许的。另外,对选民的财产资格也要限制;二是主张比例代表制。密尔极力推崇当时有名叫托马斯·黑尔的人提出比例代表制或个人代表制,以保证精英人物当选。即选区内使参加竞选的各政党按照它们各自所获选票多寡有比例地分配当选名额,保证优秀个人或少数派代表在任何地方中不会被多数人影响;三是倡导复数投票制。密尔为了提高参与的质量,提出与现代民主大相径庭的"复数投票制"。他主张,尽管每个人应当有政治发言权,然而每个人应当有同等发言权则是完全不同的,应该给受过高等教育者、较有智慧者应给予较多投票权,"当一项职业要求经过严格考试或具备重要教育条件始能从事时,其成员可立即被给予复数投票权。同一规则可以适用于大学毕业生,甚至可以适用于持有讲授各种较高级学科合格证件的人";②四是直接选举。在具体的选举方式上,密尔反对间接选举,主张直接选举。他认为间接选举让选民选出他们较熟悉的选举人虽然有助于选出较合格的议员,但它降低了对选民的要求,违背了代议制民主最根本的目的,即通过参与政治来提高人民的知识道德水平。

可以说,密尔关于代议制政府的观点是代表英国工商业资产阶级政治利益和要求的观点,他希望进一步完善代议制议会制度,提高议会的智力水平,扩大议会民主,强调议会应代表全体而不仅仅是多数,在当时的历史条件下,这些主张都有进步意义。虽然他的代议制思想难免存在一定局限性,但他对代议制政府的优点、议会职能及其危险的论述,无疑具有重要的理论价值,基本上为近代自由主义民主思想确定了方向。

① [英]J. S. 密尔:《代议制政府》,汪瑄译,商务印书馆1982年版,第100页。
② [英]J. S. 密尔:《代议制政府》,汪瑄译,商务印书馆1982年版,第135页。

其三,防止"多数的暴政"成为自由主义民主的重点。民主意味着人民统治或多数人统治,但因为多数人也是穷人,故民主经常被意指穷人统治或是暴民统治。正如英国学者阿伯拉斯特(Anthony Arblaster)所指出的,"在民主漫长历史的绝大部分时期,从古希腊时期到当代,民主被智者和有教养的人们看做是政府和社会可以想像到的最坏形式。民主或多或少成为'乌合之众的法则'的同义词,而且精确地说,它是对一个文明有序社会所有核心价值的一种威胁"。① 他还引用 C. B. 麦克弗森的话来说明这一点:"民主曾经是一个坏字眼。几乎任何一个人都认为,按照其最初的意义即人民统治或政府遵从大多数人的意愿,民主就会是一件坏事——对于个人自由和文明生活的优雅品质都是有致命危害的。从很早的历史时期直到大约 100 年以前几乎所有智者们都抱有这种观点。直到近 50 年,民主才开始变成好的事情"。② 可见,自由主义者都特别关注大众参与所具有的内在危险,警惕民主带来的危害。就连自由主义思想家,美国宪法之父麦迪逊也始终对民主持怀疑态度,极力支持"共和政体",而否定"纯粹的民主政体"。他提出,"民主政体和共和政体的最大区别是,第一,后者的政府委托给由其余公民选举出来的少数公民;第二,后者所能管辖的公民人数较多,国土范围也较大"。③

同样,法国思想家托克维尔(Alexis de Tocqueville)奋力为个人的权利免受国家权力的侵害辩护。在托克维尔看来,民主的最终目的应当是保护少数和个人的权利。为此,他提出了"多数的暴政"概念④,指出美国没有防范"多数的暴政"的措施,而民主政治易于服从感情,常受民众情绪的支配,缺乏理智,难于为未来的利益而克服一时的激情和压制短暂的需要,具有为满足一时的冲动而放弃成熟的长远计划的倾向。他说:"无限权威是一个坏而危险的东西。……人世间没有一个权威因其本身值得尊重或因其拥有的权

① 〔英〕安东尼·阿伯拉斯特:《民主》,孙荣飞等译,吉林人民出版社 2005 年版,第 10 页。
② 〔英〕安东尼·阿伯拉斯特:《民主》,孙荣飞等译,吉林人民出版社 2005 年版,第 10 页。
③ 〔美〕汉密尔顿等:《联邦党人文集》,程逢如等译,商务印书馆 1980 年版,第 49 页。
④ 〔法〕托克维尔:《论美国民主》上卷,董果良译,商务印书馆 1988 年版,第 287 页。

利不可侵犯,而使我愿意承认它可以任意行动而不受监督,和随便发号施令而无人抵制。当我看到任何一个权威被授以决定一切的权利和能力时,不管人们把这个权威称做人民还是国王,或者称做民主政府还是贵族政府,或者这个权威是在君主国行使还是在共和国行使,我都要说:这是给暴政播下了种子,而且我将设法离开那里,到别的法制下生活"。① 事实上,托克维尔的整个政治哲学中所最关心的,就是对民主与自由的调合,他所最担心的,就是平等与专制的结合。在他看来,民主时代的首要任务是教会人民理解并应用自由,在建立民主与维护自由之间找到平衡点。他的目的是对民主加以引导,使之符合自由原则,他真正要做的是以平等的自由对抗平等的暴政。

英国自由主义思想家约翰·密尔深受托克维尔影响,提出"社会暴虐"概念。他接受了托克维尔的思想,认为在民主政府中,"运用权力的'人民',与权力所加予的人民并不永远是同一的;所说的'自治政府'亦非每人管治自己的政府,而是每个人都被所有其余的人管治的政府。至于所谓人民的意志,实际上只是最多的或者最活跃的一部分人民的意志,亦即多数或者那些能使自己被承认为多数的人们的意志"。② 因此,这种政府也同样会像以往的专制政府一样地产生"暴虐",密尔把这种民主制度下产生的暴虐称之为"多数人的暴虐"。密尔还进一步提出"社会暴虐"概念。他深感社会暴虐的威胁已日渐突出,因此他着力探究社会所能合法地施用于个人权力的性质与限度。对此,他写道:"当社会本身是暴君,就是说,当社会作为集体而凌驾于构成它的各别个人时,它的肆虐手段并不限于通过其政治机构而做出的措施。社会能够并且确在执行它自己的诏令。而假如它所颁的诏令是错的而不是对的,或者其内容是它所不应干预的事,那么它就是实行一种社会的暴虐;而这种社会的暴虐比许多种类的政治压迫还可怕,虽然它不常以极端性的刑罚为后盾,却使人们有更少的逃避办法,这是由于它透入

---

① [法]托克维尔:《论美国民主》上卷,董果良译,商务印书馆1988年版,第289页。
② [英]约翰·密尔:《论自由》,许宝骙译,商务印书馆1959年版,第4页。

到生活细节更深得多,由于它奴役到灵魂本身"。① 在此,密尔对托克维尔所说的"多数的暴政"作了不同维度的理解,并在这样的背景下展开思考,提出了他的社会自由思想。这些都成为自由主义民主不可或缺的内容。

此外,竞争性政党制和普选权为自由主义民主提供了基础。17、18 世纪资产阶级革命之初出现政党制,19 世纪中叶后,政党政治不仅为社会大众所接受,而且有机地参与到国家政权建设中,成为社会政治生活中不可缺少的组成部分。同时,19 世纪中叶后,西方各国逐渐地实施普选法(英国1832、1867 年两次议会改革后,美国于南北战争后),使社会中所有有产阶级和民众中的大多数人有机会参与到国家政治中。经过漫长的过程,到 19世纪末,保护型自由主义民主在理论上的建构才基本完成。它涉及一系列价值和制度:在价值上必须以维护人的自由、权利和尊严为最高目标,在制度上必须以自由选举、竞争性的政党、代议制、有限政府、分权制衡、地方分权自治为基本内容。

2. 当代自由主义民主理论的变异与发展

19 世纪末到 20 世纪初是西方资本主义历史上的一个转折点。由于市场经济的发展、教育的普及、社会等级观念的淡化,以及公民选举权的扩大,民主得到了真正开发的机会,从而在欧美发达国家实现了从理论向制度的转化。同时,很多学者放弃了理想主义民主的价值,而追求对民主的经验式、实证式的分析。于是,自由主义民主理论产生了一些变异,形成了精英民主、多元民主等理论形式,并逐渐兴盛,在当代西方民主理论中占据主流地位。

(1)精英民主理论:从人民统治到人民选择统治者

按照词源学的解释,民主(democracy)一词是"人民的统治",然而,这种解释过于简单和抽象,受到诸多质疑,精英民主理论就从现实经验出发,指出政治统治只能是少数精英,人民只是选择统治者而已。

精英主义产生于 19 世纪末期的西欧。精英论者一般认为,民主政治是

---

① [英]约翰·密尔:《论自由》,许宝骙译,商务印书馆 1959 年版,第 5 页。

一种空想或者说假象,因为人类社会政治生活的本质表明,真正掌握政治权力的人永远只可能是社会中的极少数。但同时,也有一些精英论者试图调和民主论与精英论的倾向,这就是精英民主论,代表人物是韦伯(Max Weber)、熊彼特(Joseph Alois Schumpeter)和萨托利(Giovanni Sartori)等。"精英民主论承认政治统治只能掌握在少数精英人物手里这样一个事实,但它与纯粹的精英论的区别在于,它虽然认为广大民众并不能直接进行统治,但相信他们可以通过各种方式对政治精英施加一定的控制与影响,从而使他们自身的利益得到体现与维护"。① 马克思·韦伯基于对官僚制在现代社会中地位的确认,通过对现代社会的规模大小、复杂性和社会差异的研究,得出了经典的直接民主不具有实践性的结论。在此基础上,他把民主描述为可能的领袖人物的检验场所,认为民主并不是那种作为全体公民进一步发展基础的民主,它至多只能被看作确保政治和国家领袖富有效率的关键机制。

熊彼特是精英民主理论的集大成者,他继承和发展了韦伯的思想,系统地提出了精英民主理论。他在对古典民主理论学说两大理论假设——"共同幸福"和"人民的意志"进行批判的基础上,提出了"领导权竞争"的精英民主学说。他指出,古典民主理论的核心——"共同福利"既不存在,也不可能,这"主要不是因为某些人可能需要不同于共同福利的东西,而是由于根本的事实,即对不同的个人和集团而言,共同福利必然意指不同的东西"。② 另外,即使有一种充分明确的共同福利能为所有人接受,那也不意味着对各个问题都能有同等明确的答案。这实际上就是说,在利益或价值问题上,人们是难以达成共识的。既然如此,所谓的"人民意志"这个概念,也就没有意义了。

据此,熊彼特提出一种竞争性的精英民主模式,认为民主制的木质不在于政府代表民众的意志,而在于一种竞争的选举过程。他指出,民主政治并

① 唐士其:《西方政治思想史》,北京大学出版社2004年版,第473页。
② [美]约瑟夫·熊彼特:《资本主义、社会主义与民主》,吴良键译,商务印书馆1999年版,第372页。

不意味也不能意味人民真正在统治,民主实质上不过是精英之间的政治领导权的竞争过程。也就是说,民主实质上就是一种方法,"民主方法就是那种为作出政治决定而实行的制度安排,在这种安排中,某些人通过争取人民选票取得作决定的权力"。① 他认为,这种新的民主理论与古典民主理论不同的地方在于,古典民主理论强调人民意志和公共福利,而新的民主理论则是强调程序方法,它更忠实于生活。熊彼特之所以主张精英民主,其重要的原因是他对大众的不信任。他指出:"典型的公民一旦进入政治领域,他的精神状态就跌落到较低的水平上。他会毫不犹豫地承认,他辩论和分析的方法是幼稚的,局限于他实际利益的范围。他又成为原始人了。他的思想变得易于引起联想和充满感情"。②

此外,熊彼特用市场经济对政治民主进行类比。他把选民和政治家比做交易的双方,把选民的选举和政治家的政策比做交换的商品。选民手中的选票就相当于他们的"政治货币",他们投了谁的票,也就等于在政治市场上购买了他的政治商品。与市场上的情况一样,虽然消费者对于生产过程没有任何直接的决定权,但他们在市场上的选择本身却能够对生产发挥一定的影响。从这个意义上讲,他实际上是把民主看成了一种自由竞争的政治市场机制。熊彼特的民主模式得到了精英主义者的普遍认可,极大地促进了精英民主论的发展。

当代学者萨托利进一步系统地论述了精英民主论。他认为"我们生活在一个以民主观混乱为特色的时代里"。③ 民主观的混乱主要表现在主流民主理论的逐渐消失和对民主的各种错误理解的不断出现。这些错误的理解中,主要有过分简单化的错误,过分现实主义的错误和至善论的错误等。他认为,过分的现实主义因否定理想而对民主抱怀疑或批评态度,过分的理

---

① [美]约瑟夫·熊彼特:《资本主义、社会主义与民主》,吴良键译,商务印书馆1999年版,第395—396页。

② [美]约瑟夫·熊彼特:《资本主义、社会主义与民主》,吴良键译,商务印书馆1999年版,第386页。

③ [美]乔·萨托利:《民主新论》,冯克利、阎克文译,东方出版社1998年版,第7页。

想主义则因很少留意理想同现实之间的差异而使民主成为神话和乌托邦。他重点批评了以"人民主权"为核心的至善论。在他看来,"人民主权"的"实际作用是肯定一种绝对权力论的原则",会导致一种"假人民之名而行使的绝对权力"。① 同时,至善论追求的不需要政府的自治永远都不可能实现。萨托利认为,至善论者一般都强调直接民主或参与民主,反对精英统治或能人统治,忽视了专家的作用,民主应该把政治交给那些选举出来的专门从事政治的人去操心,就是要求政府要有独立负责的精神,并充分发挥专家的作用。为此,他给民主下了一个规范性定义:"民主应当是(1)有选择的多头统治和(2)基于功绩的多头统治"。② 根据这个定义,人民的民主权力主要就体现在选择(选举)领导人上,而真正或直接实行统治的是一些权威和精英人物。他把这种精英统治又称之为"能人统治",认为"贬低能人统治,我们只会得到低能儿的统治"。③ 他在批判现实主义和至善论民主的基础上,提出了他的"竞争——反馈式"民主论。在他看来,选举从输入意义上看是精英通过竞争获得政治权力体现了民主。从输出方面看,选民的选举权以反馈的方式制约着统治者的决策,这样选举就从输入和从输出意义上保证了政治过程的民主性质。

同时,在萨托利看来,民主只能是自由主义的民主。他所要恢复的"主流民主理论",就是传统自由主义的民主理论,它不是强调人民主权和人民的参政权,而是强调分权和法治,强调对权力的限制,强调法律面前的平等和政治自由与个人自由的重要性。萨托利之所以要致力于恢复"主流民主理论",就是认为在现实的发展中自由受到了损害,因此要恢复自由在民主中的地位。他认为,自由与民主之间始终有一种张力,要求人们正视民主因素增长所带来的危险,呼吁回到 19 世纪的自由主义民主中去。他说:"毁掉制度中的自由要素以换取少得可怜的一点东西,用这种方式寻求最大限度

---

① [美]乔·萨托利:《民主新论》,冯克利、阎克文译,东方出版社 1998 年版,第 80 页。
② [美]乔·萨托利:《民主新论》,冯克利、阎克文译,东方出版社 1998 年版,第 192 页。
③ [美]乔·萨托利:《民主新论》,冯克利、阎克文译,东方出版社 1998 年版,第 191 页。

的民主,除了削弱作为整体的自由主义民主之外将一无所获"。① 因此,他认为自由主义并不完全是个自由的问题,民主也不完全是个平等的问题,融合自由与平等是自由主义民主的任务。他把自由主义民主比喻为两股线拧成的一条绳,认为只要这条绳保持安宁,那就万事顺遂,而一旦拆散它,就会损害双方。"只要自由主义的民主死了,民主也就死了"。②

总之,精英民主论者视少数政治精英而不是人民大众为政治过程的核心和支配力量,将民主政治局限于少数政治精英之间的竞争,而排除了社会上的大多数参与制定对他们生活有影响的决策的机会。他们认为在政治生活中,几乎不存在民主参与和个人发展的空间,民主充其量不过是选择决策者并制约其过分行为的手段。他们从实证主义的分析方法出发,以西方国家的政治现实而不是抽象的民主理念为依据,通过把精英主义观念引入到民主理论中,来重新界定民主,赋予民主新的意义,使之符合西方民主政治的实际。这并不意味着他们是反民主的,而只表明竞争性精英民主论在某种程度上揭示了西方社会政治生活中民主的实质,在经验层面上反映了现实民主生活的非理想性。但是,这意味着精英民主理论失去了古典民主理论所具有的生命力,为了适应政治体系运作的实际情况而改变了民主政治的基本价值趋向——人民普遍参与公共事务。

(2)多元民主理论:从多数人的统治到多重少数人的统治

受竞争性精英民主论影响,二战后兴起了多元民主理论。与精英民主理论仅强调政治精英的作用不同,多元民主理论看到多元利益集团对民主政治的影响,进一步揭示了西方民主的现实。"这种民主的前提是多元社会的存在。不同的社会群体追求不同的利益,通过选举或参与的方式表达各自的利益,并寻求自身利益与其他利益的妥协"。③

① [美]乔·萨托利:《民主新论》,冯克利、阎克文译,东方出版社1998年版,第438页。
② [美]乔·萨托利:《民主新论》,冯克利、阎克文译,东方出版社1998年版,第445页。
③ 李强:《自由主义》,中国社会科学出版社1998年版,第219页。

英国学者拉斯基(H. J. Laski)是政治多元主义①的先驱。他认为国家不再是唯一的权力中心,主权在各种职能团体和社会自治区域之间进行分配,应由不同的社会团体或自治区域共同构成多元的国家。他的理论属于规范的多元主义,声称只有通过一种多元的社会政治结构,才能实现公民对国家政治生活的监督与参与,也就是说尽可能地实现民主政治的目标。与此不同,还有一种描述的多元主义,这种理论认为现代民主社会的现实就是一种多元的社会政治结构,这就是多元民主理论。在多元民主论者看来,现代民主政治的普遍情况是,整个社会范围内存在着基于不同价值观念和经济利益而形成的利益团体,这些相互冲突的利益团体通过各种途径参与政治生活,影响政治决策以寻求自身利益最大化。利益团体参与政治的经常化和制度化就会形成一种新的权力分配关系和利益关系格局。政府的政策就是在这些利益团体之间进行协调、交易、妥协、合作而达成。

美国政治学家罗伯特·达尔(Robert A. Dahl)是多元民主理论的重要代表。他在否定三权分立和人民主权学说的基础上,把行为主义等政治科学研究方法与政治哲学式的思辨结合起来,认为民主既不是"多数人的统治",也不是"少数人的统治",而是"多重少数人的统治"。为此,他首先批评两种有代表性的民主理论,即麦迪逊式的民主理论和平民主义民主理论。麦迪逊的理论是把注意力集中在避免多数人控制的目标上,目的是为了防止多数人的暴政或多数人的宗派危险。但是,对于达尔来说,多数人本身绝对不会构成一个宗派,也不可能出现多数人的暴政,"因为在一个大的、多元的社会中,多数很可能是不稳定的、过渡性的,所以他们很可能在政治上没有影响力;这一点奠定了防止他们剥夺少数人自由的基本保障"。② 平民主义民主理论假定人民主权和政治平等是最大化目标,达尔认为,这种理论

---

① 这里的"多元主义"这个术语可回溯到20世纪50年代。但正如金里卡所指出的,这个术语在今天具有潜在的误导作用,因为它所指的那类"多元主义"涉及的是有组织的利益集团,而不是构成当代"多元主义"争论基础的身份群体。(参见[加]威尔·金里卡:《当代政治哲学》,刘莘译,上海三联书店2004年版,第524页。)

② [美]罗伯特·达尔:《民主理论的前言》,顾昕、朱丹译,生活·读书·新知三联书店1999年版,第39页。

"不是一个经验的体系。它包含的只是若干伦理预设之间的逻辑关系。关于现实世界,它没有告诉我们任何东西"。①

　　达尔超越了"人民主权"和"三权分立"之争,用"多元民主"解释西方民主政治运作的实际情况。他提出:"选举和政治竞争并不以任何颇具重要意义的方式造成多数人的统治,但是却极大地增加了少数人的规模、数量和多样性,领导人在做出决策选择时必须考虑它们的偏好。……正是在选举的这一特征——即不是多数人的统治,而是多重少数人的统治中,我们一定会找到专制和民主之间的某种基本差异"。② 他认为民主过程的价值在于"多重对立的少数人"的统治,而不在于建立"多数人的主权",在他看来,民主就是这样一个过程,其中,普通公民对政治领导人施加相对较高程度的影响,政府则对选民的要求做出反应。公民参与政治或对政治施加影响在很大程度上是靠投票来实现的,除此以外,公民在民主中不可能直接参与政治,而只能通过成为利益团体中的一员来参与政治。这是达尔对西方社会尤其是美国社会民主政治现实的描绘,在此基础上,他提出了以社会制约权力的思想。他认为,政府内部对官员的制约和政权机关之间的制衡并不一定能够完全有效地防止专制。一个由各种独立的、自主的社团组成的多元社会,可以对公共权力构成社会的制衡,是促成民主不可或缺的因素。

　　值得注意的是,达尔在晚年看到了当代多元民主面临着困境。他对早期理论进行了修正和发展,指出了当代多元民主所面临的一系列困境:"它们可能有助于使非正义稳定化、扭曲公民意识、使公共议事日程不正常、让渡对于议事日程的最终控制"。③ 达尔把政治不平等看作多元主义民主的主要弊端,并认为这一弊端的主要根源是现代的所有制形式和不平等的企业控制形式。针对多元主义民主的弊端,达尔主张把民主扩展到经济领域

---

① ［美］罗伯特·达尔:《民主理论的前言》,顾昕、朱丹译,生活·读书·新知三联书店1999年版,第70页。

② ［美］罗伯特·达尔:《民主理论的前言》,顾昕、朱丹译,生活·读书·新知三联书店1999年版,第181页。

③ ［美］罗伯特·A.达尔:《多元主义民主的困境——自治与控制》,尤正明译,求实出版社1989年版,第41页。

和工厂车间中去,甚至要求重新分配所有权和控制权,以增加工人参与和控制的可能性。于是,以1985年发表的《经济民主理论导言》为标志,达尔转向了新多元主义的民主理论,同林德布洛姆(C. E. Lindblom)一起成为当代新多元主义的民主论的主要代表。

3. 当代自由主义民主理论的特征

从上述论述可以看出,当代不管是人民选择统治者,还是多重少数人的统治,精英民主和多元民主论都是以经验主义的方法来考察现实民主,只是二者的侧重点不同。精英民主强调政治统治只能掌握在少数精英手里,民主只是选举领导者的方法;多元民主则在承认精英作用的同时,强调多元利益集团对民主政治的影响。但不可否认,二者都以自由主义个人观为基础,是当代自由主义民主理论的主要形式,具有如下共同特征:

其一,核心是保护个人自由。自由主义的核心是个人主义,个人权利至高无上,政府仅仅是保障个人权利与自由的手段。任何自由主义理论都必须包含一个最基本的成分,即个人权利与公共权威之间权限的划分,个人必须保留某种公共权威不得干预的私人活动空间,这种空间决不能因为人民大众的意志而受到侵害。罗伯特·诺齐克(Robert Nozick)对此进行了阐述,提出由国家可能"侵犯"个人不受强制而做某事的"权利",因此没有什么比"最低限度国家"功能更多的国家在道义上可以得到证明。① 因此,自由主义民主尊重个人权利,认为个人只能是目的,而不能是手段,没有任何理由可以剥夺个人的权利,民主必须受到自由原则的制约。美国自由主义的批评者本杰明·巴伯(Benjamin Barber)曾对自由主义民主这种特征作过十分精彩的概括,指出"自由主义民主是一种'弱势'民主理论,其民主价值是谨慎的、也是暂时的、相对的和有条件的,它服务于排他性的个人主义企图与私人目的"。② 在这种民主中,参与是有条件的,也就是说,民主仅仅是实现个人主义或个人目标的手段。

---

① 参见[美]罗伯特·诺齐克:《无政府、国家与乌托邦》,何怀宏等译,中国社会科学出版社1991年版,第330页。

② [美]本杰明·巴伯:《强势民主》,彭斌等译,吉林人民出版社2006年版,第4页。

其二,主要手段是有限政府。由于自由主义民主的核心是消极保护个人权利,所以它要求有限政府,主张通过宪政、法治和分权制衡等方法对所有权力,包括民主权力实行限制。被誉为美国宪法之父的詹姆斯·麦迪逊就曾经说过:"如果是天使统治人,就不需要对政府有任何外来的或内在的控制了。在组织一个人统治人的政府时,最大的困难在于必须首先使政府能够管理被统治者,然后再使政府管理自身"。① 第一个限制就是法治的限制。在有些情况下,法治原则与民主原则可能出现冲突。当出现这种冲突时,自由主义民主并不以一时地大多数人民的意志为依归,而是强调法律程序的重要性。当然,法律可以经过民主程序得到修正,以反映大多数人民的愿望与意志。但在法律尚未修订之前,多数的愿望也不构成改变法律规定的基础。第二个限制是以分权制衡原则对政府权力进行限制。分权制衡原则是自由主义民主的基本原则。分权制衡原则是英国洛克首先倡导而由法国孟德斯鸠完整提出。这个原则包含两个特点:一是把国家权力分为立法权、行政权、司法权,并分别由三个国家机关行使;二是在立法、行政、司法等部门之间建立一种互相平衡与制约的关系。通过这一原则,可以防止权力的滥用,有效保障个人的权利。

其三,基本形式是间接民主。自由主义民主在多数原则指导下,通过代议制、竞争性选举和政党政治来实施民主。它是一种实行间接民主的模式,一方面把政府建立在公民通过选举表达出来的自愿同意之上,同时又对民主的作用范围作了限制。它在本质上是两个互相冲突的原则结合、妥协、平衡的产物:其一是大众参与原则;其二是精英统治原则。前者表现为大众通过选举以及自由表达意见对政治事务的参与,后者主要表现为现代官僚制度以及代议制度。代议制的实质是人民一旦选举出自己的议员之后,议员便有权按照自己的判断行使自己的职责,而不必事事征求选民的意见。英国学者赫尔德(David Held)将这种制度与规则的具体形式概括为:"民选政

———————

① [美]汉密尔顿、杰伊、麦迪逊著:《联邦党人文集》,程逢如等译,商务印书馆1980年版,第264页。

府;自由和公正的选举,每个公民在选举中的投票有同等份量;所有公民、不论他们在种族、宗教阶级、性别等等方面有多大差别,都有普选权;人们对于广泛的公共事务具有关心、获得信息并表达己见的自由;所有成年人有权反对政府,有权担任公职;结社自由——即公民有权结成独立的社团,包括社会运动、利益集团和政党"。①

其四,强调民主是一种程序和手段。自由主义民主强调程序,认为民主是一种做出决策的制度安排,而不是单纯地规定主权的归属。自由主义民主是一种以"选举"为本质的程序,认为民主本身不是目的,而是一种程序,一种方法。正如哈耶克(Friedrich August von Hayek)所提出:"不论赞同民主的理由多么充分,民主本身并不是一种终极的价值或绝对的价值(an ultimate or absolute value),而且对它的评断也必须根据其所达致的成就来进行。民主很可能是实现某些目的的最佳方法,但其本身却不是目的"。② 其运作方式是某些特定的个人由于成功地获得人民的选票而决定一切事务的权力。公民在程序中的作用只是经由选举来选择领导人,民主成为择取领导的竞争程序的副产品。

其五,精英统治和政治多元。一方面,自由主义民主运作的核心是政治精英,他们通过争取人民的选票以获得做出决定的权力。大众是"乌合之众",只能以投票的方式选举代表,没有其他参与政治的行动。统治无可置疑是少数精英的事情,而民主不过是对由什么样的精英进行统治来加以选择。民主政治的理想需要民众必须具有一种高度的理性,而在实际上,熊彼特与帕累托一样认为,在公共事务方面,大众的行为倾向于非理性,虽然在涉及到他们的个人利益的时候,他们也会表现出相当的理性能力。这两个基本事实的存在使人们设想的那种真正的民主成为不可能。另一方面,自由主义民主还意味着多元政治竞争。它允许不同的政治哲学、政治运动和

---

① [英]戴维·赫尔德:《民主的模式》,燕继荣等译,中央编译出版社1998年版,第149页。

② [英]弗里德利希·冯·哈耶克:《自由秩序原理》(上),邓正来译,生活·读书·新知三联书店1997年版,第129页。

政治党派的存在,更能体现宽容的价值观,有利于共识的达成和民主的实施。① 因此,自由主义民主论者认为,个人或集团在参与民主时,不必追求所谓共同的利益,完全可以而且应该追求个人或集团的利益。这样,众多的个人与集团都通过民主程序表达一己之私利,最后通过民主的程序,实现各种利益的妥协。不同政治派别与政治主张有互相宽容、和平共处的基础。②

总之,当代的自由主义民主理论是按照西方政体的特征,以现实主义的手法来描述民主,因此,它回答的仅仅是当前民主实践的问题,衡量民主的标准不再是古典民主,而是以西方"现实民主"的程度为依据。当然,以代议制为中心的自由主义民主作为一种国家制度形式,是人类的智慧选择,在其运行的过程中已经显示出优越性,但自由主义民主的理论预设在实践中也并未完全实现,其中蕴涵着内在的、深刻的矛盾与困境,随着现代社会的发展,其弊端日益显现。

(二)自由主义民主的危机

"当社会系统结构所能容许解决问题的可能性低于该系统继续生存所必需的限度时,就会产生危机。"③二战后,资本主义进入国家垄断资本主义阶段,自由主义民主已远远适应不了资产阶级统治的需要。20 世纪 60 年代末席卷西方世界的民主运动更是极大地动摇了西方政治制度,加上随之而来的国际收支和货币危机、经济滞胀、美国侵越战争、恐怖主义活动等一系列问题,使过分强调消极保护个人权利的自由主义民主理论暴露出很多弊端,面临多重危机。这一时期的西方政治学家和政治社会学家的一项重要工作就是关注自由主义民主的危机。其中,有两种截然不同的危机理论具有重要影响,它们试图解释 60 和 70 年代初的事件,及其对从代议机关到

---

① 参阅刘军宁:《共和·民主·宪政——自由主义思想研究》,上海三联书店 2000 年版,第 224 页。

② 参阅李强:《自由主义》,中国社会科学出版社 1998 年版,第 220—222 页。

③ 〔德〕尤尔根·哈贝马斯:《合法化危机》,刘北成、曹卫东译,世纪出版集团、上海人民出版社 2000 年版,第 4 页。

行政机构的整个现代国家体制的影响,它们是超载理论与合法性危机理论。[①]

第一种是"超载政府"理论,代表人物包括布里顿(Brittan)、亨廷顿(Huntington)、诺德豪斯(Nordhaus)等。超载理论家认为,民主国家的权力最终依赖于大众对它的权威的承认。他们对自由主义民主制国家出现的危险而提出明确的警告,并提出了遏制和控制的建议。超载理论家基本认为,对于经济和社会事务的有效管理来说,民主制度的形式和运作过程基本上已失灵,政府和社会集团之间产生"紧张"关系的原因可能在于过多的需求;而过多的需求首先与期望值的增加和尊敬程度的下降有关。"民主政府成功的运转,产生了阻碍民主本身机能的现象。(1)对平等和个人主义这些民主美德的追求导致了这样一种想法,即权力总而言之是不合理的,也导致了对领导的不信任。(2)民主的政治参与和卷入的发展给政府带来了'过重负荷',引起了政府活动和经济上加剧的通货膨胀趋势的不平衡发展。(3)做为民主之基础的政治竞争进一步加强,导致了利益的分散和政党的衰弱与瓦解。(4)民主政府对选民和社会压力的积极反应通过民主社会对外交关系的处理,鼓励了民族狭隘主义"。[②]

第二种是"合法性危机"理论,代表人物包括哈贝马斯(Habermas)、奥芬(Offe)等。合法性危机理论认为民主国家的权力最终依赖于合法性。哈贝马斯对自由主义民主进行批评,指出西方晚期资本主义社会面临着合法性危机。他说:"合法性危机是一种直接的认同危机,它不是由于系统整合受到威胁而产生的,而是由于下列事实造成的,即履行政府计划的各项任务使失去政治意义的公共领域的结构受到怀疑,从而使确保生产资料私人占有的形式民主受到质疑"。[③] 事实上,合法性危机理论主要是集中于若干政

① 关于超载理论与合法性危机理论的内容参见[英]戴维·赫尔德:《民主的模式》,燕继荣等译,中央编译出版社 2004 年版,第 306—314 页。

② [法]米歇尔·克罗齐、[美]塞缪尔·P.亨廷顿、[日]绵贯让治:《民主的危机》,马殿军、黄素娟、邓梅译,求实出版社 1989 年版,第 140—141 页。

③ [德]尤尔根·哈贝马斯:《合法化危机》,刘北成、曹卫东译,世纪出版集团、上海人民出版社 2000 年版,第 65 页。

治分析家的范围内,他们集中考虑越来越多的国家干预如何破坏了从未被质疑过的传统价值观和规范,如何使更多事务政治化,即把这些事务置于政治争论和政治冲突之中。在他们看来,危机既造成了政治的两难困境,也提供了重大变革的可能性,只有集中考察阶级关系和资本加诸于政治的限制,才能为理解危机倾向奠定正确基础。

上述二者有诸多差异,但它们也存在共同点,即"无论超载理论家还是合法性危机理论家都认为,面对着日益增长的需求,国家权力已遭到了削弱:前者认为这些要求是'过分的',后者认为它们实际上是国家陷入各种矛盾的必然结果。但二者都认为,国家权力和政治稳定随着价值和规范模式的变化而变化"。① 另外,还有其他很多学者也看到自由主义民主面临的危机。例如,英国学者吉登斯(Anthony Giddens)认为:"自由民主政体似乎在所有的地方差不多都有麻烦。在许多自由民主制度中我们看到的是政治制度的大规模异化,或者最低程度也是对政治的冷漠,在大多数西方国家,选民的偏爱变得反复无常。许多人觉得政党政治中发生的事情与他们生活的问题或机会没有什么关系。对政治领导人的不满非常普遍,这不只是针对特定一代领导人的偶然现象"。②

虽然,还没有明确的实证依据来支持上述有关国家的权威或合法性确实存在日益恶化的危机的观点,国家权力正在遭到削弱的现象也并不明显,但是,这些观点提供了许多富于洞察力的重要见解,同时也指出,随着实践的发展和深入,以及社会经济条件的变化,自由主义民主明显遭遇了严峻的挑战。具体分析,这主要包括如下四个方面:

1. 自由市场经济存在制约民主的因素

当代自由主义民主是以自由市场经济为基础的。一方面,市场经济促进了民主基本原则的形成,现行的民主制度,不管哪个国家,都承认自由、平等和法制这些基本的原则,而这些基本原则的产生都与市场经济的发展密

---

① [英]戴维·赫尔德:《民主的模式》,燕继荣等译,中央编译出版社 2004 年版,第 315 页。
② [英]安东尼·吉登斯:《超越左与右——激进政治的未来》,李惠斌、杨雪冬译,社会科学文献出版社 2003 年版,第 113—114 页。

切相关。但另一方面,资本主义市场经济中也包含着制约民主的因素。正如美国左翼思想家道格拉斯·拉米斯(C. Douglas Lummis)所指出的,"资本主义在很多领域都是反民主的,它的工作场所的机器和管理制度本质上是在强制和异化工人,它仅仅在政治领域有很有限的民主,但是在势力越来越大的经济领域却在维持着专制和暴力"。① 具体而言,资本主义自由市场经济对民主的制约表现在以下几方面:

首先,以生产资料私有制为基础的自由市场经济导致经济和政治的不平等。自由主义民主以自由市场为基础,生产资料的私人占有具有主导地位。奥地利学者米瑟斯(Ludwig Von Mises)指出,"用一个唯一的词汇就能概括自由主义的纲领,这就是:私有制,即生产资料的私有制。(人们生活中的那些直接消费品是私有财产,这是理所当然,不言而喻的,即使社会主义者和共产主义者对此都不持异议。)自由主义的一切其他主张都是根据这一根本性的主张而提出的"。② 自由主义者认为,私有财产权是保障自由和公正的基本制度,"'无财产的地方亦无公正'这一命题,就像欧几里德几何学中的任何证明一样确定"。③ 这种以生产资料的私人占有为基础的自由市场必定导致资源占有的不平等。但是,民主政体是建立在政治和法律平等的基础之上的,而自由主义所主张并实施的公民政治权利的平等建立在生产资料的私有制基础上,只能产生形式上的平等。这种资源占有的不平等导致了政治不平等,即在性别、种族、信息获得等方面的不平等。因此,在自由主义民主下,政治参与的机会明显偏向于社会地位较高的阶层。而且,在多元的政治里,经济占优势的利益集团能够拥有更多参与政治体制的途径,因而造成事实上表达权的不平等,使一些边缘群体长期被拒绝在政治参与之外。

---

① [美]道格拉斯·拉米斯:《激进民主》,刘元琪译,中国人民大学出版社2002年版,第165页。

② [奥]路德维希·冯·米瑟斯:《自由与繁荣的国度》,韩光明等译,中国社会科学出版社1995年版,第61页。

③ [英]F. A.哈耶克:《致命的自负》,冯克利、胡晋华译,中国社会科学出版社2000年版,第34页。

其次,资本主义自由市场中的经济权力侵蚀政治民主。自由主义民主的悖论在于它为了维护资本的利益而主张把民主严格限制在政治领域,划清了政治过程与经济活动的界限,但资本的权力却必然要侵入政治过程,从而侵蚀政治民主。一方面,在自由主义民主思想家看来,民主只意味着政治民主。例如萨托利就认为,"民主一词形成于公元前5世纪,以后大约直至一个世纪以前,它一直是个政治概念。也就是说,民主只意味着政治民主"。① 自由主义政治理论认为政治学与经济学之间存在严格的界限,据此主张不让国家干涉自由市场的活动。另一方面,自由主义者没有看到市场内部存在着大量私人资本独裁权力,使得民主的实践受到严重的削弱。"自由主义的主要薄弱环节之一,是把市场视为'非权力的'的协调机制。因此忽视了新多元主义者指出的经济权力在与民主发生关系时具有歪曲性质"。② 事实上,"在所有民主的市场取向的制度下,公司和其他商业企业已进入政治生活。它们的需求和偏好传递到立法者那儿,其迫力和强度不亚于公民们的需求和偏好"。③

2. 自由主义个人观导致共同善的缺失

自由主义政治哲学的前提是个人主义,个人主义极端发展的结果就是对作为个人联合体的社群价值的忽视。以个人权利为基础的自由主义民主理论的一个主要特色是把"权利"(Rights)摆在"善"(Good)之上。"自由主义民主理论把权利摆在共同善之上,这确保了个人自主性的位置绝对优于以共同体为基础的价值观。权力是基于个人的,而善更经常地趋向于被考虑为共同善"。④ 在自由主义理念中,个体自由被消极地理解为没有强制,认为"共同善"的理念只会有极权主义的含义。"自由主义民主更多地关注促进个人自由,而不是保障公共正义,增进利益而不是发现善,将人们安全

① [美]乔万尼·萨托利:《民主新论》,冯克利、阎克文译,东方出版社1998年版,第9页。

② [英]戴维·赫尔德:《民主的模式》,燕继荣等译,中央编译出版社2004年版,第386页。

③ [美]查尔斯·E.林德布洛姆:《政治与市场》,王逸舟译,上海三联书店1994年版,第4页。

④ [美]郝大维、安乐哲:《先贤的民主:杜威、孔子与中国民主之希望》,何刚强译,江苏人民出版社2004年版,第143页。

地隔离开来,而不是使他们富有成效地聚合在一起。其结果是,自由主义民主可以强有力地抵制针对个人的任何侵犯——对个人的隐私、财产、利益和权力的侵犯——但是,它却无法有效地抵御针对共同体、正义、公民性以及社会的侵犯"。① 具体来说,在自由主义民主体制中,共同善的缺失主要由以下几方面表现:

一是关注个人利益的选举机制导致公共责任缺乏。在西方的很多国家和地区,竞争和投票的选举机制都暴露出种种弱点和缺点。首先,投票机制没有展示公民精神。定期投票选举统治者是代议民主的核心设计,由于自由主义民主强调个人,公民在投票时,总会将自己的基于自利、偏见、无知或情绪冲动的要求与那些基于正义原则和基本需要的要求混淆。公民多数是由非理性和私利在主导,由于代表是在匿名的状况下进行投票,使人们更容易从一己的私利出发,往往在投票的时候不能考虑他人和集体的利益。投票者原本应该是基于公共利益的判断,投下神圣的一票,但秘密投票的方式如同"排队上厕所":成群结队排成一行,轮到自己时,默默地走到隐蔽隔间,自我舒解,拉下(投票机器的)拉杆,然后默默地回家,让给下一位。② 其次,选举制度不能保证人民选择到公民利益的真正代表者。现实中,代表常常并不代表选民的利益而只代表个人或利益集团私利,而且这样的代表常常竞选连任。公共选择理论学派对此有明确的解释,他们指出,选举是在代议制民主这一政治市场中进行的,由于政治市场存在不完全性,如信息的不完全性、选民权力的不平衡性,以及投票人的短见效应等,导致政治市场中的选民理性而无知,政治家理性而自利,由此公民投票选择的代理人并非一定是公民利益的真正代表者。

二是追求自身利益的代议制政府偏离公共利益。一方面,代议制政府追求自身利益。当代,伴随着政府行政权力的不断扩张,各国代议机关对行政机关的监督呈现出弱化的趋势。在此情况下,不断出现政府追逐自身利

---

① 　[美]本杰明·巴伯:《强势民主》,彭斌等译,吉林人民出版社 2006 年版,第 5 页。
② 　郭秋永:《当代三大民主理论》,新星出版社 2006 年版,第 86 页。

益,或受利益集团操纵,以个别利益团体的利益代替公共利益的现象。"近代代议制无论从哪一个方面来说都是大财阀统治的有效工具。通过选举和议会中的政治交易,那些具有组织才能的人获得了相当广泛的活动余地。的确,现在可以清楚地看到,近代代议制民主的命运已经与财阀政治的命运紧密地联系在了一起"。① 另一方面,人民难以控制政府。代议制民主是建立在委托人对代理人信赖之上的一种委托行使权力的民主形式。但是,在委托人和代理人之间存在目标的冲突和信息不对称,代理人通常比委托人拥有更多的信息,委托人很难监督代理人。在委托完成后,完全可能出现受委托者对信任的背弃而使委托者利益遭受损害的情形。在某种状态下,民主可能走向自己的反面,而人民由于信息不对称,对此或者并不知晓,或者无可奈何,不能控制自己的政府。② 正如卢梭批评英国的代议制:"英国人民自以为是自由的;他们是大错特错了。他们只有在选举国会议员的期间,才是自由的;议员一旦选出之后,他们就是奴隶,他们就等于零了"。③ 而且,随着政府管理的高度专业化,人民对政府的控制能力必将日益弱化,政府行为偏离人民利益的现象更加难以遏制。

3. 消极公民身份、代议制和官僚制造成政治疏离感

公民的政治疏离感是当代自由主义民主危机的重要表现,虽然有多重原因,但总体来说,主要有三个方面:

其一,消极公民身份是造成公民政治疏离感的首要原因。"公民身份"(citizenship)④近年成为学术界研究的热点,但其内涵至今仍然存在分歧。西方历史上,共和主义传统与自由主义传统基于"积极自由"与"消极自由"二分的自由概念而凸显出了不同的公民观。共和主义公民身份的传统始自

①　唐士其:《西方政治思想史》,北京大学出版社 2004 年版,第 468 页。
②　魏淑艳、王颖:《代议制的理论预设与实践困境》,《社会科学战线》2005 年第 6 期。
③　[法]卢梭:《社会契约论》,何兆武译,商务印书馆 2003 年版,第 121 页。
④　对于"citizenship"一词,目前在国内理论界有公民权、公民资格、公民身份、公民性等多种译法,这些译法各有优劣,在此暂且采用公民身份。近年来,公民身份问题日益引起我国学者的注意,国外一些有重要影响的相关著作被翻译引进,如肖滨、郭忠华主编的西方公民理论书系等著作,对了解西方公民身份理论研究的动态提供了非常有价值的资料。

古希腊和古罗马时期,一直延续至今;而自由主义公民身份的传统始自英国革命,洛克较多地阐述了个人自由与公民身份的关系问题,形成了以财产权等个人权力为核心的自由主义公民身份。二者走向了两个相反的方向,前者建基于集体主义,强调城邦公民或者贵族精英阶层在政治生活中平等而积极地参与,公民身份实际上就是参与权利;而后者则更多地崇尚私人领域免于强制的自由权利,注重多元价值和制度规范,公民权利有很大的淡化倾向。马歇尔(T. H. Marshall)写于1949年的《公民身份与社会阶级》一文是战后对自由主义公民身份最有影响的说明。按照他的观点,公民身份"是一种地位(status),一种共同体的所有成员都享有的地位,所有拥有这种地位的人,在这一地位所赋予的权利和义务上都是平等的"。[①] 在这里,虽然马歇尔给出的这个概念包含权利和义务两个维度,但事实上,他主要涉及的仍然是公民的权利问题,这正是自由主义的消极公民身份的特征。"因为它强调消极资格,并且这些资格并不要求有参与公共生活的义务。这种观点仍然有广泛的支持者。当被问及公民资格对他们意味着什么的时候,人们更有可能谈及权利而不是责任或参与"。[②] 消极公民身份带来社会生活"过度私人化",导致人们不再相信自己有能力影响政治,在政治行为上表现为疏远和漠不关心。由于商业的发达,人们更多地忙碌于物质追求,满足于私人生活,从而社会团结也遭受相当的危机。正如公民共和主义所批判的,自由主义的公民身份论者将个体权利至上化,这导致社会离散,破坏社会和谐。

其二,代议制的委托——代理关系造成公民政治疏离感。代议制是以工具理性为基础而设计的,在实际参与过程中,公民往往依据自己参与投票的效益与投票所耗费的成本进行对比计算,从而决定自己参与投票与否。当委托人的基数很大或者代理的层次较多时,人们会产生一种心理,即个人只是集体中极其微小的一个个体,个体的意见对决策的影响微乎其微,从而使公民对政治产生无所谓的态度,出现政治冷漠。根据纯粹的民主原则,政

---

① [英]T. H. 马歇尔、安东尼·吉登斯等:《公民身份与社会阶级》,郭忠华、刘训练编,江苏人民出版社2008年版,第23页。

② [加]威尔·金里卡:《当代政治哲学》,刘莘译,上海三联书店2004年版,第518页。

治系统的所有公民都应该自我做主,自行治理所有公共事务,而不应委托他人,方才符合"民主"的旨意。但是,为了适应人多地广的民族国家,一般公民不得不依靠代表治理国家,而牺牲了公民的统治权。代议民主基本上成了反民主的民主政治,"为了保护自由与民主,自由主义理论所作的各项设计——代议制、私有制、个人主义和各种权利,总而言之,都是代议制的——结果是既没有保卫民主也没有捍卫自由。尽管代议制能够服务于责任与个人权利,然而它却破坏了参与和公民身份"。① 因此,当代自由主义的代议制国家由于精英群体的操纵,下层民众的声音决策者无法听见,普通大众失去了影响力,大多数人选择了政治冷漠。

其三,官僚制是造成公民政治疏离感的另一重要原因。日益庞大的官僚机构、政治活动的复杂性以及民主对日常生活的控制,严重扼杀了公民个人在公共生活中的积极性和创造性。由于官僚体系的扩张,不论就投票率高低而言,或就政治信任感的强弱而言,还是就介入政治事务的深浅而言,人民的声音也越来越微弱。官僚制是现代国家典型的政府体制,它建立在科层制、规则化、技术化、非人格化、专业化的基础上。与其他管理形式相比,具有其合理性,但是,正如韦伯所预言的,官僚制一旦建立,不仅将带来规范运作的高效率,而且还将变得难以改变,成为囚禁所有个体的"铁笼"。② 因此,虽然它具有合理性,但它抛弃了现代政治的使命,把政治变成一种没有意义的操作。"同经济领域中一样,政治制度变得越理性,问题就越多。'没有个人的尊严','无恨无爱',没有恨,因而也没有爱,科层制的国家机器以及包括在其中的人的政治,同样也有人的经济,就这样客观地完成了它的事务"。③ 当代,官僚制的成熟和复杂程度已达到相当的高度,它使公民远离政治领域,把政治变成官僚制的私有物。

————————

① [美]本杰明·巴伯:《强势民主》,彭斌等译,吉林人民出版社 2006 年版,1984 年版序言第4 页。

② 郭忠华:《个体·公民·政治——现代政治的思想理路与悖谬趋势》,《浙江学刊》2007 年第6 期。

③ [德]马克斯·韦伯:《儒教与道教》,王容芬译,商务印书馆 1995 年版,第 311—312 页。

4.精英主义忽视大众参与的积极作用

当代自由主义民主的理论是精英主义的,其假设之一就是认为一般公民是被动的、冷漠的、无知的和容易对统治者服从的,公民对政治的普遍冷漠是民主政治稳定和有效率运作的前提,公民的积极参与是不可取的。自由主义民主认为,"人民统治"不过是一个神话,从来就没有"人民当家作主"的国家,自由结社、新闻自由、多党制、普选也不能保证"人民当家作主"。具有精英主义色彩的自由主义民主理论在当代得到普遍运用。在这种实践中,民主已变成一种纯粹用来挑选和授权领导者的机制,沦为精英分子之间的一种竞争,而公民则被看成政治市场中的一些消费者。"在当代民主理论中,少数精英的参与才是关键的,缺乏政治效能感的冷漠的、普通大众的不参与,被看作是社会稳定的主要屏障"。① 然而,正如倡导参与式民主的理论家所指出的,自由主义民主的最大缺陷就是丧失了古典民主理论所具有的参与的意义,即个人通过对公共事务的参与而获得知识,认识自己的社会责任,发挥自己的潜能。

首先,忽视大众参与的教育功能。密尔曾经指出,"任何政府形式所具有的最重要的优点就是促进人民的美德和智慧。对任何政治制度来说,首要问题就是在何种程度上它们有助于培养社会成员的各种可想望的品质——道德的、知识的和积极的品质"。② 自由主义民主对大众参与持怀疑态度,忽视了大众参与促进人民的美德和智慧等方面具有的教育功能。事实上,正如佩特曼所指出的,"我们通过参与实践而学会了参与,政治效能感更有可能在一个参与性环境中得到培养。而且,有证据表明,在一种参与性权威结构中的经历可以有效消除个人身上非民主态度的倾向。如果那些刚进入政治领域的人曾经接受过'教育',那么他们的参与将不会对政治体系的稳定构成威胁"。③

---

① [美]卡罗尔·佩特曼:《参与和民主理论》,陈尧译,上海人民出版社2006年版,第98页。

② [英]约翰·密尔:《代议制政府》,汪瑄译,商务印书馆1982年版,第26页。

③ [美]卡罗尔·佩特曼:《参与和民主理论》,陈尧译,上海人民出版社2006年版,第98—99页。

其次,忽视大众参与的激励功能。如果人们知道存在着有效参与决策的机会,就会认为参与是有价值的,就会积极地参与,并且相信集体决定应当具有约束力。相反,如果人们不断被边缘化,或被代表的程度很低,就可能认为他们的观点和偏好很少得到认真对待,很少被平等地与其他人的观点和偏好相权衡,很少在一个公平或正义的过程中得以评估。参与孕育着参与,民主滋养着民主,少许的自治经验就能激励更多的自治欲求,微量的政治行动就可以鼓舞大量的行动欲望。自由主义民主限制大众参与,扼杀了公民个体的主体性,公民日渐丧失了公共自主的欲求。按照泰勒(Charles Taylor)的说法,这将造成公民与国家之间的距离,"现代的国家越来越无动于衷,越来越不能满足公民的需求与欲望,越来越受到自己内部的权力运作、官僚程序、或精英政治所左右。'距离'所象征的意义,是表示政府机关已经与普通公民脱节了。换言之,公民觉得自己越来越无力影响政府的作为,也无法使自己的声音为政府所倾听。……这种感觉本身也确实对我们的民主政权构成了相当的威胁。例如,它使得许多人对政治避而远之,不再参与,甚至不去投票,而最终使得这个制度的合法性大不如前"。①

综上所述,自由主义民主危机产生的根源可归结为过度强调消极保护个人权利,忽视积极参与的重要价值。公民有效的政治参与行为是一个有生命力的民主社会的标记,它提供了个人在其中得以确立与发展的具体社会环境,个人只有作为共同体的参与者,才能从一个丰富的社会环境中得益。因此,学者们一直努力寻找有效途径改善自由主义民主。参与式民主理论正是在这一背景下产生的,在他们看来,代议制与直接参与相结合可能会弥补自由主义民主的不足,因而他们认为推进公民积极参与是可行的政治选择。

二、参与式民主的理论渊源

参与式民主理论兴起于 20 世纪中后期,它试图通过重新强调积极参

---

① [加]查尔斯·泰勒:《公民与国家之间的距离》,载汪晖、陈燕谷主编《文化与公共性》,生活·读书·新知三联书店 2005 年版,第 199 页。

与、弥补自由主义民主的不足,其核心是"参与",指所有的公民直接、完全地参与公共事务的决策,而不仅仅是参与投票。但它并不是全新的,而是对古典民主理想的复兴。它通过复兴古典共和主义中的参与概念,提倡一种全面参与的、积极的公共生活,将民主从狭隘的政治领域扩展到整个社会生活。因此,参与式民主具有丰富的理论渊源,包括古希腊直接民主制、卢梭的人民主权思想和密尔的积极参与理念等实践和理论。

(一)古希腊的直接民主制

古希腊城邦的直接民主制是人类历史上一种早期强调参与的直接民主形态,对后世产生了巨大影响。正如达尔所指出的:"一种可能的政治体制的新视角脱胎于这一经验及其与此相关的思想,在这一体制中,一个拥有主权的人民不仅有资格统治自我,而且享有各种为此而必需的资源和制度。这一视角迄今仍然是现代民主思想的核心,并继续塑造着民主的制度和实践"。①

古希腊的城邦民主制以雅典的直接民主制为典型。在古代,政治家的民主实践在先,思想家对民主的描述、分析和总结在后,例如,梭伦要早于柏拉图和亚里士多德几百年。关于雅典民主的产生,恩格斯指出:"雅典人国家的产生乃是一般国家形成的一种非常典型的例子,一方面,因为它的产生非常纯粹,没有受到任何外来的和内部的暴力干涉……另一方面,因为它使一个具有很高发展形态的国家,民主共和国,直接从氏族社会中产生"。②雅典是一个原始氏族民主风气比较浓厚的城邦国家。公元前8至前7世纪左右,因对外战争失利和国王专横滥权等原因,君主制被逐步废黜,代之以贵族政治。亚里士多德指出,梭伦进行的改革开始了民主政治,他是第一个"人民领袖"。公元前594年,雅典贵族和平民两大等级围绕土地和债务问题发生尖锐斗争。梭伦在这一背景下担任执政官,进行改革,他的改革结束了贵族对权力的垄断,开始了平民参政,奠定了民主制的基础。亚里士多德

---

① 〔美〕罗伯特·达尔:《民主及其批评者》,曹海军、佟德志译,吉林人民出版社2006年版,第3页。

② 《马克思恩格斯选集》,第4卷,人民出版社1995年版,第118页。

认为,"在梭伦的宪法中,最具民主特色的大概有以下三点:第一而且是最重要的是禁止以人身为担保的借贷,第二是任何人都有自愿替被害人要求赔偿的自由,第三是向陪审法庭申诉的权利,这一点据说便是群众力量的主要基础,因为人民有了投票权利,就成为政府的主宰了"。① 同样,阿克顿(Lord Acton)也提出是梭伦将民主因素引入了雅典城邦,"雅典法制的生长方向已由梭伦的基本教义确定,即政治权力应当始终服务于公众"。②

伯里克利连任将军的时代是雅典民主的鼎盛期。伯里克利对于雅典的民主政体的性质和特征作过经典的阐述:"我们的制度之所以被称为民主政治,因为政权是在全体公民手中,而不是在少数人手中。解决私人争执的时候,每个人在法律上都是平等的"。③ 他把政府在外交、军事和财政等一切领域的权力都转移到由全体男性公民组成的公民大会手中。公民大会是处理雅典事务的最高权力机构,500人会议、贵族会议、陪审法庭、十将军委员会以及执政官,全都隶属于它。贵族政治的残余得以清除,所有的男性公民基本上都获得了不受财产限制,通过抽签、选举和轮换而出任各级官职的权利和机会,而且大部分公职实行公薪制,这为贫苦公民参加政权管理提供了一定的物质保证。"人民是权力的基础。伯里克利的政治哲学包含了这个结论。……宪法的宗旨不是确立任何利益的支配地位而是防止它;给劳动者的独立地位和财产安全以同样的关心;保护富人的安全反对嫉妒,以及保护穷人反对压迫,这些思想标志着古希腊政治艺术所达到的最高水平"。④经过伯里克利的苦心经营,雅典的直接民主制日益完备。

雅典民主制度的核心内容是鼓励全体公民直接参与城邦国家公共事务的管理。正如我国学者顾准所指出的:"大体说来,除早期和后期的僭主政治而外,我们可以有把握地说,'主权在民'与'轮番为治'总是它们的共同

---

① [古希腊]亚里士多德:《雅典政制》,日知、力野译,商务印书馆1959年版,第12页。

② [英]阿克顿:《自由史论》,胡传胜等译,译林出版社2001年版,第8页。

③ [古希腊]修昔底德:《伯罗奔尼撒战争史》(上册),谢德风译,商务印书馆1960年版,第130页。

④ [英]阿克顿:《自由史论》,胡传胜等译,译林出版社2001年版,第10页。

的特色"。① 概括而言,古希腊的直接民主制包括如下几个特征:一是"主权在民"和"轮番为治"。雅典意义上的"公民权"包括参与立法、司法的权利和直接介入城邦事务的权利,人民掌握着主权也即最高权威,实施立法和司法职能。城邦政治的核心是建立在多数决定原则基础上的"主权在民",即建立在公民大会直接表决、全体参与的基础之上。"主权在民"最直接的体现是"轮番为治",雅典的公职如执政官、将军、议员、陪审员等,均由选举产生,任职期限均为一年,不得连任,年年选举更替,凡雅典公民都可通过民主选举,获得担任公职的机会。从形式上看,公民涉入公共事务不会有来自等级和财富方面的任何障碍,人与人之间是平等的。二是鼓励积极参与。在当时的人看来,人在本质上是一种政治动物,人的本性就是要参与政治的,只有通过自由而平等地参与政治生活,道德才能趋于完善,人性才能充分实现。雅典民主制下的政治参与贯彻了主权在民的思想,既形成了宝贵的参与传统,又相应形成了具有广泛性、直接性、制度化和程序化特点的政治参与制度。三是整体主义。在古希腊城邦中,公共生活优先,公民献身于城邦,私人生活隶属于公共事务,民主政治的目的是公共的善(common good)。"一个雅典公民不会因为照顾自己的家务而忽视国家的;我们之中即使是那些忙于业务的人也都具有极其鲜明的政治概念。只有我们才把那些不关心公共事务的人不仅看作是无害的人,而且看作是无用的人"。②

　　然而,由于雅典民主制度在伯里克利时代之后的衰落,民主并没有成为古希腊占压倒优势的价值,而且逐渐被冷落。这有多方面的原因,但主要可以归结为以下三点:其一,古希腊的直接民主制具有自身局限性。直接民主制是公民作为国家的主人直接管理自己的事,而不是通过中介或代表。这种由公民直接决定国家事务的直接民主,存在导致平民政治和多数专制的危险,历史事实证实了这种担心。而且,古希腊直接民主制"轮番为治"的特征,使国家的治理活动缺乏专业技术的含量,容易将一些无能者选入政

---

　　① 顾准:《顾准文集》,贵州人民出版社1994年版,第182页。
　　② [美]乔治·霍兰·萨拜因:《政治学说史》(上),盛葵阳、崔妙因译,商务印书馆1986年版,第34页。

府,从而有碍于有效的国家治理。其二,直接民主制的局限性导致人们对民主政治普遍持怀疑态度。在亚里士多德的政治学中,民主(平民)政体只是共和政体的一种变态类型①,他真正欣赏的是一种以中产阶级为基础组成的"混合政体",寻求"一个人的统治"(王权或君主政体)、"少数人的统治"(贵族政体)和"多数人的统治"(共和政体)的最佳平衡。同样,古罗马政治家西塞罗指出最佳的政府形式是"混合政体",他说:"君主制吸引我们是由于我们对它们的感情,贵族制则由于它们的智慧,民众政府则由于它们的自由"。② 在他看来,把以罗马执政官为代表的君主制,以元老院为代表的贵族制和由民众大会及平民保民官为代表的民主制结合起来的"混合政体",最有可能保持平衡和持久。其三,古希腊民主制具有特殊的社会背景。雅典的民主并非多数人当家作主,而是限制于雅典公民范围之内。当时雅典 30 万人口中,拥有公民身份的不足十分之一,妇女儿童、奴隶和外邦人均不在公民之列。而且,一方面,雅典实行奴隶制度,贵族和自由民不为日常生计操心,具备参与政治活动的条件;另一方面,古希腊城邦都是小国,人口很少。这些造就了雅典的直接民主,而一旦这样的社会历史条件改变,雅典的民主也就陷入了危机。

因此,古代雅典城邦的民主制在人类政治历史上并不长久,它无法适应随着经济政治发展而导致的疆域的扩大和人口的增加,长久湮没在中世纪神权政治的黑暗之中。但毋庸置疑,它为后世提供了重要的理论和实践资源,参与式民主理论所复兴的正是这种古典民主实践中所蕴涵的积极参与理念。

(二)卢梭的直接民主思想

近代,在工业化扩张和资本主义市场运动的推动下,政治形式不断发生变革,特别是政治参与的扩大塑造了现代民主政治。16、17 世纪以来近代政治发展的历史,不管是从封建主义或绝对主义转变为代议制民主、从有限

---

① [古希腊]亚里士多德:《政治学》,吴寿彭译,商务印书馆 1983 年版,第 178 页。
② [古罗马]西塞罗:《国家篇法律篇》,沈叔平、苏力译,商务印书馆 1999 年版,第 43 页。

选举演进为竞争性的普选制,还是各种政治权利在内容和范围上的扩大,无不是以政治参与的扩大为内涵,从而建立公民与政府之间的紧密联系。近代倡导积极参与的理论家中最为卓越的代表无疑是卢梭(Jean Jacques Rousseau,1712—1778),他的人民主权思想对于参与民主理论的形成起到了奠基性的作用。卢梭祖籍法国,是18世纪法国启蒙运动的杰出思想家,激进的民主主义者,法国大革命的思想先驱,浪漫主义运动之父和西方近代自然法学派的著名代表。正如罗素所指出的,"从卢梭时代以来,自以为是改革家的人向来分成两派,即追随卢梭的人和追随洛克的人"。①

1. 人民主权论

民主按照卢梭赋予它的原初含义,意味着与所有人有关的事务应该由所有人来决定,其核心是人民主权学说。这包括以下几方面内容:

其一,国家主权应当属于人民,并受"公意"所指导。卢梭指出国家是民众的结合体,是一个公共的人格,国家主权永远属于人民,国家主权和人民主权是统一的。民主国家是在社会契约的基础上产生的,每个缔约者毫无例外地向它交出了自己的全部权利,因此,每个公民都是国家权力的主人。他说:"正如自然赋予了每个人以支配自己各部分肢体的绝对权力一样,社会公约也赋予了政治体以支配它的各个成员的绝对权力。正是这种权力,当其受公意所指导时,如上所述,就获得了主权这个名称"。②

在卢梭看来,在一个民主的国家中,主权必须以"公意"为自己行使的依据。卢梭认为"公意"和"众意"是两个对立的概念。他认为,"公意"是代表全民的共同利益和愿望的意见,"众意"则是代表各个个人的、与全民共同利益相矛盾的那些要求和意见。公意代表着公利,众意代表着私利,两者是互相矛盾和对立的。他说:"众意与公意之间经常总有很大的差别;公意只着眼于公共的利益,而众意则着眼于私人的利益,众意只是个别意识的总和。但是,除掉这些个别意志之间正负相抵消的部分而外,则剩下的总和

---

① [英]罗素:《西方哲学史》(下卷),马元德译,商务印书馆1976年版,第225页。
② [法]卢梭:《社会契约论》,何兆武译,商务印书馆2003年版,第37页。

仍然是公意"。① 这里,卢梭所强调的是,公意着眼于整体,而众意着眼于个人,公意只体现个人利益中的共同部分。运用国家主权图谋个人私利,在民主的国家里是不能容许的。他说:"唯有公意才能够按照国家创制的目的,即公共幸福,来指导国家的各种力量;因为,如果说个别利益的对立使得社会的建立成为必要,那末,就正是这些个别利益的一致才使社会的建立成为可能。……治理社会就应当完全根据这种共同的利益"。② 在他看来,公意永远是正确的,但那代表着公意的判断并不永远是正确的,这就要求代表人民的立法者要像"神明"一样的公正。

其二,人民主权是既不可以转让,也不可以分割的。在他看来,一方面,人民主权是不可以转让的。因为主权体现人民的意志,它是公意的运用,是集体的生命,"权力可以转移,但是意志却不可以转移"。③ 人民没有任何理由转让主权,转让主权就是出卖意志,就是出卖自由和生命,而无论以任何代价出卖意志、自由和生命,都是违反自然,同时又是违反理性的。另一方面,由于主权是不可转让的,同样理由,主权也是不可分割的。因为主权代表着人民统一的共同的意志,这个意志是不可分割的。"它要末是人民共同体的意志,要末只是一部分人的。在前一种情形下,这种意志一经宣布就成为一种主权行为,并且构成法律。在第二种情形下,它便只是一种个别意志或者是一种行政行为,至多也不过是一道命令而已"。④ 卢梭指出,既然主权代表公意,它便是绝对的、至高无上的和神圣不可侵犯的。

其三,人民主权是决不可能被代表的。在卢梭看来,人民主权只能由人民直接表达,而决不可能被代表。"正如主权是不能转让的,同理,主权也是不能代表的;主权在本质上是由公意所构成的,而意志又是绝不可以代表的;它只能是同一个意志,或者是另一个意志,而绝不能有什么中间的东西。因此人民的议员就不是、也不可能是人民的代表,他们只不过是人民的办事

---

① [法]卢梭:《社会契约论》,何兆武译,商务印书馆 2003 年版,第 39 页。
② [法]卢梭:《社会契约论》,何兆武译,商务印书馆 2003 年版,第 31 页。
③ [法]卢梭:《社会契约论》,何兆武译,商务印书馆 2003 年版,第 35 页。
④ [法]卢梭:《社会契约论》,何兆武译,商务印书馆 2003 年版,第 33 页。

员罢了;他们并不能作出任何肯定的决定"。①

可以说,卢梭对现代民主的最大贡献在于,他解决了现代社会的权力合法性问题。他断然宣布权力的合法性来自人民的同意,来自人民的公共意志。"强力并不构成权利,而人们只是对合法的权力才有服从的义务"。②因为真正的权威只有一种,那就是建立在人们同意之上的权威,一个民主的社会,就是所有社会成员共同参与政治,按照公共意志的指引,决定公共事务。

2. 倡导积极参与的直接民主制

古典的民主理念曾经激发过近代西方追求民主的热情。但如何对待古典的民主模式,西方思想界一直有相当大的争议,其焦点最初集中在代议制问题上。早期的民主主义者拒绝接受以代议制的方式实现民主的理想。他们向往的是类似古希腊的直接民主制度。那里,人民直接参与所有政治与社会事务的决策,人民是真正的主人。对这种理念倡导最有力者首推卢梭。

首先,在人民主权论的基础上,卢梭对代议制进行了强烈批评。近代西方资本主义国家实行的是代议制民主的政治制度,理论上占主导地位的是代议制的民主论,但是卢梭对此提出了质疑。他的逻辑基础是认为主权在本质上是由公意构成的,只能由人民直接表达,而决不可能被代表。他说:"代表的观念是近代的产物;它起源于封建政府,起源于那种使人类屈辱并使'人'这个名称丧失尊严的、既罪恶而又荒谬的政府制度"。③ 在他看来,国家主权永远属于人民,它是不可代表的,唯有服从人们自己为自己所规定的法律,才是自由。因此,他认为代议制度违背了自由的原则。自由意味着自主,而代议制恰恰是由某些人代表人民行使政府职权,人民在本质上丧失了自主。在他看来,不管怎样,只要是一个民族选举出了自己的代表,他们就不再是自由的了。正是在这个意义上,卢梭批评英国的代议制度:"英国人民自以为是自由的;他们是大错特错了。他们只有在选举国会议员的期

---

① [法]卢梭:《社会契约论》,何兆武译,商务印书馆2003年版,第120页。

② [法]卢梭:《社会契约论》,何兆武译,商务印书馆2003年版,第10页。

③ [法]卢梭:《社会契约论》,何兆武译,商务印书馆2003年版,第121页。

间,才是自由的;议员一旦选出之后,他们就是奴隶,他们就等于零了"。①
他提出,代议制与雇佣兵制度在本质上是一样的,人们出钱雇佣军队或选举
议员来代替自己履行公共职责。

　　显然,能够体现卢梭人民主权学说的理想形式必然是全体公民积极参
与的直接民主制。首先,卢梭所指的"参与"是指公民直接参与决策过程。
他将人民直接参与公共事务视为追求真正自由的前提,他认为,在一个真正
自由的国度,一切都是公民亲手来做。公民直接参与政治,决定公共事务。
"一旦公共服务不再成为公民的重要事情,并且公民宁愿掏自己的钱口袋而
不愿本人亲身来服务的时候,国家就已经是濒临毁灭了"。② 同时,他认为,
主权主要是通过立法权来体现的,"立法权是国家的心脏",是主权的核心,
离开了立法权便无所谓国家的主权。他主张在民主的国家里,立法权必须
由人民掌握,而且必须体现公意,"法律乃是公意的行为"。③

　　其次,卢梭将自由的概念建立在参与的坚实基础上,认为参与能够提高
个人自由价值。他提出除非每个人通过参与过程"被迫"做出具有社会责
任的行为,否则将不存在保障每个人自由的法律,即不存在公意或个人服从
于自己的那种正义法则。个人实际上的自由以及他对自由的感受,通过决
策过程中的参与而得到提高,因为参与赋予了他一定程度上对自己的生活
和周围的环境进行控制的能力。此外,参与过程确保了没有一个人或团体
是另一个人或团体的主人,所有人都同等地互相依靠,平等地服从法律。由
此,卢梭将参与看做能够提高个人自由价值,通过这一过程使个人成为自己
的主人。④ 从这个意义上讲,卢梭的民主思想与古代雅典的直接民主观念
一脉相承。

　　再次,卢梭认为参与的主要功能是教育。卢梭的理想制度旨在通过参
与过程的作用推动个人的负责任的社会行动和政治行动。在这一过程中,

---

① ［法］卢梭:《社会契约论》,何兆武译,商务印书馆 2003 年版,第 121 页。
② ［法］卢梭:《社会契约论》,何兆武译,商务印书馆 2003 年版,第 119 页。
③ ［法］卢梭:《社会契约论》,何兆武译,商务印书馆 2003 年版,第 47 页。
④ 陈尧:《民主时代的参与》,《读书》2006 年第 8 期。

个人知道"每个人"一词必须运用于他自己,也就是他发现,如果要想得到其他人的合作,他就不得不考虑比他自己眼前的私人利益更为宽泛的事务,他应知道,公共利益和私人利益是结合在一起的。参与决策活动的结果是,个人接受了教育而学会区分他自己的冲动和欲望,他既学会了如何成为一个私人公民,也学会了如何成为公众人物。同时,卢梭相信通过这一教育过程,个人将最终发现公共领域的要求和私人领域的要求之间很少或不存在冲突。①

此外,卢梭认为参与是一种保护私人利益和确保好政府的方式。一方面,参与使得集体决策更容易地为个人所接受。通过参与,在公民的思想里,公共的事情也就愈重于私人的事情。"私人的事情甚至于会大大减少的,因为整个的公共幸福就构成了很大一部分个人幸福,所以很少还有什么是再要个人费心去寻求的了"。② 另一方面,参与提升了个人对社会的归属感。卢梭指出,在直接民主国家中,由于人民是国家的真正主人,因此他们都有高度的政治积极性,在那里,人民对国家的服务是自觉的、主动的、不用花钱购买的。另外,在民主国家里,由于人们积极关心并参与国家的政治活动,国家的管理机构,即行政机构就会大大精简,行政机构的行为愈少,则行政机构也就愈好。

在西方思想界,尽管卢梭受到了严厉的批判,但直到今天,作为一个争议最大的人物,他的思想依然受到重视,供后人反反复复地汲取。尤其是,卢梭的人民主权论激励了法国革命、美国革命和全世界民主运动,使现代民主具有了厚实的合法性,弥补了自由主义民主在这方面的不足。而且,卢梭"提供给我们这样一些观点,在制度的权威结构和个人的心理品质和态度之间存在着关联性,以及参与的主要功能在于教育功能。这些观点构成了参与民主理论的基础"。③

---

① 此段参见[美]卡罗尔·佩特曼:《参与和民主理论》,陈尧译,上海人民出版社 2006 年版,第 24 页。

② [法]卢梭:《社会契约论》,何兆武译,商务印书馆 2003 年版,第 120 页。

③ [美]卡罗尔·佩特曼:《参与和民主理论》,陈尧译,上海人民出版社 2006 年版,第 26 页。

但值得注意的是,卢梭的直接民主制度存在着致命的缺陷。一是由于他过分推崇直接民主,将个人消解在"公意"之中,而且在制度设计上缺少对公共权力的限制,以至于人民主权理论往往被专制者所利用,为极权主义提供依据。二是卢梭的直接民主制度需要特定的社会经济条件与之相适应,他倡导一个由农民组成的小规模社会,即一个在经济上平等和独立的社会,主张社会中存在的差异不应该导致政治不平等。更重要的是,卢梭的直接民主制度需要社会具有高度的同质性。到现代社会,他所推崇的这种建立在"公意"基础上的直接民主,已经完全失去了可操作性。因此,如何将以卢梭为代表的发展型共和主义民主加以修正,以弥补自由主义民主不足,巩固现代民主的合法性基础,成为许多思想家一直考虑的问题。

(三)密尔的积极参与理念

约翰·斯图亚特·密尔(John Stuard Mill,1807—1873)是英国19世纪著名理论家。在西方政治思想史上,他是自由主义思想发展中一位继往开来的里程碑式人物,其思想是连接新老自由主义的重要桥梁。密尔的民主观体现了他对消极保护和积极参与的调和,一方面,他提出个人自由不可侵犯,认为为了保护个人自由,国家所能合法施用于个人的权力应有一个明确的界限;另一方面,它强调参与的教育功能,倡导公民积极参与公共事务,扩大人民主权范围。

1. 以消极自由为基础

密尔是一个坚定的自由主义者,他的各种思想都奠基于其自由观之上。他根据19世纪中后期新的历史条件,从个人和社会的关系角度讨论自由,把自由从政治、经济领域拓展到社会领域,指出他所讨论的"乃是公民自由或称社会自由,也就是要探讨社会所能合法施用于个人的权力的性质和限度"。① 根据社会自由的概念,密尔认为,个人自由的适当领域包括三个方面:一是意识的内在领域的自由,如良心自由、思想情感的自由、持有意见和观点以及表达它们的自由;二是个体情趣和追求的自由,构造适合自己特征

---

① [英]约翰·密尔:《论自由》,许宝骙译,商务印书馆1959年版,第1页。

的生活计划并按照自己喜欢的方式去做的自由;三是个人之间相互联合的自由,即人们有自由为任何无害于他人的目的而彼此联合。而且,密尔进一步提出,任何一个社会,不论其政府形式怎样,若是上述这些自由不受尊重,那就不算自由。"唯一实称其名的自由,乃是按照我们自己的道路去追求我们自己的好处的自由,只要我们不试图剥夺他人的这种自由,不试图阻碍他们取得这种自由的努力"。①

密尔讨论的自由并不是极端的个人自由,它受到一定的社会限制。同时,社会对个人的限制也不是无限制的,也有一定的限度。个人自由与社会控制之间的界限是怎么样的? 这是密尔探讨的主要问题。为此,他把个人的行为分为两大部分:一部分行为只涉及本人,另一部分会涉及他人。并在此基础上提出了著名的"群"(社会)"己"(个人)权界论。② 密尔认为,为了保护个人自由,国家所能合法施用于个人的权力应有一个明确的界限,这与传统自由主义者从天赋权力角度考察自由显著不同。他认为这个界限应遵循两条原则:"第一,个人的行动只要不涉及自身以外什么人的利害,个人就不必向社会负责交代,他人若为着自己的好处而认为必要时,可以对他忠告、指教、劝说以至远而避之,这些就是社会要对他的行为表示不喜或非难时所仅能采取的正当步骤。第二,关于对他人利益有害的行动,个人则应当负责交代,并且还应当承受或是社会的或是法律的惩罚,假如社会的意见认为需要用这种或那种惩罚来保护它自己的话"。③ 根据上述原则,密尔认为,一个人的行为只要不妨害他人,就应有完全的自由,但当他的行为妨害了他人,这个行为就被排除在自由的范围之外,而被放进道德或法律的范围之内了,社会就有权干涉他的行动自由。"人类之所以有理有权可以各别地或者集体地对其中任何分子的行动自由进行干涉,唯一的目的只是自我防卫"。④ 可见,是否危害他人,就是密尔"群己权界"的"界"之所在,也即是

① [英]约翰·密尔:《论自由》,许宝骙译,商务印书馆1959年版,第14页。
② 吴春华:《当代西方自由主义》,中国社会科学出版社2004年版,第34页。
③ [英]约翰·密尔:《论自由》,许宝骙译,商务印书馆1959年版,第112页。
④ [英]约翰·密尔:《论自由》,许宝骙译,商务印书馆1959年版,第10页。

社会与个人的权力之界。

总的看来,密尔的自由观是以保护个人自由不受侵害为核心,是一种消极的自由观。他通过确定"群己权界"原则,一方面维护了个人自由的空间,保障了个人权利,把社会暴虐的威胁降到最低限度;另一方面也对个人自由进行了必要的限制,主张个人自由的行使不得危害他人及社会利益,如果越过了这一界限,社会的制裁与惩罚就是正当的和必要的,体现了相对的个人自由观。

2. 强调积极参与的价值

密尔对民主有强烈的感情,他始终相信参与对人类进步有伟大的意义。他认为,一方面,参与可以保护每个公民的切身利益,防止统治者滥用权力;另一方面参与可以提供一种公民教育的最高形式,有助于培养公民的积极性格,最大限度发挥每个公民的创造力。具体而言,密尔认为积极参与具有如下几方面的意义:

第一,积极的性格类型有利于人类的普遍利益。密尔区分了人的积极性格和消极性格,指出"积极的、自助的性格不仅是本质上最好的,而且是最有可能得到相反的性格中一切真正好的或可想望的东西"。[1] 积极性格就是具有积极主动的精神,努力向上,这是民主制国家所需要的,消极性格则是只要求服从命令、任人摆布,那是君主统治者所喜欢的。"随着人民逐渐习惯于通过自己的积极干预来处理自己的事务,而不是把事情留给政府去做,他们就会渴望消灭暴政,而不是渴望实施暴政;另一方面,如果所有的主动性和创造性都来自政府,个人总是习惯于受政府的监督和指导,那么民主制度在人们心中培养的就不是对自由的渴望,而是对权力和地位的无限贪欲,人们的聪明才智就不会用在正经事情上,而是用来勾心斗角,争名逐利"。[2] 在密尔看来,代议制政府优于其它政府形式的一个重要方面就在于,代议制政府能够保证民众的政治参与,促进人类积极性格的发展,从而

---

① [英]J. S. 密尔:《代议制政府》,汪瑄译,商务印书馆1982年版,第51页。

② [英]约翰·穆勒:《政治经济学原理》(下卷),胡企林、朱泱译,商务印书馆1991年版,第539页。

推动道德水平和智力水平的提高。

第二，通过参与培养公民的道德和智慧。密尔认为，公民教育目标不仅是创造公共精神，而且还要发展公民的智力和知识面。在他看来，好的政府形式的一个重要标准就在于它应该有助于推进、提高人民的道德和智慧水平。他强调统治权应掌握在人民手里，每一个公民在主权中都有声音，每一个人在公共事务中都有参与权。至少是有时，被要求实际上参加政府，来担任某种地方的或一般的公共职务。通过这种参与，培养公民道德和智慧，才能使政治实际措施具有良好的效果。"更为有益的是普通公民参加公共职务（即使这种情况不多）所得到的道德方面的教育。当从事这种工作时，……使他感到自己是公众的一分子，凡是为公众的利益的事情也是为了他的利益。没有这种培养公共精神的学校，几乎就不会感到，不处在显赫社会地位的普通人，除了遵守法律和服从政府以外，还对社会负有义务"。① 他竭力主张扩大选举权，认为代议制政府优点最多，"它一方面把最少的人排除于选举权之外；另一方面，在符合其他同等重要目的范围内，允许所有各阶级的人最广泛地参加具体的司法和行政事务；如通过陪审制，允许人民参加市行政职务，尤其是通过最大可能的公开自由讨论，不仅使少数个人相继参加政府，而是使整个公众都在某种程度上参加政府管理，并分享从政府管理中得到的教育和锻炼"。②

第三，参与的教育功能应扩展到工业领域。密尔在他的代议制民主思想中表示了对工人阶级的同情和支持，认为工人阶级是否有政治权利是他们能否全面发展的重要标志。他指出，工人阶级被排除在政府一切直接参加以外是不正确的，因为工人对问题的看法，"有时是完全同样接近真理的"，当涉及工人本身利益的问题时，"无论如何应当恭敬地听取他们的意见，而不应当象现在这样不仅不予以尊重而且加以忽视"。③ 在后期著作中，密尔逐渐将工业领域看作是个人通过对集体事务的管理而获取经历的

① ［英］J. S. 密尔：《代议制政府》，汪瑄译，商务印书馆1982年版，第54页。
② ［英］J. S. 密尔：《代议制政府》，汪瑄译，商务印书馆1982年版，第85页。
③ ［英］J. S. 密尔：《代议制政府》，汪瑄译，商务印书馆1982年版，第45页。

另一个领域,就像人们在地方政府中的活动那样。由于参与所具有的教育功能,在地方政府活动中的参与是在国家层次上进行参与的必要条件。根据这一逻辑,密尔认为在工作场所的"管理活动"中参与具有同样的效果。他指出,"极为重要的是,所有社会阶层,包括最低贱的阶层在内,都应有许多自己必须亲自做的事情,都应使他们在这方面尽可能多地运用智慧和德行,政府不仅应把与个人有关的事情尽可能留给个人去做,而且还应该允许或毋宁说鼓励个人尽可能多地通过自愿合作来处理他们共同的事务,因为大家商量和处理集体事务,可以很好地培养公益精神,有效地产生处理公众事务的智慧,而这种公益精神和智慧一向被看作是自由国家的人民所具有的特殊品质"。① 密尔的这些思想,无疑比许多政治理论家更符合历史事实,其观点中关于参与教育重要性的观点往往被忽视了,然而这些观点对于民主理论具有重要意义。

　　3. 调和消极保护与积极参与

　　密尔的思想具有明显的调和主义色彩,他首先是坚定的自由主义者,认为个人自由不可侵犯,然后他试图通过代议制政府让个人自由更充分地发挥,强调参与的教育功能,倡导公民积极参与公共事务。可见,他试图从理念和制度上把保护型民主和发展型民主这两种对立协调起来。他调和了自由主义、国家主义和社会主义,希望平衡各种利益之间的冲突,使国家干涉与个人自由,人民主权和精英统治等都在统一体中共存。为此,他提出每个人首先是自保,然后是自我发展,并试图在以下两方面之间找到平衡点:"一方面是广泛参与和政府进步,另一方面是知识和道德精英的影响"。②

　　首先,密尔为了保护个人自由免受政治权力侵害,主张用有层次的代议制来解决大规模民众参与带来的问题。根本上说,密尔的民主观不是解决公民如何真正参与,而是解决如何提高公民素质。他所说的民主并不是一

————————

　　① [英]约翰·穆勒:《政治经济学原理》(下卷),胡企林、朱泱译,商务印书馆1991年版,第539页。

　　② [英]彼得·斯特克、大卫·韦戈尔:《政治思想导读》,舒小昀、李霞、赵勇译,江苏人民出版社2005年版,第376页。

套根据人民意志做出决策的政治方法,而是公民通过参与获得教育的一种安排,以便使大众达到熟练运用民主的程度。他的民主理论建立在限制普选权利、强调保护少数精英人物资格地位之上,只能是公民参与政治而不是决定政治。在他的民主模式中,人民主权的因素不断被能力和智慧要求所取代,个人知识和有美德成员的作用要大于一般公民,代议制政府成了理性民主结合专长的政府,不过他并不否认决策应体现公民要求,只是认为这些要求需通过他们的代表提出。① 总之,密尔的积极参与思想的实质是将精英的政治统治和民众某些政治要求结合起来,是对民主浪潮表现出的一种理智心理。

其次,密尔提出积极参与的必要性,并考虑如何使民主有利于增强社会活力,促进公民自身教育。他不满足局部利益之间平衡,而是从民主发展中看到多数人政治概念忽视了政治领导和政治教育,希望一种理想的政治制度被有能力公民推动,并指导所有公民教育,达到自由境地。他虽强调精英统治,但这种精英来自公民之中,是民选的或在政治竞争中产生,并不是来自某个特定阶级。而且,公民并不绝对服从精英意志,相反的是,精英统治要接受选民的批评和监督,议会作为人民意志表达的舞台,"如果组成政府的人员滥用职权,或者履行责任的方式同国民舆论相冲突,就将他们撤职,并明白地或事实上任命其后继人"。② 同时,密尔从个人主义的立场上论证了积极参与的重要价值,他认为,每个人都是自己的权益的可靠保卫者,因为人总是爱自己超过爱别人的,所以只有在每个人有权捍卫、支配自己的权益,他的权益才能得到保证、免遭忽视。③ 这样,只有在有权参与公共事务时,个人的权益才能最大程度地获得,最大程度地得到保障。

但是,密尔的这种调和并不成功,他的理论中存在诸多矛盾,他强调个

---

① 参见陈炳辉:《直接民主与间接民主——〈代议制政府〉的重新解读》,《当代哲学》2006 年第 1 期。

② [英]J. S. 密尔:《代议制政府》,汪瑄译,商务印书馆 1982 年版,第 80 页。

③ 参见陈炳辉:《直接民主与间接民主——〈代议制政府〉的重新解读》,《当代哲学》2006 年第 1 期。

人权利,倡导积极参与,认为参与有助于个人发展,但是,他又提出复票制,给予教育程度和社会地位高的人较多的投票权,这可能使得下层劳工减少和失去参与动机,从而失去平等发展自我的机会。关于密尔理论的缺陷,麦克弗森(C. B. Macpherson)有着深刻的分析,他指出密尔理论的困境在于,它所面对的是资本主义市场社会,这种社会的内在本性追求物质生产的最大化,追求个体功利的最大化,它的伦理原则就是占有性个人主义。由于奉行这样一种伦理原则,这"强迫一些人向另一些人进行权力净转移,这就减小而不是最大化每个人平等地运用与发展其所宣称的自然能力的自由"。①

但不管怎样,密尔主张由人民选出的代表来行使公共权力的代议制政府,代议制政府要求人民具有最高的最后的决定权,这正是继承了卢梭的人民主权思想。他还寄希望人民对公共事务的积极参与,甚至亲自担任社会职务,以促进人民的心灵和道德的进步。更为重要的是,他把参与的教育功能应扩展到工业领域。这些为参与民主理论提供了主要的理论资源。

三、参与式民主:积极参与理念的复兴

当代,正是在反思自由主义民主理论和实践,复兴积极参与理念,调和消极保护和积极参与的过程中,参与式民主理论逐渐兴起。1970 年,美国学者卡罗尔·佩特曼出版《参与和民主理论》一书标志着参与式民主理论的正式提出。

与精英民主和多元民主理论不同,参与式民主并没有形成一个完整的理论体系。因此,在西方政治学者的著述中,对参与式民主的理解各不相同,对此概念没有明确的界定。赫尔德曾指出,"参与型民主的术语经常被用来涵盖从古雅典到某些马克思主义立场的一系列民主模式。这样的用法从多方面来看未必是不准确的,但在这里,这个术语有更狭窄的涵义,以便把它与我们迄今为止讨论的其他模式区分开来。'参与型民主'是左派相

---

① C. B. Macpherson, Democratic Theory, Oxford: Oxford University Press, 1973, p. 10.

对于右派的'合法民主'的主要对抗模式"。① 据此,这里的参与式民主是指当代以自由主义民主为基础,强调在代议制民主的基础上引进更多的直接民主因素,扩大公民对公共事务直接参与的一种民主模式,其代表人物是佩特曼、麦克弗森、巴伯等。

首先,参与式民主论者在批评自由主义民主的基础上,提出了自己的理论架构。针对自由主义民主在当代社会中面临的重重危机,参与式民主论者指出危机的根源是它过度强调消极自由,为保护个人权利制约了积极参与,因此而造成了普通民众难以控制代议政府、公共善缺失、少数权利遭到侵害,以及公民政治冷漠等问题。于是,他们试图在维护个人自由和权利的基础上,通过复兴积极参与理念,来弥补自由主义民主的不足。

其次,参与式民主理论不是全新的,而是对古典民主中的积极参与理念的复兴。民主的理想是公民的直接参与,即直接民主,古希腊的城邦民主是直接民主的典型。在古代雅典城邦,崇尚公民积极参与和自我管理的观念,在这种观念下,治人者也会受治于人,公民的自由直接取决于对政治事务的参与,不管是公民的人身自由得到保障,还是公民发展的内在价值,均取决于公民参与集体决策的程度。这种源自古代雅典的民主理想虽然"经过近代间接民主——代议制民主的冲击,它仍是一个徘徊全球各地的'幽灵'(正如共产主义的幽灵)。实际上,只要有人想掌握自己的命运,他(或她)就会喜欢、关注、推崇直接民主的理念"。② 但是,这种直接民主模式有着极大的局限性。正如达尔所指出的,古希腊的直接民主制至少要满足六项要求:"1. 公民利益之间必须足够和谐,以便他们能够分享并按照一种强烈的普遍善的感觉行事……2. 他们必须具备高度的同质性特征,否则就会产生政治冲突并在公共善方面产生明显的分歧……3. 公民团体必须相当小……4. 公民必须能够召开公民大会并直接决定法律以及政策的决策……5. 公民参与并不仅限于公民大会。它也包括对城邦管理的积极参与……6. 至少从

① [英]戴维·赫尔德:《民主的模式》,燕继荣译,中央编译出版社1998年版,第333页。
② 何包钢:《直接民主理论、直接民主诸形式和全民公决》,刘军宁等:《直接民主与间接民主》,北京三联书店1998年版,第16页。

理想的意义来说,城市国家依然保持了充分的自主性"。① 可以看出,这些要求与当代大型多元的民族国家现实相冲突,它只适合领土较小和人口稀少的城邦。参与式民主论者也看到了古希腊直接民主制的局限性,因此它虽然复兴了古典民主中的积极参与理念,但抛弃了古希腊这种纯粹的直接民主制,而是追求一种半直接的民主制,以更符合当代大规模民族国家的现实。

参与式民主理论还汲取了卢梭、密尔等人的积极参与思想。卢梭为参与式民主理论提供了基本框架。正如佩特曼所指出的:"尽管卢梭的写作是在现代民主制度诞生之前,而且他的理想社会是非工业化的城市国家,但在他的理论中,可以看到关于民主政体中参与功能的基本假设"。② 卢梭在其人民主权学说中提出主权是不能代表的,指出人民是真正的主人,应该直接参与所有政治与社会事务的决策,并认为参与能够提高个人的价值,能够使个人成为自己的主人。同时,在他看来,参与具有教育、使公共决策更容易被接受,以及政治整合等多重功能。这些思想都为参与式民主理论的形成提供了丰富的思想资源。但是,由于卢梭过于迷恋古代人的直接民主,强调公意,忽视现代人的个人自由,特别是在制度设计上少了对公共权力限制的核心一环,致使人民主权理论在历史中走向其反面,演变为可怕的多数人暴政。这也正是当代参与式民主理论面临的主要难题,即如何在强调积极参与的同时,保护个人自由和权利。

密尔为参与式民主理论提供了更深刻的理论思考。他进一步发展了卢梭关于参与的观点,并试图通过代议制政府来调和消极保护个人自由和积极参与之间的紧张关系。一是在密尔的理论中,积极参与思想从卢梭的农民为主的城市国家背景进入一个现代政治体系中。卢梭所推崇的直接民主制对所管辖的领土和人口有要求,而且需要公民具有高度的同质性,这与现代民族国家的现实相悖,不具有可操作性。他自己也意识到了这一问题,

---

① 〔美〕罗伯特·达尔:《民主及其批评者》,曹海军、佟德志译,吉林人民出版社 2006 年版,第 11—12 页。

② 〔美〕卡罗尔·佩特曼:《参与和民主理论》,陈尧译,上海人民出版社 2006 年版,第 26 页。

"就民主制这个名词的严格意义而言,真正的民主制从来就不曾有过,而且永远也不会有。多数人去统治而少数人被统治,那是违反自然的秩序的。我们不能想像人民无休无止地开大会来讨论公共事务"。① 针对直接民主的种种缺陷,密尔系统地设计了代议制政府,为民主理想在现代大型民族国家的实现提供了可能。二是密尔看到了少数人的权利保障问题。在卢梭的理论中,为了强调公意,少数人完全没有地位。密尔则深受托克维尔影响,在"多数人的暴虐"的基础上提出"社会暴虐"概念。他深感社会暴虐的威胁已日渐突出,因此着力探究社会所能合法地施用于个人权力的性质与限度。三是密尔还进一步发展了边沁(Jeremy Bentham)的功利主义,从强调幸福的量转向幸福的质,看到政府对于个人精神层面的促进作用。他认为民主政治是多方面的,不仅是控制政府,更重要是让人民的智慧、美德得到发展,这是社会进步的源泉。在他看来,代议制政府是强调质的政府,因此是最好的政府形式。四是他试图在更大范围内推动公共讨论,使公共讨论的信息更加通畅,同时,他还想控制讨论,防止讨论扰乱政府的理性。正是在这种意义上,"密尔能够被认为是当代自由宪政主义协商民主的先驱"。② 但不可否认,密尔的积极参与思想有其局限性,他对消极保护和积极参与的调和并不成功,导致其民主观是矛盾的,尤其表现为扩大人民主权范围和精英人物掌权之间的矛盾。

另外,还有很多思想家也为参与式民主理论提供了丰富的理论资源。例如,美国总统林肯(Abraham Lincoln)于1863年在葛底斯堡的演讲中对民主特征进行了概括:"民有、民治、民享政府",③这正是参与式民主的直接体现。还有,法国思想家托克维尔(Alexis de Tocqueville)通过对美国新英格兰乡镇自治的考察,指出了积极参与的重要意义,他说:"管理的根据实际

---

① [法]卢梭:《社会契约论》,何兆武译,商务印书馆2003年版,第84页。

② John S. Dryzek, Deliberative democracy and beyond: Liberals, critics, contestations, Oxford: Oxford University Press,2000,p. 9.

③ Abraham Lincoln:The Gettysburg Address,[美]Robert Isaak 编著《美国政治思想经典文献选读》,北京大学出版社2004年版,第321页。

上来自被治理的人,不论管理得好坏,他们都得满意,以此来表示他们做主人的自豪感"。① 因此,"新英格兰的居民依恋他们的乡镇,因为乡镇是强大的和独立的;他们关心自己的乡镇,因为他们参加乡镇的管理;他们热爱自己的乡镇,因为他们不能不珍惜自己的命运"。② 这些思想在不同程度上对参与式民主理论的形成和发展都有所贡献。

综上所述,参与式民主理论主要源于对自由主义民主的不满。针对自由主义民主为了迎合现实,将民众对政治决策的影响削弱到只剩下选举权,民众被迫产生服从和默认的态度,从而将政治生活精英主义化的做法,参与式民主提出了截然不同的观点。它重新肯定了参与在民主中的重要地位,试图进一步扩大政治参与的方式和范围,指出参与不仅包括公民对国家政治生活的参与,还包括经济领域的参与、社会领域的参与,以及政党组织内部的参与等形式。同时,参与式民主论者特别强调参与不等于直接民主,参与仅仅是人们扩大对自己生活控制的一种方式。具体而言,参与式民主的内涵包括以下几方面:

第一,参与式民主的核心是公民参与公共决策。民主就意味着参与,"可以毫不过分的说,政治的历史是企图抑制政治参与的政府同谋求政治参与的公民之间纠缠不休的历史"。③ 近代以来,自由主义民主限制参与,将参与变成了一种偶尔的行为,脱离了与民主的直接关系。参与式民主试图恢复参与在民主理论中的核心地位,强调只有公民广泛参与公共决策,才能真正体现民主。早期倡导积极参与的思想家柯尔(G. D. H. Cole)提出:"只有摆脱了这一教条的束缚才行,即民主就是关于选举和立法权的一套特定形式的安排。真正的情况是,民主就是民主地工作——以便给人民权力——而不是赋予人民毫无实际内容的权力形式和影子"。④ 总之,"参与"是参与式民主的核心,它指所有的公民直接、完全的参与公共事务的决策,

---

① [法]托克维尔:《论美国民主》上卷,董果良译,商务印书馆1988年版,第76页。
② [法]托克维尔:《论美国民主》上卷,董果良译,商务印书馆1988年版,第76页。
③ [日]蒲岛郁夫:《政治参与》,解莉莉译,经济日报出版社1989年版,第6页。
④ [英]乔·柯尔:《费边社会主义》,夏遇南、吴澜译,商务印书馆1984年版,第107页。

而不仅仅是参与投票。"参与必须是一种在一些事情中的参与过程,这里是指决策活动中的参与(这是参与民主理论的定义)"。①

第二,参与式民主强调积极参与对于个人发展的重要价值。近代自由主义民主的发展大大削弱了人们的参与能力,降低了人民的参与愿望,使大多数社会成员变成了消极的、冷漠的公民,政治成为少数人的专利。参与式民主则认为,民主的最终目的是实现每个人自由和平等的发展,这种目的实现的最大可能的途径就是在公共领域和公共生活中最广泛的参与。密尔曾指出,政府最首要的功能是广义上的教育功能,政府的目的就是培养具有公共精神的公民。"理想上最好的政府形式就是主权或作为最后手段的最高支配权属于社会整个集体的那种政府,每个公民不仅对该最终的主权的行使有发言权,而且,至少是有时,被要求实际上参加政府,亲自担任某种地方的或一般的公共职务"。② 其实,参与式民主是一种激发人们公共意识的机制,通过直接参与公共事务和进行公共讨论、协商、妥协,可以复兴公共领域。在这一领域中,人们将自己的观点融入公共讨论中,通过说服他人或者向他人学习,不仅起到了教育的功能,而且进一步发扬人们互动中的沟通、协调、宽容、理性等公民德行。

第三,参与式民主包括从基层到国家各层次上的参与。参与式民主论者明确主张,选举式民主不是真正的参与民主,也不是参与的适当地方。因为,一方面,民众对于那些与自己生活遥远的国家政策问题难以了解,也缺乏足够兴趣。另一方面,当代代议制民主的巨大规模,使得任何一个人在全国性选举中的投票基本上可以被忽略不计,其投票对于选举结果的影响是微乎其微的,由此严重挫伤了选民的功效感和积极性。因此,参与式民主理论要求将"政治"的范围延伸至政府以外的领域,主张参与从基层、从社区开始,自下而上,最终达到国家层次上的参与。"一个民主政体如果存在的话,就必须相应地存在一个参与性社会,即社会中所有领域的政治体系通过

---

① [美]卡罗尔·佩特曼:《参与和民主理论》,陈尧译,上海人民出版社 2006 年版,第 65 页。
② [英]J. S. 密尔:《代议制政府》,汪瑄译,商务印书馆 1982 年版,第 43 页。

参与过程得到民主化和社会化的一个社会"。① 根据佩特曼的观点,公民参与活动最恰当的领域是与人们生活息息相关的领域,如社区或工作场所,因为这是人们最为熟悉也最感兴趣的领域。只有当个人有机会直接参与和自己生活相关的决策时,他才能真正控制自己日常生活的过程。通过基层、社区、工作场所的参与,使得公民个人获得更多的机会实践民主,在民主实践中进一步培养政治能力,在适当的时候可以参与国家范围的决策。

第四,参与式民主是一种半直接民主。自由主义民主是一种间接民主,亦即代议制民主和选举民主,主张通过普遍选举、政党竞争和代议机构来实施民主。这种间接民主虽然解决了在现代国家中实施民主的难题,也是颇有效率的制度形式,但它有其固有的困境与问题。参与式民主理论家们虽然倡导积极参与,但也不认为直接民主可以适用于所有的政治、经济和社会领域,而是认为其适用范围是有限的。参与式民主论者承认,"自由民主制的许多核心制度——竞争性政党、政治代表、定期选举——都将是一个参与性社会不可或缺的组成因素。直接民主和对于最接近地方的控制,辅之以政府事务中政党和利益集团的竞争,这些可以最为现实地促进参与式民主的原则"。② 因此,他们试图使代议制这种间接民主与直接民主相结合,形成一种半直接民主制,以弥补自由主义民主的不足。

可见,参与式民主强调选民要广泛直接地参与政策制定和政治系统运作,它试图在代议制民主的基础上引进更多的直接民主因素,扩大公民在国家事务和社会组织中的直接参与。这样,民主超越了纯粹政治的层面而上升为一种生活方式,一种体现积极公民所具有的公共精神的生活方式。英国学者赫尔德对参与式民主理论曾有过概括,指出参与式民主论证原则是:"对自由的平等权利和自我发展只能在'参与性社会'中才能实现,这个社会培植政治效能感,培养对集体问题的关心,有助于形成一种有足够知识能力的公民,他们能对统治过程保持持久的兴趣";参与式民主的主要特征

---

① [美]卡罗尔·佩特曼:《参与和民主理论》,陈尧译,上海人民出版社 2006 年版,第 39 页。
② [英]戴维·赫尔德:《民主的模式》,燕继荣译,中央编译出版社 1998 年版,第 339 页。

是:"公民直接参与对于包括工区和地方社区在内的社会中关键制度的管理。重新组织政党体系,使政党官员直接对政党成员负责。'参与性政党'在议会或立宪体制内运作,保持一种开放的制度体系,以确保试验政治形式的可能性";参与式民主的基本条件是:"通过物质资源的再分配,直接改造许多社会团体的不佳资源基础。在公共和私人领域,最大限度地削减不负责任的官僚权力(如有可能的话,将其彻底消除)。开放的信息体系,确保充足信息条件下的决策。重新审查照顾孩子的规定,以便妇女同男子一样具有参与公共生活的机会"。①

　　要言之,参与式民主理论在 20 世纪 70 年代的兴起,是对古典民主中的积极参与理念的复兴,具有深刻的理论渊源。究其根本,它试图通过积极参与促进个人的发展,克服强调消极保护个人权利的自由主义民主具有的种种弊端。但是,正如我们所看到的,尽管古希腊直接民主制为我们提供了最理想的民主模式,卢梭的人民主权思想为参与式民主提供了基本框架,密尔的代议制理论为调和消极保护和积极参与做出了最初的尝试,然而这些实践和理论都有着自身难以克服的局限性。因此,参与式民主理论并未完全照搬,而只是汲取了其中有益的部分,并根据当代社会政治的现实进行了创造性的发展。事实上,参与式民主理论经历了一个逐渐形成和不断演进的过程,以探索在自由主义民主基础上,真正复兴积极参与理念的道路。

---

　　① [英]戴维·赫尔德:《民主的模式》,燕继荣译,中央编译出版社 1998 年版,第 340—341 页。

第二章 参与式民主理论的建构

　　当代西方参与式民主理论经历了一个滥觞、形成和发展的过程。20世纪早期,英国费边社会主义的后期代表道格拉斯·柯尔继承了卢梭的某些思想,提出鼓励积极参与的职能民主制。20世纪60年代西方民主理论出现了新的发展,普通公民广泛参与的要求在民主理论中占有了一席之地,阿伦特等学者提出倡导积极参与的民主理论。1960年阿德诺·考夫曼首次提出"参与民主"概念,随即广泛运用于社会各个领域。但是,最初倡导积极参与的民主理论主要关注社会民主领域,特别是与工作场所的民主管理紧密联系,并没有上升到政治生活和国家层面。1970年,卡罗尔·佩特曼的《参与和民主理论》一书的出版,才标志着参与式民主理论正式出现。①之后,麦克弗森、托夫勒、奈斯比特和巴伯等学者在对保护型自由主义民主的批判和反思的基础上,进一步推动了参与式民主理论的发展。这样,参与式民主理论框架基本形成,其实质是在保护个人权利的基础上,重新强调积极参与对个人发展的重要价值,但它在发展过程中面临着消极保护个人权利与积极参与之间的紧张关系。

一、参与式民主理论的滥觞

　　当代西方参与式民主理论不是一个系统的学派,其观点散见于一些学者的著作中。它的萌芽至少可以追溯到20世纪早期,当时,英国学者道格

---

　　① [美]卡罗尔·佩特曼:《参与和民主理论》,陈尧译,上海人民出版社2006年版,推荐序言第8页。

拉斯·柯尔(G. D. H. Cole)提出了一种鼓励积极参与的职能民主制,其中包含了参与式民主的许多特征。20世纪60年代,西方的新左派运动使积极参与理念逐渐复兴,阿伦特等学者重新强调参与对于个人发展的重要价值,为参与式民主理论的正式提出奠定了基础。

(一) 以职能民主代替传统代议制民主

20世纪上半期,英国费边社会主义后期的主要领导人道格拉斯·柯尔从理论上分析了民主的真实含义,否定了代议民主制,主张积极的公民权,提出真正的民主制应是一种鼓励积极参与的职能民主制,为参与式民主理论的正式提出提供了重要的理论资源。

1. 具有诸多弊端的代议制民主

柯尔继承卢梭的某些思想,在否定代议制民主论的基础上,提出其职能民主论。他指出,代议制民主论是确立在一个人能够代表另一个人或许多人的理论前提上的,但是这样的理论前提是不能成立的。"建立在普选基础上的代议制政府,是一种假定其活动获得最大多数人同意的特定机关"。[①]他认为每一个人都是独立自主的、无法替代的,一个人既不能代表别人,也不能被别人所代表;因此,建立在代表基础上的代议制根本就不是民主制。代议制使得一个公民在被代表后,丧失了个人的自由与权利。具体而言,他认为代议制民主的弊端包括以下几方面:

一是投票不是真正的积极参政。代议制民主中的公民参与最多不过是在投票时参政,一旦投完票,接着就是"代表们"的统治,而自己则拱手让出了参政的机会。在代议制之下,选民在投完票之后,就不再作为一个团体而存在了,只有在下次选举时,他们才又作为一个团体而出现。也就是说,投完票后,"除了人家统治他以外,便无事可做了",[②]这与提倡人人积极参政的民主正好相反。

二是普选权并不是民主的保证。普选权是近现代代议制民主发展的重

---

① [英]乔·柯尔:《费边社会主义》,夏遇南、吴澜译,商务印书馆1984年版,第110页。

② [英]道格拉斯·柯尔:《社会学说》,李平沤译,商务印书馆1959年版,第74页。

要标志,但在柯尔看来,普选不代表真正的民主,他说:"普选权并不是民主,也不是民主的什么保证。它当然是民主的自然手段之一,但它和民主迥然不同。民主指人民拥有权力,而不只是指形式上有权表示,在那些能把自己推到前台的权利要求者中,谁应当拥有权力"。①

三是代表是不尽职的代表。在代议制下,代表的当选并没有明确的目的性,他们只能笼统抽象地宣称他们在一切事物中均能代表所有的公民。柯尔认为,这种宣称能代表一切的代表,实际上什么都代表不了,"当选举代表的目的失去了它的明确性,则代表也将随之成为不尽职的代表,由团体产生的行为的代表也随之消失。今天,错误的代表在自称为无所不'代表'的团体——议会和依靠议会的内阁——中达到了最坏的程度。议会宣称在一切事务中均代表所有的公民,因此,它照例在一切事务中谁也没有代表"。②

四是代议制不能实现真正的政治平等。像卢梭一样,柯尔认为,如果没有实质性的经济平等,政治权力的平等是不可能的。按照他的观点,"由投票箱构成的抽象民主"并不能实现真正的政治平等,由普选权所反映的公民之间的平等只是形式上的,它掩盖了政治权力实际上不平等分配的事实。

五是代议制会导致政治腐化。柯尔认为,一方面,代议制没能形成一种真正的代表制,无法对政治进行有效的监督和控制。另一方面,代议政治要么是无能的,要么是独裁的。代议制政治最根本的弊病在于它企图使议会、议员"无所不能",而实际上他们却"无所能"。因其标榜"无所不能",故致使国家滥用职权,干了许多不该由国家干的事情,严重地侵犯了个人的自由权力;因其实际上"无所能",故又导致国家的"失职",该干的事情不干或没有干好。

2. 鼓励积极参与的职能民主制

在否定了代议制民主之后,柯尔提出以倡导积极参与的职能民主制来

---

① ［英］乔·柯尔:《费边社会主义》,夏遇南、吴澜译,商务印书馆 1984 年版,第 105 页。

② ［英］道格拉斯·柯尔:《社会学说》,李平沤译,商务印书馆 1959 年版,第 70 页。

代替它。他的职能民主制以人人能参加的职能团体为基础。每一个成员都对团体有充分了解并能参与决定自己所在团体的事情,而不是让别人来代表自己。他提出:"其实,民主依靠的不是任何形式的选举制度,而是遍及整个社会的精神。最民主的社会是其中的大部分公民希望广泛分配真正的政治权力,并能保证这种权力在实践上和理论上都得到广泛的分配。只有在允许民主的愿望同时社会结构也允许这种愿望成为现实的地方,民主才可能存在"。①

与自由主义民主论者主张的消极公民权不同,柯尔主张的是一种积极的公民权。在他看来,"民主政治的含义不只是人民群众对政府的消极的同意。民主政治的含义是积极的公民权而不仅是消极的公民权,是每一个人不仅有作国家的,而且有作与他的人格或环境有关系的团体的积极的公民的机会"。② 他还进一步指出,"有些人说社会的结合在于人民群众的消极的同意,抱这种看法的人将会两头落空。如果须要由人民群众来证明社会秩序是正当的话,那么,就须要他们采取主动的方式而不采取被动的方式"。③

柯尔根据职能原理建立起职能民主制。他的"职能原理"是指人们为了实现某种目的,往往会组成一些社会团体,每个团体都执行着一定的、明确的职能,团体之所以产生,就是为了执行这个职能。他认为,团体成员有着明确的职责,与团体息息相关,团体的事情就是他自己的事情,而且职能团体使每一个人都有机会按照自己的能力和旨趣做一个积极的公民。具体说来,其职能民主制具有以下特征:

一是代表是"职能代表"。柯尔认为,职能民主制同样需要代表,但是,与代议制的政治代表的不同,他们所代表的并不是团体成员的全部意志和人格,而只是与该团体职能相关的那部分成员的全部意志和人格,是"职能代表"。"真正的代表象真正的团体一样,总是特殊的和有职能的,决不是

---

① [英]乔·柯尔:《费边社会主义》,夏遇南、吴澜译,商务印书馆1984年版,第112页。
② [英]道格拉斯·柯尔:《社会学说》,李平沤译,商务印书馆1959年版,第73页。
③ [英]道格拉斯·柯尔:《社会学说》,李平沤译,商务印书馆1959年版,第73页。

一般的和概括一切的。他所代表的,决不是人(个人),而是一群人所共有的一些目的"。① 他们所代表的是成员的部分共同目的,有着明确的职能(工作目的)。

二是职能代表具有多次投票权。柯尔提出,在职能民主制下,一个人可以参加多个职能团体,按照他对多少职能发生兴趣而投多少次票,"一人一票"这句话必须用下面这句话来代替,即"一个人对多少职能有兴趣就投多少票,但对一个职能只可投一次票"。② 这从表面上看似乎是不平等的,但却能够鼓励公民尽可能地参加社会活动,参与社会事务,尽可能地对各种职能发生兴趣,从而尽可能成为一个全面发展的人,这正是民主精神的充分体现。

三是职能民主制提供了有效防范政治领袖腐化的机制。柯尔认为领袖工作是民主政治所不可缺少的。由于政治领袖与民主的关系是直接的、密切的,他的一举一动都受到民众的监督,一旦他超越权限为所欲为,立即会受到批评甚至罢免。因此,职能民主制既能有效地防止政治领袖的腐化堕落,又能使他充分施展自己的才能,"职能的民主政治将使优秀的领导人在有教育的和积极的选民团体的支持下第一次有真正的机会以他的功绩来实行领导"。③

四是职能代表能反映团体利益。在柯尔看来,一方面,职能民主制下的代表是由长期存在的职能团体产生的,他能够经常参加与其有直接关系的团体的管理,这就使他对这些团体有充分的了解,对这一方面的问题有充分的发言权。另一方面,职能代表的职责范围内,团体不仅与其代表保持着密切联系,而且可以不断地对他提出批评意见,这样就既能使代表经常听到民众的意见,又不损害代表的个人意志。

3.通过职能民主制实现全面参与

在提出职能民主制的基础上,柯尔把民主参与扩展到了工业领域,提出

① [英]道格拉斯·柯尔:《社会学说》,李平沤译,商务印书馆 1959 年版,第 69 页。
② [英]道格拉斯·柯尔:《社会学说》,李平沤译,商务印书馆 1959 年版,第 74 页。
③ [英]道格拉斯·柯尔:《社会学说》,李平沤译,商务印书馆 1959 年版,第 73 页。

了全面民主化。他所指的参与是一种广泛的参与，并不是局限于政治领域的参与。他提到，民主原理不仅或主要运用于社会行动的特殊领域如人们所熟悉的'政治领域'，而且也应当运用于任何一种社会行动的领域，特别是像运用于政治事务那样充分运用于工业和经济领域。

柯尔主张把民主参与扩展到了工业领域，是因为他认为工业领域的参与是民主教育功能的重要场所。在他看来，人们通过各种社团的参与，才能学会自我管理，才能学会民主方法。在工业领域这一政府之外的场所，个人最大限度地卷入一种上级与下级之间的关系，普通人的大量时间花费在工作中。当个人在工作场所中获得自我管理的机会，当工业在一种参与的基础上组织起来，个人才能熟悉民主程序，逐渐形成适应有效的大规模民主政治所必要的"民主性格"。"在经济事务中多么需要实行这种原则，以便让每个工人都能获得最充分的机会象在共同生产事务中的伙伴那样感受和行动。这大概是超越一切的最重要的方面；因为一个人除了睡眠时间，其他时间的很大一部分花在工作上——即使劳动时间缩短到我们所能缩短的地步仍将如此——以致他的工作生活的感受必然极大地影响他作为一个政治公民的能力以及空闲时间的利用"。① 同时，柯尔也看到其它领域的参与也具有重要意义。他说："工业民主化尽管在争取真正的民主的斗争中居于关键性的位置，但并不是单独存在，人民生活和活动的其它各个方面实行民主化同样是必不可少的"。②

在自由主义民主论者看来，"民主只意味着政治民主"。③ 因为，"政治民主是我们可能珍爱的无论什么民主或民主目标的必要条件、必要手段。如果统领性制度，即整个政治制度不是民主制度，社会民主便没有什么价值，工业民主便没有什么真实性，经济平等便可能同奴隶之间的平等没有什么两样"。④ 这种说法不无道理，但也应该看到，民主扩展到工业领域具有

---

① ［英］乔·柯尔：《费边社会主义》，夏遇南、吴澜译，商务印书馆1984年版，第122页。
② ［英］乔·柯尔：《费边社会主义》，夏遇南、吴澜译，商务印书馆1984年版，第122页。
③ ［美］乔·萨托利：《民主新论》，冯克利、阎克文译，东方出版社1998年版，第9页。
④ ［美］乔·萨托利：《民主新论》，冯克利、阎克文译，东方出版社1998年版，第12页。

两方面不可忽视的价值:一是人们可以控制他们从事工作和生活的环境;二是它为更广泛的民主提供了训练和刺激的基础。因此,柯尔的职能民主制具有重要的意义,他把民主扩大到了工业领域,以人人能参加的职能团体为基础,让每一个成员都可以尽可能多地参与各种社会事务,为提高民主化程度提供了广泛的基础。更重要的是,柯尔的这些思想包含着许多当代参与式民主理论的因素,虽然它们在现实中很难实施,但它在一定程度上复兴了积极参与理念,对佩特曼的参与式民主理论有重要影响。

（二）以公共领域中的行动实现人的价值

美籍德裔思想家汉娜·阿伦特(Hannah Arendt,1906—1975)以其思想显著的原创性和非正统性,成为 20 世纪最伟大的思想家之一。她始终坚持"独立"思考,"这使得她对许多事情都持一种毫不含糊的独立态度"。① 自从 1951 年《极权主义的起源》出版以来,她的著作引起了人们的极大兴趣和激烈争议,其中,《人的条件》和《论革命》两部著作是她对"参与"政治的经典辩护。两千多年前的亚里士多德曾指出:"人类在本性上,也正是一个政治动物",②阿伦特实际上重申了这一命题。在她的政治理论中,行动居于最关键的地位。但是,支撑她行动理论的基础,则是公私领域的划分,她特别强调只有在公共领域中,人才有可能通过与他人的对话、交流,充分实现"人是政治动物"的本质。阿伦特眼中的"政治"是公共行为,是公共领域的事情,是平等公民(行动者)之间的自由交流、对话和商谈。因此,她重视公共领域的生活,也重视人们对政治的参与。③ 为此,她不仅反对那些压制大众政治参与的各种专制政体,而且对限制大众参与的当代自由主义代议民主制度也持否定态度,主张实行一种鼓励积极参与的委员会制民主。

1. 公共领域中的行动

"公共领域(public sphere)"概念是阿伦特最早提出的。但是直到 1989

---

① ［德］阿洛伊斯·普林茨:《爱这个世界——汉娜·阿伦特传》,焦洱译,社会科学文献出版社 2001 年版,第 4 页。

② ［古希腊］亚里士多德:《政治学》,吴寿彭译,商务印书馆 1965 年版,第 7 页。

③ 参见徐大同、马德普:《现代西方政治思想》,人民出版社 2003 年版,第 149 页。

年德国思想家哈贝马斯《公共领域的结构转型》的第一个英译本在美国出版，才在英语世界掀起探讨"公共领域"的热潮，并随即波及中国学界。这是理解阿伦特的积极参与思想的关键概念，也是参与式民主理论的一个核心概念。

阿伦特政治哲学的核心是行动优越于劳动和工作，行动才是属于人的得体的生活。她把"vita activa"这个词解释为人的三种最基本的活动：劳动、工作、行动(labor, work, action)。在她看来，劳动是为了满足人的生理需要而必须付出的努力，涉及的是与自然的关系，它基本上只是重复着生命现象的简单再生产；工作包含了技能、技艺在内，它产生耐久客体。工作者面对的世界，还是物的世界，而不是人的世界。同时，劳动和工作都属于人类活动的私人领域，还不具备真正富于人性的特质。只有行动是发生在人与人中间的活动，唯有行动才是人们之间不借助中介而直接交往的活动，只有"行动"能与真正人的生活相匹配，才能使人活得更像人。她认为："行动与人类诞生的条件有着最为密切的关系；人之所以一出生就能体会到与生俱来的在世感受，是因为他们拥有一种新的能力，即行动的能力"。①

阿伦特把现实人类在其中活动的世界区分为私人领域、社会领域和公共领域。阿伦特的"公共领域"概念经常被人称为"古典型的公共领域"，这是因为她的理论资源主要来自古希腊的政治经验。古希腊人视城邦为自由公民活动的领域，而家庭则是一个以自然血缘关系为基础的领域。阿伦特没有明确地定义公共领域，但她指出，"私人生活领域与公共生活领域的区别相应于家族领域与政治领域的区别（这些家族和政治领域作为一些明确的、分离的实体至少从古代城邦国家的成立起就已经存在；但社会领域——它既非私人领域，也非公共领域——的出现严格说来是一种比较新的现象）"。② 在她看来，"公共"代表两个既有联系又有区别的现象：一是"公共"意味着"在公共领域中展现的任何东西都可为人所见、所闻，具有可能

---

① ［美］汉娜·阿伦特：《人的条件》，竺乾威译，上海人民出版社1999年版，第2页。
② ［美］汉娜·阿伦特：《人的条件》，竺乾威译，上海人民出版社1999年版，第22页。

最广泛的公共性"。① 公共领域是个人展现自己的地方,而展现构成了存在。因为我们的存在感依赖于一种展现,因而也就依赖于公共领域的存在;二是"公共"一词表明了世界本身。这个世界不是简单的地球或者是单一自然界,也不是有限人类活动空间,而是一个人创造的世界,充满着人类纷繁复杂事物的世界,由相互交往着的人、事物和各种关系所构成,在这里人们能够相聚、相连而又相互分离,呈现人们生存的关系域和意义域。"作为一个共有的世界,公共领域可以说把我们聚在一起,又防止我们彼此竞争"。② 与公共领域相对,阿伦特认为私人领域有下列否定的意义:"过着完全独处的生活首先意味着被剥夺了真正人类生活所必不可少的东西:来自他人所见所闻的现实性被剥夺了;通过公共世界中的各种事物作为媒介的与别人相联系或相分离的那种'客观'关系被剥夺了;取得比生命本身更为永久的业绩的可能性被剥夺了"。③ 而社会领域处于私人领域和公共领域之间,社会实际表明了一种集体的家务管理,核心就是经济。阿伦特认为社会领域的出现模糊了私人与公共领域之间的界线。

由此可见,在阿伦特观念里,公共领域主要指的是公共政治领域,私人领域主要涉及私有财产和私人生活空间,它是为维持个人生命和避开公众注意的隐私需要而提供的一个可靠的隐蔽场所。公共领域和私人领域的区别是要暴露的东西和要隐蔽的东西的区别,是自由和必需品的区别,光荣和羞耻的区别。社会领域是一个处于私人领域和公共领域之间的领域,它大体相当于为经济生产目的组织和集合起来的领域,即现在所称的"市民社会"。④

据此,阿伦特提出,只有公共领域的"行动"能与真正人的生活相匹配。因为,劳动和工作都属于人类活动的私人领域,还不具备真正富于人性的特质,只有行动是发生在公共领域。走出私人领域,投入公共领域,积极参与

① [美]汉娜·阿伦特:《人的条件》,竺乾威译,上海人民出版社 1999 年版,第 38 页。
② [美]汉娜·阿伦特:《人的条件》,竺乾威译,上海人民出版社 1999 年版,第 40 页。
③ [美]汉娜·阿伦特:《人的条件》,竺乾威译,上海人民出版社 1999 年版,第 45 页。
④ 参见徐大同、马德普:《现代西方政治思想》,人民出版社 2003 年版,第 147 页。

政治生活,直接与他人交往,才算是真正人的生活。她认为,"行动"是人类意识发展最高阶段的产物,人们将凭靠"行动"进入不朽的宇宙,这种不朽,仅当一个人参与公共领域,与其同类一道行动时,才是可能的。只有公共领域能够判断他的行动,记住他的业绩,也只有公共领域能够保证他的永生。一个忙于劳动、工作而无暇顾及行动及政治的人,绝不可能是真正自由、幸福的。

2.压制行动的代议制民主

阿伦特是自由的坚决捍卫者,但在她的理论中,人的自由和平等只能到公共领域的政治生活中去寻找,自由只能从各种各样的积极参与公共事务的行动中产生。人虽然要受生死等条件的制约,但人有绝对的自由去超越这些制约,这种自由只存在于政治活动中,"政治自由一般而言,意味着'成为一名政府参与者'的权利,否则就什么也不是"。① 因此,她认为政治是公共行为,是公共领域的事情,是平等公民(行动者)之间的自由交流、对话和商谈。为此,她对限制参与的代议制持否定态度,因为它不允许公民实际参与,是一种缺席委托的形式,是一种非政治化,它用政府的统一代替自由、平等的参与者的多样性,使人处于孤立之中并使人丧失行动的能力。

一是代议制本身存在内在困境,无法实现人民参与的理想。阿伦特认为,代议制的全部问题不单单意味着对政治领域本身尊严的一种决断。她指出,代议制有两种选择,一是作为人民直接行动的纯粹替代品;二是作为人民代表对人民实施的大众化控制式统治。这两种选择都存在无法解决的难题,"在第一种情形中,政府堕落为单纯的行政机关,公共领域消失",②因为代表受制于人民的意志,只是执行他们主人的意志,这既不存在通过人的行动来判断的空间,也不存在讨论与决策的空间,"杰斐逊作为'一名政府参与者'的骄傲,都不存在了"。③ 同样,在她看来,第二种情形中,人民再度被拒于公共领域大门之外,政府事务再度成为少数人的特权。这要么导致

① [美]汉娜·阿伦特:《论革命》,陈周旺译,译林出版社 2007 年版,第 204 页。
② [美]汉娜·阿伦特:《论革命》,陈周旺译,译林出版社 2007 年版,第 222 页。
③ [美]汉娜·阿伦特:《论革命》,陈周旺译,译林出版社 2007 年版,第 222 页。

人民政治冷淡,要么人民将保持反抗精神。她认为,代议制的上述问题是无法解决的。美国实行的轮换制"充其量只能防止统治的少数组成一个独立的群体,谋求自身的既得利益。轮换制绝不可能给每个人,哪怕是大部分人口提供机会,使之定期成为'一名政府参与者'"。①

二是代议制民主不能给大多数公民提供多元视角的经验,阻碍了解决政治问题的合理意见的形成。对阿伦特来说,在某种特殊意义上,"意见"在代议制民主中根本不存在。因为,首先,投票行为是公民依据个人能力实施的,他们缺乏政治经验和完善的观点。其次,投票不能在个人和整体议题之间生成有意义的联系。只有当政治经验的空间,即平等的空间建立起来,公民超出其个体利害关系而参与其中,这种有意义的联系才可能发生。个体的政治参与具有意义,不是因为被给定了一个目标、一种方向或赋予了一种功能,而是因为在多种视角组成的集合中占有了自己的位置,并且得到了其他人的认可。

三是现代代议制政府受到政党体制弊端的影响。在阿伦特看来,政党体制有诸多弊端,党派因为垄断了题名权,不能被当作民间组织,相反,他们是一种用来剥夺和控制人民权力的有效工具。她认为两党制的倾向是令人担忧的,因为"两党制最大的成就也就是使被统治者对统治者形成某种控制,但它绝没有让公民成为公共事务的'参与者'。公民最多也只能希望被'代表'"。② 同时,她还注意到,现代代议制政府受到政党体制弊端的影响,出现了官僚机构化的倾向。"今天,代议制政府处于危机之中,部分是因为,随着时间的流逝,它的所有制度都不再允许公民实际参与,还有一部分是因为它现在受到政党体制弊病的严重影响:官僚机构化和两党的倾向,它们除了党派机器以外,不代表任何人"。③

可见,阿伦特批评代议制民主的基础是"坚信政治是一种无可替代的人

---

① [美]汉娜·阿伦特:《论革命》,陈周旺译,译林出版社2007年版,第223页。

② [美]汉娜·阿伦特:《论革命》,陈周旺译,译林出版社2007年版,第252页。

③ [美]汉娜·阿伦特:《公民不服从》,何怀宏编著:《西方公民不服从的传统》,吉林人民出版社2001年版,第146页。

类体验,它只能在平等的参与性结构和多元视野中展现。只有在这个领域里,个体才能体验到公共幸福、积极自由以及多角度的看问题的方法,只有通过多角度的方法,才能形成合理的解决政治命题的意见"。① 她曾经强调,在代议制民主中,统治者与被统治者之间的区分证实,"人民再度被拒于公共领域大门之外,政府事务再度成为少数人的特权"。② 因此,在对代议制民主进行批判的同时,她呼吁建构一种"委员会制度"(council system),以解决仅仅通过选举的形式实际上把大众权利转化为科层制政府中的少数人的权力的弊病,而真正让人民积极行动起来创造自己的价值。

3.积极行动的委员会制民主

阿伦特强调人只有在与他人分享这个世界、共同拥有这个世界并在这个世界中积极行动,才能使人获得意义。但针对代议制的种种弊端,阿伦特并不主张直接民主,"显然,直接民主是行不通的,只因'屋子里装不下所有的人'",③而主张用一种委员会制民主来取而代之。在她看来,只有倡导积极参与的委员会制民主才能与革命精神相适应,是革命精神得以延续和发展的制度保障。她所推崇的革命精神"是一种新精神,是开创新事物的精神",④而其目的正是在于缔造自由。据此,她指出倡导民主宪政建设的时候,不能只是考虑秩序与程序的确立,而忽略了自由精神与公众参与。因此,这种以"委员会制"取代政党制和代议制的近乎政治乌托邦的设想,是以公众参与、公共空间的创建为主要内容的。

其一,委员会体系的产生方式是自发性的。阿伦特认为,委员会众多特征之中,最重要就是它们产生方式的自发性。委员会体系追求的是对公共生活的肯定,对政治的承认与民主的参与。参与的形式可以是多样的,像社区议会,专业议会、工厂乃至公寓住户的议会等等。人们通过开放、自由、充分的讨论,可以自然而然地产生委员会体系。

---

① [美]约翰·F.希顿:《阿伦特论委员会民主》,《国外理论动态》2007年第2期。
② [美]汉娜·阿伦特:《论革命》,陈周旺译,译林出版社2007年版,第222页。
③ [美]汉娜·阿伦特:《论革命》,陈周旺译,译林出版社2007年版,第221页。
④ [美]汉娜·阿伦特:《论革命》,陈周旺译,译林出版社2007年版,第262页。

其二,委员会体系是由下而上、人人参与讨论的一种金字塔组织。在阿伦特的设想中,地区委员会应对所有人敞开大门,高一级的委员会应当由下级的委员会选出的代表组成。在每一层级的聚会中,人们通过开放、自由、充分的讨论,自然而然地形成政治意见。然后,再由这些人代表其他人进入上一个参议层级,并表达众人的意见,如此上推到最高层。其中,关键问题是如何调解委员会联盟在权威和平等之间的紧张关系,在她看来,重要的是那些进入高一级委员会的代表应当与选出他们的下级成员保持一种信任关系,而不是任何强制性的委任关系,而且权力分配并非自上而下或自下而上,权力产生于金字塔的每一个层。

其三,委员会是无党派的人民政治组织。阿伦特指出,"与委员会有关的引人瞩目的事情,当然不仅仅是它们穿越了一切党派界限,以及各党派成员在委员会中坐到了一起;而且还有这种党派成员身份不起任何作用了"。① 她认为,各种新旧议会形式都只是政党制度的产儿,委员会与它们不同,委员会源于人民,是作为行动和秩序的自发组织,而不是执行党纲。一方面,理论教条在实践执行中很难贯彻;另一方面,即使这些在实践执行中很有用,委员会也要反对,因为"'博学'的党的专家与要应用这种知识的人民群众之间的裂痕,使普通公民行动和形成意见的能力被忽略了"。②

其四,委员也是精英,但不是选举产生,而是自我遴选。阿伦特并不否定精英的作用,"坐在委员会中的人也是精英,他们甚至是现代世界有史以来唯一的政治精英,他们来自人民,是人民的政治精英"。③ 可见,她的政治精英是"来自人民的精英",与基于出身和财富的精英不同,是根据本身完全非政治的标准而被遴选出来的。在她看来,他们是自我遴选出的,"不是自上而下提名,也不是自下而上获得支持的",是那些"将自己组织起来的人,也就是关心和拾起了创制权的人"。④ 而那些没有参与的人则自己将自

① [美]汉娜·阿伦特:《论革命》,陈周旺译,译林出版社2007年版,第248页。
② [美]汉娜·阿伦特:《论革命》,陈周旺译,译林出版社2007年版,第248页。
③ [美]汉娜·阿伦特:《论革命》,陈周旺译,译林出版社2007年版,第260—261页。
④ [美]汉娜·阿伦特:《论革命》,陈周旺译,译林出版社2007年版,第261页。

已排斥在政治之外,他们不会发出声音,只能享受政治以外的消极自由。因此,无意于公共事务的人只能接受并满足于给定的自己没有参与决策的现实,但每个人都必须被给予机会。

其五,严格区分政治和管理。她认为委员会存在的一个历史问题就是不断地试图以公众利益的名义直接干预经济。为避免犯同样的错误,阿伦特坚持在参与与管理、行政之间做出严格区分,她认为参与遵循的是自由的原则,管理与行政遵循的是必需的原则。非政治性的事务侵入了政治的领域,威胁到了真正的政治经验的可能性。同时,委员会领导与行政长官所必须具备的个人品质不同。试图将社会性隶属于政治性会为自由行动的王国带来有关必需性的问题,因此阿伦特始终坚持在政治和管理之间进行严格区分。

阿伦特的委员会民主理想既有美国革命时期建国之父们创造的参议会模式的影子,又在一定程度上体现了以卢梭为代表的发展型共和主义的传统。她强调公民性格中存在的参与本性,强调参与是公民自我存在的一种实践和肯定,古典民主的积极参与理念在她这里得以复兴。

阿伦特民主理论的主要贡献"在于她对政治参与提供了一种既古典又现代的支持理论。她相信人是政治的动物,而其政治性则在于人能够通过言行,与他人互动。有言之行构成人类活动生命形态中最高贵、最有价值的一种表现方式,使人可以超越汲汲营生的自然限制,而臻于不朽"。[①] 阿伦特曾亲身经历德国魏玛共和的民主危机,以及纳粹政权的种族迫害,因此她深入剖析现代人的基本处境,思索在"后极权主义"的境况中,人的行动和政治实践的意义。她始终相信:"思想与生命其实是合为一体的。因此,她那表面上曲折动荡、在深层次上却保持统一的思想历程,始终以生命——生命本身以及作为有待阐明的概念的生命——为中心"。[②] 在此基础上,她的民主思想"试图唤醒人的公民意识,强调个人生命意义的体认端在公共生活

---

① 江宜桦:《自由民主的理路》,新星出版社 2006 年版,第 201 页。
② [法]朱莉亚·克里斯蒂瓦:《汉娜·阿伦特》,刘成富等译,江苏教育出版社 2006 年版,第 2 页。

的参与：个人在公共领域里，体现隽秀非凡的言行、建立伟大的事功，以取得不朽的荣耀；或者关注公共事务，并结合心智相合的人们，形成一种'公民结社'，以批判和对抗政治统治机构的不义政策，或者种种腐化的行为"。①

无庸讳言，阿伦特的民主理论对当代产生了深刻影响，给我们留下了宝贵的启迪。一方面，阿伦特为批评自由民主制度的缺陷提供基础。"阿伦特强烈主张政治行动必须被视为人类生命中不可或缺的一部分，这使政治参与得到一个十分有力的理由，正好可借以批评当前自由民主制度的不当。毋庸置疑，自由主义是当前西方民主制度的理论基础，但是自由主义者谈政治参与从来有所保留。他们固然鼓吹人人都该有参政权，但实地里他们认为一定程度的政治冷漠是必要的。'参与爆炸，民主不存'似乎才是他们真正的信念"。② 她指出，现代的形式民主就是选举加上代议制。对大众来说，这种"民主"就是参加选举，一旦行使权利的几分钟投票选举的时间结束，大众参与也就基本结束了，其后的"民主"就是代表制和代议制对政治成果的接管，这实际上并不再允许公民对政治过程进行实际参与。这是一种"缺席委托"，与平等公民之间持续的自由交流、对话和商谈的民主政治大相径庭。这些思想对自由民主的批评提出了有力的理论依据。

另一方面，阿伦特复兴公共领域，为参与式民主提供理论核心。正如本哈比（Seyla Benhabib）所指出的，阿伦特在政治哲学方面最具原创性的贡献之一就在于重新发掘了"公共领域"概念，它为我们提供了"考虑平等与参与式民主等问题的核心"。③ 事实上，阿伦特的"公共领域"概念正是她给予哈贝马斯的重要遗产。而且，作为当代协商民主的主要倡导者，哈贝马斯不仅仅受益于阿伦特对公共领域概念的复兴，其交往行动概念的关键，即劳动与交往之间的区分，在很大程度上也受益于阿伦特著作《人的条件》中对马

---

① 蔡英文：《政治实践与公共空间》，新星出版社 2006 年版，第 230 页。
② 江宜桦：《自由民主的理路》，新星出版社 2006 年版，第 202 页。
③ ［美］Seyla Benhabib. The Reluctant Modernism of Hannah Arendt , Thousand Oaks：Sage Publications,Inc. ,1996,p198.

克思的批评和"工作、劳动和行动之间的区别"。① 因此,从某种意义上说,阿伦特的民主理论为当代协商民主的提出奠定了基础。

但同时,阿伦特的民主理论也引发了各方的争论,学者们指出了其理论的种种局限。具体来说,一是委员会制民主的空想性。阿伦特否定代议制、否定选举,也否定政党制度,其委员会制所包含的无党派、自我遴选、自发产生等内容具有极大的空想性,在现实中很难实践。同时,"她以存在哲学的角度去界定行动的本质是要'彰显一己真性',否认策略性考虑的地位,结果把所有的社经问题排除于正当的政治辩论之外。这么一来,固然她设计了一种最具参与精神的民主制度——协议制度,但其参与者却只能空洞地谈论政治原则,无法触及任何具体的关怀或利益"。② 二是行动缺乏道德性。阿伦特"不相信道德信仰和原则在 20 世纪能够控制政治,使政治具有与人的权利和尊严相兼容的发展趋势,这使阿伦特的思想缺乏道德性"。③ 而且,阿伦特肯定伟大的行动和政治荣誉,使其委员会制民主思想中蕴含着精英政治的成分,这也很容易造成政治行动的道德缺失。因此,"她的政治理论缺乏一种可以论述政治与社会正义、福利,以及政治团结等伦理的基本框架"。④ 三是忽视国家的影响。西方现代国家在其社会经济生活各方面,例如宪政法治建设、生产方式变革和民族文化塑造等方面都起到了积极的推动作用,但阿伦特在肯定人的政治行动的重要价值的时候,却忽略了当代主权国家对人的政治行动的影响。因此,"阿伦特政治理论可贵之处在于点出了我们长期忽视的一个问题,就是行动的理趣必须包括'显示'与'沟通',可是她把这些面向当成行动的惟一本质,从而排除了其他因素,则是矫枉过正。别人批评她公私领域不可能清楚划分,或是批评她政治对话空

---

① [美]Seyla Benhabib. The Reluctant Modernism of Hannah Arendt , Thousand Oaks:Sage Publications,Inc. ,1996,p199.

② 江宜桦:《自由民主的理路》,新星出版社 2006 年版,第 203 页。

③ [美]Seyla Benhabib. The Reluctant Modernism of Hannah Arendt , Thousand Oaks:Sage Publications, Inc. , 1996,p.193.

④ 蔡英文:《政治实践与公共空间》,新星出版社 2006 年版,第 230 页。

洞化,都与这个根本上的错误界定有关"。①

总之,阿伦特民主思想的贡献"与其说是要否定自由主义政治,不如说是替自由主义在政治参与这个问题上提供了一个更积极正面的解释。她或许未能成功地证明政治参与是人生的必要,但是她确实很正确地指出,政治活动除了增进福祉之外,还有一层更深刻的意义。这一层精义——'呈现个性、与人沟通'——自来为政治学家所忽略,阿伦特将它发掘出来,并且嵌进政治行动的构图"。② 事实上,她把人存在的意义与公共领域的行动相互关联,指出人生命的价值在于以言行在公共领域中展现自我。而且,行动者通过言行的交流、沟通而相互结合,共同关注公共事务,增进公共福祉,借此体现公共行动的意义。因此,"当共和主义者及社群论者还在讨论人是政治动物的含义时,阿伦特已经运用她存在主义哲学的训练,把参与的问题直接推向生命降临即赋有之潜力。也因此,她的参与理论可以说是一种最追根究底、最深刻激进的理论"。③ 这为我们研究西方民主理论的发展、推动我国民主政治建设提供了宝贵的资源。

除柯尔和阿伦特外,还有其他许多学者也对当代参与式民主理论的形成做出了贡献。例如,美籍德裔哲学家马尔库塞(Herbert Marcuse)在对资本主义进行尖锐批判基础之上,提出体制外参与思想。他将锋芒直指资本主义文明和技术合理性对人本能冲动的压抑,号召新左派力量采取激进方式进行参与,同一切现存的东西实行完全、彻底、绝对的决裂。虽然,他所主张的参与方式在现实生活中表现为无政府主义,具有很大的局限性。但是,他对资本主义入木三分的独到批判,唤起了民众参与的热情,也为参与式民主理论的形成提供了重要的思想资源。

二、参与式民主理论的形成

尽管参与式民主理论的一些基本主张在 20 世纪初就已出现,但是这些

---

① 江宜桦:《自由民主的理路》,新星出版社 2006 年版,第 205 页。
② 江宜桦:《自由民主的理路》,新星出版社 2006 年版,第 207 页。
③ 江宜桦:《自由民主的理路》,新星出版社 2006 年版,第 203 页。

主张并没有被系统地提出。1970年，佩特曼在《参与和民主理论》一书中，系统地从政治角度探讨了参与式民主，包括参与式民主的内涵、参与的教育功能，以及参与型社会的概念等，为参与式民主理论建构了基本框架，标志着这一理论的正式提出。同时，她的理论得到加拿大学者麦克弗森的共鸣，他在深刻反思自由主义民主的基础上，系统地提出了迈向参与式民主的具体模式。他们都抛弃了激进的参与方式，即学生骚乱、黑人运动、妇女民权运动和反战风潮等，但保留了对积极参与的价值肯定。由于这两位学者的贡献，参与式民主理论基本形成，随即成为西方一种重要的民主理论流派。

（一）什么是参与式民主

卡罗尔·佩特曼（Carole Pateman，1940—）是国际知名的政治理论家，是美国国家政治协会历史上第一位女性主席。她系统地论述了参与式民主的基本理念，认为当代的精英民主论只是描述了现实的政治制度的运作，是不充分的民主。因为，民主理论并不完全是经验的，它也应该是规范的，有着特定的规范要求和取向。在她看来，真正理想的民主应当是所有公民直接充分参与公共决策的民主，它不仅被看作是一套全国性的代议制，也是一种称作参与性的社会。

1. 参与式民主的核心：参与决策

佩特曼对参与式民主理论的建构是从探讨参与在民主理论中的地位入手的。她指出，"近来参与要求的爆炸提出了政治理论中的一个核心问题：当代民主理论中'参与'的地位"。[①] 在她看来，20世纪60年代在学生中间广为流行的参与思想，在当代思想界普遍接受的民主理论中却只是占有最为低微的地位。而且，近来民主理论的一个显著特征是强调大众广泛的参与对政治具有内在危险。佩特曼认为，当代以熊彼特为代表的精英民主实际上并不是充分的民主理论，而仅仅描述了现实的政治制度的运作逻辑，民主理论并不完全是经验的，它也应该有特定的规范要求和价值取向。当代民主理论过于受制于经验主义的分析而失去了将理论用于指导政治生活的

---

① ［美］卡罗尔·佩特曼：《参与和民主理论》，陈尧译，上海人民出版社2006年版，第1页。

价值。因此,她提出了参与式民主理论,指出在政治的定义等方面,参与式民主与当代主流民主理论存在很大差别,具体表现在以下几方面:

一是政治的定义不同。在参与式民主理论中,政治不仅仅限制于通常所指的全国性政府或地方政府,"参与性社会的观念要求'政治'的范围延伸至政府以外的领域"。① 佩特曼还指出,工业领域本身就是一种政治体系。

二是参与的内涵不同。参与式民主理论的参与是指在决策过程中的平等参加,而不仅仅是参与投票选举,政治平等则是指在决定决策结果方面的权力平等,"参与必须是一种在一些事情中的参与过程,这里是指决策活动中的参与(这是参与民主理论的定义)"。② 同时,参与式民主理论中的"参与"并不限于中央或地方政府的范围,而是渗透到社会、经济生活的方方面面,尤其是工业。

三是参与式民主关注每个人的社会能力和政治能力的发展。与当代主流民主理论把参与仅仅看作一种保护个人权利的工具不同,参与民主理论还强调参与对个人发展所具有的价值,"参与民主理论中对民主体系的辩护,主要在于,从参与过程中逐渐积聚的人性的结果。人们也许可以将参与模式概括为最大程度地输入(参与),而输出不仅包括政策(决定),也包括每个人的社会能力和政治能力的发展,因此存在着从输出到输入的'反馈'"。③

可见,佩特曼所提倡的民主是所有公民直接充分参与公共决策的民主,从政策议程的设定到政策的执行,都应该有公民的参与。她认为,只有在大众普遍参与的氛围中,才有可能实践民主所欲实现的基本价值,如负责、妥协、个体的自由发展、人类的平等。需要注意的是,佩特曼的参与式民主理论并不完全否定代议制民主,相反,她认为自由民主制的许多核心制度,例如,竞争性政党、政治代表、定期选举等都将是一个参与性社会的不可或缺

---

① 〔美〕卡罗尔·佩特曼:《参与和民主理论》,陈尧译,上海人民出版社2006年版,第99页。
② 〔美〕卡罗尔·佩特曼:《参与和民主理论》,陈尧译,上海人民出版社2006年版,第65页。
③ 〔美〕卡罗尔·佩特曼:《参与和民主理论》,陈尧译,上海人民出版社2006年版,第40页。

的组成因素。

2.参与的主要功能:公民教育

精英民主理论只是将参与当作一种保护性工具,而在密尔和卢梭等的理论中,参与有着更广泛的功能。佩特曼在对卢梭、密尔和柯尔等人的观点进行述评的基础上,指出参与不但具有保护功能,而且还具有教育、提高政策合法性和政治整合等功能,其中最重要是教育功能。"参与民主的理论建立在两个假设基础之上:参与的教育功能和工业的关键性地位"。①

根据卢梭的思想,佩特曼指出参与的主要功能是教育。在她看来,卢梭是古典民主理论家的代表,他的理论提供了参与民主理论的基本框架。她提出,尽管卢梭的写作是在现代民主制度诞生之前,而且他的理想社会是非工业化的城市国家,但在他的理论中,可以看到关于民主政体中参与功能的基本假设。她认为,卢梭理论中参与有三个功能:第一,参与具有教育功能。将参与看作能够提高个人自由价值,使个人成为(或保持)自己的主人;第二,参与使得集体决策更容易地为个人所接受;第三,参与具有整合性的功能。它提升了单个公民对自己的社会的归属感。通过对卢梭政治理论的检视,她提出参与的主要功能在于教育功能,她认为,正是理论家们强调参与的教育功能及其在民主理论中的重要地位,使得参与民主理论家对整个民主理论做出了突出贡献。

通过对密尔和柯尔理论的分析,佩特曼强调工业领域参与的教育功能。在她看来,密尔和柯尔发展了卢梭关于参与的观点,使积极参与理念从卢梭的农民为主的城市国家背景进入了一个现代政治体系中。其一,密尔把教育功能假设进一步扩展到工业领域。而且,密尔认为地方层次上教育具有的重要作用,赋予了决策过程中直接参与更大的活动余地。其二,柯尔则把参与民主理论放在当代人规模的、工业社会的背景下进行发展。柯尔关于工作场所和其他领域实行自我管理的特别计划,即基尔特社会主义,提供了一幅参与性社会的具体蓝图。

---

① [美]卡罗尔·佩特曼:《参与和民主理论》,陈尧译,上海人民出版社2006年版,第40页。

在回顾卢梭、密尔和柯尔的民主理论基础上,佩特曼指出,"参与民主理论中参与的主要功能是教育功能,最广义上的教育功能,包括心理方面和民主技能、程序的获得"。① 通过参与过程的教育功能,可以发展和培育这一制度所需要的品质,个人的参与越是深入,他们就越具有参与能力,参与制度就可以维持下去。而且,在她看来,柯尔提出参与性社会是必要的,除了参与发挥重要的教育功能以外,工作场所的参与本身也可以被看作是政治参与。工业和其他领域提供了个人能够参与关于自己所亲自从事的、每天经历的决策活动的替代性领域。

3. 参与性社会形成的关键:工业领域

在佩特曼的观念中,参与对于建立和维持民主政体是关键的,民主不仅被看作是一套全国性的代议制,也是一种参与性的社会。"一个民主政体如果存在的话,就必须相应地存在一个参与性社会,即社会中所有领域的政治体系通过参与过程得到民主化和社会化的一个社会"。② 她进一步指出,民主生活中的广泛参与能够促进人类的发展,提高人们的政治效能感,减少人们对于权力中心的疏离感,培养对公共问题的关注,有利于形成一种积极的、富有知识的并能对政府事务具有敏锐兴趣的公民,从而有助于一个参与性社会的形成。

佩特曼指出,政治效能感与参与关系密切。她特别强调政治效能感这一参与的心理,指出政治效能感与参与之间的关系是一种感觉,是"个人的政治行动确实,或者能够对政治过程产生影响,因而值得去承担个人的公民责任。具有政治效能感的人比那些缺少这种感觉的个人更有可能参与政治生活"。③ 根据阿尔蒙德(G. A. Alomond)、维巴(S. Verba)、伊斯顿(David Easton)等人的研究成果,佩特曼发现,"参与活动具有累积性的效果,一个人参与的领域越多,他在政治效能感方面的得分可能就越高"。④ 也就是

① [美]卡罗尔·佩特曼:《参与和民主理论》,陈尧译,上海人民出版社 2006 年版,第 39 页。
② [美]卡罗尔·佩特曼:《参与和民主理论》,陈尧译,上海人民出版社 2006 年版,第 39 页。
③ [美]卡罗尔·佩特曼:《参与和民主理论》,陈尧译,上海人民出版社 2006 年版,第 45 页。
④ [美]卡罗尔·佩特曼:《参与和民主理论》,陈尧译,上海人民出版社 2006 年版,第 48 页。

说,"如果人们知道存在着有效地参与决策的机会,他们就会认为参与是有价值的,就会积极地参与,并且会相信集体决定应当具有约束力。相反,如果人们不断被边缘化,或被代表的程度很低,他们就可能认为:他们的观点和偏好很少得到认真对待,很少被平等地与其他人的观点和偏好相权衡,很少在一个公平或正义的过程中得以评估。这样,他们几乎找不出什么良好的理由能让他们参与影响他们生活的决策过程,并把这个过程看作是有权威的"。①

根据政治效能感与参与之间关系,佩特曼提出工业领域是将一个社会转变为参与型社会的关键。她指出,由于大部分人的一生中大量时间花费在工作中,工作场所的活动在集体事务的管理方面提供了一种教育,这在其它地方是没有的。而且,她认为,像工业这样的领域本身就应该被看作是政治体系,它提供了除国家层次上的参与以外最重要的参与领域。如果个人对他们自己的生活和环境施加最大程度的控制,那么,在这些领域的权威结构必须按照他们可以参与决策的方式组织起来。工厂内部的参与活动推动工业领域中权威结构中的民主化,进而废除"管理者"和"工人"之间的差异,就意味着向满足这一条件迈出了一大步。参与社会能否实现,也就取决于工厂内权威的转变与否。② 但同时,她也意识到,在西方社会中,通过参与活动改变工业领域权威结构的可能性并不大,虽然有一些例子却不具有普遍性。

佩特曼指出了参与性社会具有重要意义,主要表现在两方面:首先,人们可以通过直接参与决策过程和选择代表控制自己的生活前景。其次,参与性社会为个人参政提供机会,能促进个人发展。"在其他领域中进行的参与活动将使个人能够更好地理解公共领域与私人领域之间的关系。普通人也许对自己周围的事情更感兴趣,如果存在一个参与性社会,个人能够更好

---

① [英]戴维·赫尔德:《民主的模式》,燕继荣译,中央编译出版社1998年版,第337—338页。

② [美]卡罗尔·佩特曼:《参与和民主理论》,陈尧译,上海人民出版社2006年版,推荐序言第9页。

地评价国会议员的行为;如果有机会,他将更有能力做出全国性的决策,也更有能力评价国会议员在关于他自己的生活和周围环境的事务方面所作出的决策的效果。在一个参与性社会中,个人投票的意义将有所不同,作为私人个体,他将享有各种机会成为一个有教养的公民"。①佩特曼富有激情地下此论断:"当把参与问题以及参与在民主理论中的地位置于比当代民主理论所提供的更为广阔的环境中时,以及将实证材料与理论问题结合起来时,很显然,寻求更多的参与,以及参与民主理论本身,并非如人们所通常认为的,是建立在一种危险的幻觉之上,也不是建立在过时的、非现实的理论基础之上。我们仍然拥有一种现代的、富有生命力的、以参与理念为核心的民主理论"。②

佩特曼的参与民主理论提出以后,引发了西方世界的广泛关注。参与民主理论认为个人主义的立场无法解决社会中的不平等,无法建立个人与国家或共同体之间的有机联系。因此,只有扩大并实现参与,才能够弥补当代民主理论的缺陷。佩特曼不仅把民主思想和民主信念用于建立怎样的政体这一范围,而且用于多种团体和组织的内部管理,这为确立民主的权威做出了新的尝试。她不仅把民主看作是以政治体制为中心的某种程序,而且把民主看作是解决争论、协调集体行动的一种生活方式。佩特曼的参与式民主思想实现了积极参与理念在现代意义上高层次的回归。

(二)如何迈向参与式民主

克劳福德·布拉夫·麦克弗森(C. B. Macpherson 1911—1987)是20世纪美国著名的政治理论家。如果说佩特曼勾勒了参与式民主理论的基本轮廓,回答了什么是参与式民主的话,麦克弗森则进一步探讨了参与式民主的

---

① [美]卡罗尔·佩特曼:《参与和民主理论》,陈尧译,上海人民出版社2006年版,第103页。
② [美]卡罗尔·佩特曼:《参与和民主理论》,陈尧译,上海人民出版社2006年版,第103—104页。

形式、条件和模式等具体内容,回答了如何迈向参与式民主的问题。① 麦克弗森深刻地批判了自由主义民主的个人主义基础,并据此构建了参与式民主模式,其政治理论的核心目标是"说明当前西方民主社会在基础上存在着严重的内在困难,以及我们又该朝什么方向去重建一个更可欲的民主社会"。②

1. 为何迈向参与式民主

麦克弗森以对自由主义政治理论的"占有性个人主义"(possessive individualism)分析而闻名。他的参与民主理论正是在此基础上的进一步延伸和发挥,其核心是认为现代西方引为自豪的自由主义民主,其实有着深刻的缺陷,而历史和社会根源便是它的占有性个人主义。在他看来,"在西方的社会和思想中,自由主义优先于民主,占有性个人主义优先于(并形成了)自由主义。但是,占有性个人主义和民主是不相容的。因此,这种现代综合是不稳定的,它的民主成分因为那个强大但又与它不相容的同伴而严重失效"。③

麦克弗森指出自由主义民主的基础是"占有性个人主义",他描述了占有性个人主义在 17 世纪政治哲学中的产生和发展,并指出其特征:"(1)使一个人成为人的是摆脱对他人意志的依赖。(2)摆脱对他人的依赖意味着,除了个人依据对自己利益的看法而自愿加入的关系以外,摆脱任何与他人的关系。(3)个人本质上是他的自身和能力的所有者,对这些东西他毫不归功于社会。(4)虽然个人不能让渡他自身这个完整的财产,但是他可以让渡他的劳动力。(5)人类社会由一系列市场关系所组成。(6)由于摆

---

① 麦克弗森与佩特曼是参与民主理论早期的重要代表,他们的观点较为接近。他开始着手剖析和批判自由主义民主要早于晚他多年出生的佩特曼,但他阐述民主的两部重要著作《民主理论》和《自由主义民主的生命与时代》分别出版于 1973 年和 1977 年,要晚于佩特曼 1970 年的成名作《参与和民主理论》,而且他明确阐述参与式民主也在佩特曼之后。因此,可以把麦克弗森的参与式民主理论看作是对佩特曼参与民主理论的进一步发展。

② 许国贤:《马克弗森》,东大图书股份有限公司 1993 年版,第 248—249 页。

③ [英]迈克尔·H.莱斯诺夫:《二十世纪的政治哲学家》,冯克利译,商务印书馆 2001 年版,第 123 页。

脱他人的意志是使一个人成为人的东西,因此每一个人的自由只能受到这样的义务和规则的正当限制,这些义务和规则对于保障他人的同样自由是必要的。(7)政治社会是一项人类的发明,目的是保护个人对他自身和他的财产的所有权"。① 与这种占有性个人主义相对应的是一种社会类型,麦克弗森把它称为"占有性市场社会"。在这种社会中,政治权力保障契约,但和早期社会不同,它并不强制性地分派工作或报酬,而且土地和资源归个人所有并可通过市场自由转让。按照他的说法,占有性个人主义是 17 世纪直到 20 世纪资本主义社会的道德基础。

麦克弗森认为在 17 世纪的政治理论中,除了霍布斯、洛克所代表的占有性个人主义之外,还存在由平等派及共和主义者所代表的自我发展与自我完善的个人主义。这种人性观与前自由主义的西方古典政治传统相联系,可以归结为这样一条原则,即人的目的就是运用与发展他作为人的本质性潜能或特质。他的潜能的运用与发展可以称为他的权力,一种好的生活就是最大化这些权力,一种好的社会就是在追求这些权力最大化的同时,"让所有人最大程度地完善自己"。② 这种发展性人性观在 19 世纪的密尔的理论中得到充分恢复与体现,他把这种人性观引入自由主义理论,主张"自由主义民主社会所追求的权力最大化,应当是指将每个人的运用与发展其本质性潜能或特质的能力最大化"。③ 但是这一最大化原则的困境在于,它所面对的是资本主义市场社会。这种社会的内在本性是追求物和追求个体功利的最大化,它的伦理原则就是占有性个人主义。由于奉行这样一种伦理原则,这"强迫一些人向另一些人进行权力净转移,这就减小而不是最大化每个人平等地运用与发展其所宣称的自然能力的自由"。④ 因此,自密尔以来,格林(T. H. Green)、霍布豪斯(L. Hobhouse)、杜威(Dewey)、拉斯基

---

① C. B. Macpherson,The Political Theory Individualism:Hobbes to Locke,Oxford:Oxford University Press, 1962, pp. 263 - 264. 转引自马德普:《普遍主义的贫困——自由主义政治哲学研究》,天津师范大学博士学位论文 2002 年,第 43 页。

② C. B. Macpherson, Democratic Theory, Oxford:Oxford University Press, 1973,p. 9.

③ C. B. Macpherson, Democratic Theory, Oxford:Oxford University Press, 1973, p. 10.

④ C. B. Macpherson, Democratic Theory, Oxford:Oxford University Press,1973,p. 10.

等自由主义民主理论家将个人与共同体的道德价值再次结合起来的努力都没有成功。

在麦克弗森的视野中,占有性个人主义推动了资本主义市场经济社会的产生和发展,同时,在政治领域也相应形成了一种新的体制及其理论形态,即自由主义民主。他认为自由主义民主体制最初是被设计来使得民主政府的架构契合阶级分离的社会。而19世纪以前的民主理论,例如,18世纪的卢梭和杰弗逊的民主思想都只限于以无阶级或单个阶级的社会为对象,不能算自由主义民主理论。因此,他通过建立模式的方式,对19世纪初以来所出现与流行的自由主义民主思潮进行了历史分析,指出自由主义民主具有两种意义:一种是资本主义市场社会下的民主,亦即与市场自由相关联的民主制;另一种是具有平等权利,以发展自我的民主,亦即与自我发展的自由相关联的民主制。据此,他提出自19世纪初以来,西方社会已先后出现了三种自由主义民主模式,较后出现的模式都是对前一种模式的修正或改进。

第一种是保障式民主模式。按照麦克弗森的观点,这种模式是19世纪初由英国功利主义学派的开山鼻祖边沁(Jeremy Bentham)和詹姆斯·密尔(James Mill)构建的第一个自由主义民主模式。19世纪初,资本主义蓬勃发展,在此背景下,边沁和詹姆斯·密尔主要关注的是改革贵族政治,通过投票权来使政府保障私人的利益,维持资本主义市场社会的功能。他们"并不热爱民主,也不认为民主能够有提升道德的力量;它只是假定天生自利而相冲突的个人,无限追求个人私利,所必然推导出的统治方式"。① 因此,他们设计的民主模式只是用来改进富人作为统治者的表现,保障公民不受政府压迫,提高生产力而已,偏离了民主对于平等的要求。

第二种是发展式民主模式。麦克弗森提出,这种模式是19世纪中叶由英国思想家约翰·密尔(John Stuart Mill)构建的。当时,阶级分立的西方社

---

① C. B. Macpherson, The Life and Times of Liberal Democracy, Oxford: Oxford University Press, 1977, p. 43.

会剥削性质日益明显,劳工生活日益恶化,这使得必须修正原始的自由主义民主模式。密尔并未忽视投票权的保障功能,只是更为关注保障改善人类的机会,"他所强调的不是维持民主的运转,而是强调有助于人类发展的民主政治"。① 因此,这一模式蕴涵着道德的含义。麦克弗森认为,密尔之后,巴克(Barker)、林赛(Lindsay)、杜威(John Dewey)等英美思想家抛弃了密尔的复票制思想,但是接受了发展式民主的理想,甚至更具有道德色彩。但他们过分肯定人的善意和理性,过于理想化,极少涉及经验世界的事实。于是,出现第三种自由主义民主模式对此进行修正。

第三种是平衡式民主模式。平衡式民主又可称为多元精英平衡模式。麦克弗森认为,这一模式最早由熊彼特(Joseph Alois Schumpeter)提出,它将政治社会看作经济市场,将公民当作政治市场上具有不同需求的消费者,并发现类似市场运作的民主机制产生了稳定的平衡作用。麦克弗森指出,即使此模式是良好的政治市场模式,但仍不够民主。他认为,这一模式"并不像它表面上那样民主:它产生的平衡是一种不平等的平衡;它声称要提供的消费者主权在很大程度上是幻想;而消费者真正享有的主权,实际上是违反了民主的要旨,即每个人都有权去运用和发挥自己的能力"。② 在麦克弗森看来,这一模式伴随着寡头政治、不平等与冷漠等问题,"民主最根本的目标——平等和人民主权——受到了扭曲"。③

因此,到 20 世纪,占有性市场社会面临着一个无法避免的悖论:一方面,它不得不面对占有性个人主义假设的现实性和真实性;另一方面,现时的市场社会结构已经不再像以往那样提供一种必要条件,从这一条件中能够推断出正确的政治服从理论。自由主义民主理论不得不继续建立在占有性个人主义假设之上,因为这一假设在占有性市场社会中仍然正确,个人仍

① C. B. Macpherson, The Life and Times of Liberal Democracy, Oxford: Oxford University Press, 1977, p.47.

② C. B. Macpherson, The Life and Times of Liberal Democracy, Oxford: Oxford University Press, 1977, p.86.

③ 许国贤:《马克弗森》,东大图书股份有限公司 1993 年版,第 204 页。

然像以往那样是自己人身的占有者、使用者,是自己能力的发挥者,个人与他人之间的契约关系仍然是市场关系的基础。但同时,市场社会结构在私有制度的作用下逐渐产生了破坏其自身存在的前提,即大多数人因失去接近劳动工具的可能而不再服从于维护市场社会的政治秩序,自由国家的整合遭到了空前的侵蚀。这一两难对占有性社会而言是致命性的。而且,随着占有性市场社会发展的深入,这一两难就有可能转变为资本主义社会的合法性危机。① 因此,需要寻找新的模式来对自由主义民主进行修正,在麦克弗森看来,这就是第四种模式——参与式民主。

2. 迈向参与式民主的道路

在麦克弗森的理论中,作为自由主义民主发展的第四种模式,参与式民主是对多元精英平衡模式的修正。在他看来,面对当代占有性市场社会的挑战,惟有在一种更加人道的经济基础上,进一步扩大参与的渠道并改善参与的作用,才能实现更民主的、更公平的社会。"这并不是说一个更强调参与的体制本身就能够祛除我们社会里所有的不公平,而是说低度参与和社会不公平是如此地相互蕴涵,因此,一个更公平的、更人道的社会需要一种更强调参与的政治体制"。②

麦克弗森提出的参与式民主是一种半直接民主形式。"显而易见的是,在国家层面,必须有某种形式的代议体系,而不是完全的直接民主"。③ 他认为,当代高度发达的电脑和通信技术仅仅解决了直接民主的技术问题,并不意味着就可以实行直接民主。因为,一是尽管我们可以通过运用信息技术吸引更多的公民参与政治讨论,但是,仍旧必须由某些人来提出政治问题,而这是技术所无法解决的。二是即使人民可以提出这样的问题,政府仍然必须制定许多落实的决策。而且,在政治系统中还需要有一机构协调由

① 陈尧:《拥占性个人主义与自由主义民主——C. B. 麦克弗森的政治学说》,《上海交通大学学报(哲学社会科学版)》2004 年第 1 期。

② C. B. Macpherson, The Life and Times of Liberal Democracy, Oxford: Oxford University Press, 1977, p.94.

③ C. B. Macpherson, The Life and Times of Liberal Democracy, Oxford: Oxford University Press, 1977, p.95.

按钮提出的不同问题，否则这一系统将无法维持下去。麦克弗森同时强调，政府机构人员必须是民选的。这一机构，"除非是民选的，或是对选民机构负责，因此而在各种情况下都对选民负责，否则即使有公民投票的制度，也不是真正的民主"。① 其实，最关键的问题是如何让被选举的政治家负责，而这是每个床边的电子设备所无法完成的，所以无论多么发达的技术都不可能完全实行直接民主，必须依靠间接民主。

麦克弗森认为，要想在西方自由主义民主国家实现参与式民主，必须满足以下两项前提条件：一是改变人是消费者的观念。人民必须从视自己本质为消费者而行动，转变为视自己为自身能力的运用者和发展者而行动，这种新意识包含了一种尊重他人并与他人协同合作的共同体感；二是大量地减少社会及经济不平等。只要这种不平等继续存在，就只能通过非参与式的政党制度来防止阶级对立的表面化和社会的全盘解体。在上述两个条件下，由自由主义民主向参与式民主转化难免会面临这样一种悖论："如果不先改变社会不平等和人民意识，就无法实现更多的民主参与；但如果不先增进民主参与，那么我们也无法实现对社会不平等和意识的改变"。② 对于走出这种悖论，麦克弗森持一种谨慎的乐观，他看到了三个有利的趋势：一是人们日益意识到经济成长的代价；二是人们日益意识到政治冷漠的代价；三是人们日益怀疑不断造成不平等的法人资本主义是否有能力满足消费者的期望。③ 这些构成了参与式民主实现的良好契机。

为了能够迈向参与式民主，麦克弗森强调民主应该是指一种社会类型，而不仅仅是一种政府形式，但民主的社会不可避免地要包含特定的政府形式，而能够满足参与精神的可行的体制乃是一种结合底层的直接民主和上层的代议民主的金字塔式体系，再加上竞争式政党制度。具体来说，他提出

---

① C. B. Macpherson, The Life and Times of Liberal Democracy, Oxford: Oxford University Press, 1977, p. 97.

② C. B. Macpherson, The Life and Times of Liberal Democracy, Oxford: Oxford University Press, 1977, p. 100.

③ C. B. Macpherson, The Life and Times of Liberal Democracy, Oxford: Oxford University Press, 1977, p. 106.

了两种参与式民主模式:

模式一,金字塔式议会制。在麦克弗森看来,想象中最近似参与式民主的模式就是一种"基层采用直接民主,基层之上采用代议制民主的金字塔体制"。① 民主从邻居和工厂层面的直接民主开始,在这之上选举代表组成议会,议会将一层一层组织至最高层,整个体系呈现金字塔结构。任何一个层次上的政策问题或议案都是由一个专门委员会提出来。但是,专门委员会成员、决策者与议案的形成与提出者们都是由下一层次的选民来选举产生,并对下一层次的选民负责。下一层次的选民对于他们的控制方式有两种,即重新选举或是罢免,以使当选的制定决策者和拟定问题者对选民负责。

麦克弗森承认,这样一种简单的参与式民主模式,无论书面上多么清晰地规定上一层次对于下一层次所应当承担的责任,甚至是这些内容写进了宪法,也不能保证全民有效的民主参与和控制。但是,麦克弗森并不认为这种简单的金字塔体制在其本性上必然就缺乏民主责任与民主控制。他指出,导致这种体制失效是一些具体的情况:一是反革命的威胁;二是潜在的阶级分化与对抗;三是基层民众政治冷漠。麦克弗森认为这三个原因都可以追溯到那些国家所处的特定历史环境因素那里,这些因素在通常情况下是可以消除的。

模式二,金字塔式议会与政党制结合模式。在麦克弗森看来,上述简单的金字塔式议会制过于理想,没有考虑所有西方国家普遍存在的传统与实际情况,其中,最重要就是多个竞争性政党的存在。所以,对于西方自由主义民主国家来说,实行参与式民主的模式就不可能是简单的金字塔式,而是将金字塔议会与竞争性政党体制结合起来的模式。

麦克弗森认为,将金字塔式议会民主机制与政党体制相结合是极其根本性的。一方面,参与式民主政治当中必须存在相当程度的直接民主,而金字塔结构可以在底层实行直接民主,只有金字塔式体制才能把直接民主整

---

① C. B. Macpherson, The Life and Times of Liberal Democracy, Oxford: Oxford University Press, 1977, p. 108.

合进入全国范围的政府结构当中;另一方面,任何一种自由主义民主都需要竞争性政党的存在,因为,"即使是在一个没有阶级分化的社会,仍旧存在一些诸如资源的整体分配、环境与城市规划、人口与移民政策、外交政策、军事政策等方面的争论",①而竞争性政党是表达民众对于这些问题的意愿的渠道。但是,在他看来,只有当竞争性政党抛弃它在阶级分化的社会当中的功能之后才能实现这种结合。"在存在阶级分化的社会中,竞争性政党体系的主要功能是模糊阶级之间的对立,持续安排对立阶级间的妥协与和解"。② 在没有阶级对立的社会中竞争性政党的这些功能将会失去。正是由于抛弃了这些功能,它才能与参与式民主相结合。

在抽象层次上,麦克弗森认为,竞争性政党与金字塔式组织有两种结合方式:第一种是可以有两个以上政党存在的苏维埃模式。但他认为,这种模式不太可能在自由主义民主社会实现,很难想象可以用它来取代现在的西方议会制或总统与国会制的政府结构。第二种保留现有结构,依赖政党以金字塔式参与来运作。也就是说,在西方议会制的或总统制的政府结构基础上,仅仅把政党自身加以改造,使政党成为前面所说的金字塔式的参与式民主性政党。麦克弗森认为第二种结合方式比较可行。

麦克弗森民主理论的核心目标是说明"当前西方民主社会在基础上存在着严重的内在困难,以及我们又该朝什么方向去重建一个更可欲的民主社会"。③ 为此,他理清了西方资本主义市场社会的伦理基础即占有性个人主义,揭示了占有性个人主义在西方资本主义市场社会从兴起到成熟的过程中所发挥的巨大作用,而且,他发现了 20 世纪自由主义民主社会的内在困境,即占有性个人主义假设的现实性与资本主义民主无法实现每个人能力最大化之间的背离,这一背离进而破坏了资本主义社会大厦之根基,极有

---

① C. B. Macpherson, The Life and Times of Liberal Democracy, Oxford: Oxford University Press, 1977, pp. 112 – 113.

② C. B. Macpherson, The Life and Times of Liberal Democracy, Oxford: Oxford University Press, 1977, p. 113.

③ 许国贤:《马克弗森》,东大图书股份有限公司 1993 年版,第 248—249 页。

可能导致占有性市场社会陷入严重的危机。① 在此基础上,他构建了参与式民主体系,进一步扩展了民主的内涵、范围,指出了民主与参与相互依赖的关系:一方面,民主必须通过参与来体现;另一方面,参与必须在民主的框架内才能显现更完整的意义。

尤为重要的是,作为西方马克思主义者,麦克弗森"看到了抽象地探讨自由及个人权利这种思考途径的限制,同时,他也提示了民主的拥护者唯有在更牢固的社会经济条件的屏障底下,而不仅仅只是在改善民主的政治程序,不正确的民主决策才不会对特定的个人或团体造成不可弥补的伤害"。② 也就是说,仅仅只靠民主是不够的,民主需要同其它政治价值,尤其是自由、平等、信任和宽容等相互联系,才能提高民主决策的合理性。他的这些思想对于深入理解当代自由主义民主面临的困境,以及参与式民主理论的发展具有深刻的启发性。

然而,麦克弗森的思想特征是既批判资本主义但又保留并捍卫自由主义价值,使其参与式民主理论具有诸多值得商榷之处。例如,一是他在参与式民主模式中赋予政党政治非常重要的角色。虽然这种安排有他自己的理由,但当代政党政治的内在困境越来越明显,"他对政党的依赖——同时却未能深入检讨政党与民主之间的复杂关系——就显得欠缺他所一再标榜的民主的想象"。③ 二是他强调参与式民主模式是一种自由主义民主模式,阶级分立是自由主义民主产生的基础,但事实上他的理想民主社会是一种无阶级社会,只有在没有阶级对立的社会中才能实现参与式民主模式。可见,他的民主理论中存在着矛盾性,而这一矛盾性实际上是由于他对自由主义的暧昧态度造成的,"他政治理论的许多面向已大大超出自由主义所含摄的范围,同时呈现出清楚的社会主义色彩,然而他却要守住自由主义的格

---

① 陈尧:《拥占性个人主义与自由主义民主——C·B·麦克弗森的政治学说》,《上海交通大学学报(哲学社会科学版)》2004 年第 1 期。

② 许国贤:《马克弗森》,东大图书股份有限公司 1993 年版,第 263 页。

③ 许国贤:《马克弗森》,东大图书股份有限公司 1993 年版,第 260 页。

局"。① 在北美与西欧著名的批判资本主义的理论家当中,只有法兰克福学派,尤其是马尔库塞与麦克弗森接近。不过,马尔库塞对自由主义价值的态度不明确,而麦克弗森则从未攻击过自由主义价值。而且应当指出的是,麦克弗森对待技术的态度也不同于马尔库塞。"在马尔库塞看来,我们的技术本身就是奴役我们的心理状态的因素之一;而麦克弗森则认为,它是获得解放和拯救的一个可能的手段"。②

因此,在麦克弗森的理论中,参与式民主只是自由主义民主发展的一种模式,是对精英民主的修正,是在保障个人权利的基础上,强调公民积极参与。正是从佩特曼和麦克弗森开始,西方参与式民主理论逐渐趋向温和,少了激进色彩,更多从实际从发来探讨如何在保护个人自由的前提下,实现公民的有效参与。而且,麦克弗森指出了参与式民主的形式、前提条件,以及基本模式,对参与式民主理论的建构做出了重要贡献,使参与式民主理论框架逐渐清晰。

三、参与式民主理论的发展

佩特曼和麦克弗森的参与民主理论得到同时代以及后来的许多学者的共鸣,如托夫勒、奈斯比特和巴伯等。托夫勒和奈斯比特主要从未来发展的趋势上构想参与式民主。巴伯则通过对自由主义民主理论的深刻批评,提出了带有协商性质的参与式民主理论,极大地推动了参与式民主理论的发展。

(一)对参与式民主的未来构想

20 世纪 80 年代参与式民主论发展到一个新阶段,这个阶段一个重要的特点就是把参与式民主看作是一种未来的政治制度,是代议制民主的"替代物"。这方面最有代表性的人物是托夫勒(Alvin Toffler)和奈斯比特

---

① 许国贤:《马克弗森》,东大图书股份有限公司1993年版,第262页。

② [英]迈克尔·H.莱斯诺夫:《二十世纪的政治哲学家》,冯克利译,商务印书馆2001年第版,第142页。

（John Naisbitt）①。托夫勒重在论述实行参与式民主的历史必然性，奈斯比特的参与式民主则侧重论述参与式民主的主要内容及其在实践中的重要表现。

1. 适合第三次浪潮的民主制

阿尔文·托夫勒（Alvin Toffler，1928—）是当代美国著名的未来学家，他把人类文明划分为三个阶段，称之为三次浪潮。大约在公元前六千年前发生的农业革命带来了第一次浪潮农业社会。三百年前爆发的工业革命带来了第二次浪潮工业社会。目前，人类社会正处在由信息技术发展所引起的第三次浪潮的急剧变革之中，西方发达国家开始进入信息社会。托夫勒正是从信息社会与工业社会的冲突角度，系统批判了资本主义代议制度，提出了 21 世纪民主的基本框架，即少数派的权力、半直接民主和决策分工，从而使参与式民主有了比较充实的内容。

（1）面临挑战的代议制民主

与其他参与式民主学者一样，托夫勒的半直接民主思想是在系统地批评代议制民主基础上提出的。托夫勒认为，代议制民主是第二次浪潮政治结构的基础，是第一次浪潮老观念和工业化时代新设想两者结合的产物，同时它还有自身难以克服的局限性，无法对抗第三次浪潮对代议制民主的挑战，因此，代议制民主已不适应第三次浪潮信息社会的发展。

其一，代议制是第二次浪潮政治结构的基础，它是第一次浪潮老观念和工业化时代新设想两者结合的产物。一方面，在托夫勒看来，在几千年的农业社会以后，第二次浪潮政治制度的奠基人很难忽视土地因素，土地仍然是生活本身的中心。因此，地理的因素深刻地嵌在选举制度中。这种代议制反映了第一次浪潮社会的以下三种现实：人民是典型的定居者；生活节奏是缓慢的；绝大多数人是文盲，是愚昧无知的。② 因此，在代议制中，居住权在

---

① 关于托夫勒和奈斯比特的参与式民主理论的内容参阅了徐鸿武等：《当代西方民主思潮评析》，北京师范大学出版社 2000 年版，第 44—58 页相关内容，特此致谢。

② ［美］阿尔文·托夫勒：《第三次浪潮》，朱志焱等译，生活·读书·新知三联书店 1983 年版，第 120 页。

选举法中有普遍的规定,办事缓慢到了简直不能想象的地步,代议机构"对于他们要审议的事,总是有的是时间也腾得出时间,慢慢地把事情从头到尾琢磨出个头绪来"。① 另一方面,代议制还体现了工业社会的简单的机械技术原则。托夫勒认为,"把选票当作'原子'来自牛顿学说的机械论……他们从各种渠道把选票集中起来,输入到计票的电子计算机中去,按照党派力量的强弱混合而产生出'人民的意志'——这就是设想来推动机器运转的'基本燃料'"。②

其二,代议制具有自身的局限性。托夫勒认为,代议制政府从一开始就没有达到由人民来统治的理想。代议机构的组成,远不能削弱技术专家和社会权贵的控制,反而成为他们保持自己权力的主要工具。虽然人人有选举权,且像机器般地准确定时进行投票活动,表达人民的意志,具有一定的合理性,但仍然没有改变代议制的机械本质。公众只是被允许在规定的时间内,在候选人中去挑选,从那以后,形式上的"民主机构"就再一次被切断了。"与此相反,来自不同利益所组成的各种势力与压力集团的源源不断的影响,来自各大公司蜂拥而至的院外活动集团的说客,政府机构,各部门、部长们在国会各种委员会作证,他们参加某些执行会和宴会,在华盛顿用鸡尾酒或在莫斯科用伏特加,同每一个出席者举杯祝酒,传递情报,反复不停地施加影响,就在这样昼夜不停影响的基础上,形成作出决策的过程"。③ 因此,社会权贵在玩弄着代议制的把戏,人民最好也只有在周期性机会中,对政府和它的活动,通过投票表示追任,赞成和反对。在理论上,渴望再度当选的心理,可以保证代表忠实和继续代表选民说话。但是,这不能防止代表们为权力结构所诱惑。代表与被代表者之间的鸿沟,到处扩大。总之,在他看来,"我们一向称之为民主政治的代议制政府,实际上是对工业技术不平

---

① ［美］阿尔文·托夫勒:《第三次浪潮》,朱志焱等译,生活·读书·新知三联书店1983年版,第120页。

② ［美］阿尔文·托夫勒:《第三次浪潮》,朱志焱等译,生活·读书·新知三联书店1983年版,第122页。

③ ［美］阿尔文·托夫勒:《第三次浪潮》,朱志焱等译,生活·读书·新知三联书店1983年版,第126—127页。

等的确认。代议制政府是挂羊头卖狗肉的冒牌货"。①

其三,第三次浪潮对代议制民主提出挑战。托夫勒提出,面对"第三次浪潮"的挑战,现存政治结构已经过时,"即使是圣人,天才加英雄来统治,我们还是面对代议制政府,即第二次浪潮时期政治技术临终的危机"。② 他指出,一是传统的代议制政府已不能适应第三次浪潮下的决策规模。因为传统的政治结构无法处理第三次浪潮中相互交织着的社会和政治问题。二是传统的代议制政府无法适应现代化社会的变化速度。三是决策内容爆炸性增长,也造成了传统的政治结构无法承受决策内容爆炸造成的压力。四是传统的代议制政府无法适应现代社会群体的分化。第三次浪潮正使社会非群体化,把整个社会体制推向更高程度的差异化和复杂化。在这种社会里,不再出现舆论的统一,不再有统一的"国家目标",不存在所谓的普遍意志。人们的政治态度迅速变化,政治党派和团体迅速分化与组合,在任何重大问题上都不能形成多数派。这样,代议制民主的多数统治原则成了空话。这表明,不仅第二次浪潮机构,而且还有这些机构所依据的设想本身,都过时了。托夫勒提出,代议制政府是"建立在错误的规模上,不能适当地处理跨国问题,不能处理相互联系的问题,不能跟上加速的推动力,不能适应高水平的差异性,这使负担过重而陈旧的工业时代政治技术正在崩溃"。③

当然,托夫勒并没有完全否定代议制。在他看来,代议制政府不以世代相传的世袭方法,尽可能有秩序地进行政权的转移。它打开了社会从上到下反馈的渠道,提供了政治竞争的舞台,使不同集团之间的分歧可能和平解决。多数裁定原则和一人一票观念的规定有助于削减操纵一体化社会结构的技术权威集团的利益。"所以总的来说,代议制政府的盛行,在历史上赋

---

① [美]阿尔文·托夫勒:《第三次浪潮》,朱志焱等译,生活·读书·新知三联书店 1983 年版,第 128 页。

② [美]阿尔文·托夫勒:《第三次浪潮》,朱志焱等译,生活·读书·新知三联书店 1983 年版,第 471 页。

③ [美]阿尔文·托夫勒:《第三次浪潮》,朱志焱等译,生活·读书·新知三联书店 1983 年版,第 478 页。

以人性化的突破"。①

(2)适应未来的参与式民主

面对代议制民主的危机,托夫勒认为必须在旧文明的废墟上建立一种新文明,必须在各国立即设计一个新的更适宜的政治结构。因此,托夫勒以对第三次浪潮文明的总体预测为基础,提出了第三次浪潮政治结构的三条根本原则,即少数派的权力、半直接民主和决策分工。

第一,少数派权力。托夫勒认为,第三次浪潮使社会群体日益分化,一个由无数少数派组成的结构复杂的社会将取代目前这种层次分明而由少数几个大集团联合组成的多数派的社会。第三次浪潮文明的发展,削弱了许多现存政府的合法性和统治能力,也向多数派统治与社会正义关系的传统观念提出了挑战。在第三次浪潮社会,穷人不一定再在人数上占优势,他们已经成了少数派,于是,多数派统治不再是人道的和民主的。为了实现以少数派为基础的21世纪民主,托夫勒主张,一方面,抛弃过时政党结构,在少数派之间相互联络,提供活动场所,相互交流,确定解决问题的重点,准许少数派管理自己更多的事务,并鼓励制订出长远目标。另一方面,在政治投票中,"以传统方法选出的代表只投50%的票,而随意选出的代表——他们不在首都而分散各地,在他们自己家里或办事处——通过电子通讯投剩下的50%票。这种制度,不仅提供了一个比'代议制'政府所做的更具有代表性的投票程序,而且将狠狠打击一些特殊利益集团和议会走廊的很多院外活动集团"。② 托夫勒认为,如果第一次浪潮是"多数派以前"的政治,第二次浪潮是"多数派"的政治,那么明天很可能是"微型多数派"的政治,是多数派统治加上少数派权力的融合。

第二,半直接民主。托夫勒并不认为代议制民主可立即放弃,他认为两种制度都有优点,因而,"可以把直接的公民参政,与'代议制'结合起来,形

① [美]阿尔文·托夫勒:《第三次浪潮》,朱志焱等译,生活·读书·新知三联书店1983年版,第125页。

② [美]阿尔文·托夫勒:《第三次浪潮》,朱志焱等译,生活·读书·新知三联书店1983年版,第494页。

成一种半直接民主的新制度"。① 他认为,代议制机构日益严重瘫痪,代表们已无力完成他们为所代表的利益集团在议会里讨价还价的使命了。民选代表对他们必须决定的数不胜数的法案不甚了解,不得不越来越多地依赖他人的判断。代表甚至也不再能代表他们自己了。于是,如果制定的法律越来越远离或不能适合我们的需要,那就必须自己动手来制定法律。托夫勒认为"从依靠代表转为依靠人们自己。两者的混合,就是半直接民主"。②

第三,决策分工。托夫勒的第三个原则是决策分工,他设想,"打破决策僵局,把决策权置于恰当之处。……有些问题不能在地方一级解决,另一些问题不能在国家一级解决,再有些则需要在各级同时采取行动。另外,解决一个问题的适当单位不是固定不变。它随时间而变化"。③ 托夫勒强调,民主的扩大决定于一个社会的决策负担。沉重的决策负担,必须由较广泛的民主参政来分担解决。在现代社会,决策的数目在增多,决策的难度在增大,这一切意味着决策负担在加重。只要社会政治制度的决策负担在膨胀,民主将不是随意选择的事,而是社会进步的需要,否则政治制度就无法维持。托夫勒设想,国家一级的决策权向上下两个方向转移,有些问题对国家政府来说太大了,必须由跨国的或超国家机构去处理;还有大量决策活动必须向下转移,交给次国家一级的机构,如地区、州、省和地方,或者非地理性社会团体。这是决策内部经济结构的分散化和信息系统的分散化产生的必然要求,政府的组织机构必须与这些新的变化相适应。

总之,托夫勒的社会未来主义可以说用前瞻的眼光来看西方式民主,视之为一种已进入淘汰过程的政治形式,断定西方现有的民主政治形式已远远不能适应社会物质和精神力量的现状。他对实行参与式民主进行了深刻而独到的论证,并将参与的范围扩大到政治生活的各个侧面,从而在新的层

---

① [美]阿尔文·托夫勒:《第三次浪潮》,朱志焱等译,生活·读书·新知三联书店1983年版,第498页。

② [美]阿尔文·托夫勒:《第三次浪潮》,朱志焱等译,生活·读书·新知三联书店1983年版,第495页。

③ [美]阿尔文·托夫勒:《第三次浪潮》,朱志焱等译,生活·读书·新知三联书店1983年版,第499页。

次上,丰富了参与式民主思想。托夫勒提出的方案是"少数人的民主"、"半直接民主"等,意味着向人的复归,把脱离了人的政治重新还给人。① 托夫勒从文明发展的角度看到了资本主义代议制的危机,他所提倡的半直接民主,主张以更多的公民直接参与来弥补代议制民主的不足,客观上也符合民主的本意和当代的发展方向。

2. 直接参与决策的民主制

美国学者奈斯比特(John Naisbitt,1929—)是研究美国发展趋势的权威之一,其参与式民主思想主要体现在 1982 年出版的《大趋势——改变我们生活的十个新方向》一书中。他侧重论述参与式民主的主要内容及其在实践中的重要表现,认为其指导原则是:"人民必须参与影响他们生活的决策过程"。②

(1)代议制民主和两党制的消亡

奈斯比特认为,我们在政治上正处于从代议制民主到参与式民主的大转变过程。在代议制民主制度中,人们不直接就某些问题投票,而是选举代表为其投票。在奈斯比特看来,代议制民主在历史上起过作用,但现在已经过时了,现在仍在选举代表,一方面是按照传统习惯这样做;另一方面是政治上简单易行。这表明"我们不想投票决定一切问题,只想投票决定那些真正影响我们生活的问题"。③ 因此,尽管仍在选举代表,但实质上是告诉那些被选上的官员们:"好,我们已经选你们当代表了,但是,如果遇到什么影响我们生活的事情,你还得同我们商量"。④ 而且,人们越来越相信自己能够做出关于各种机构(包括政府和企业)应当如何管理的决策。从这个意义上看,代议制民主正在消亡。

---

① 公治之:《西方式民主的困境及其理论思考》,《政治学研究》1996 年 3 期,第 76 页。

② [美]约翰·奈斯比特:《大趋势——改变我们生活的十个新趋向》,孙道章等译,新华出版社 1984 年版,第 209 页。

③ [美]约翰·奈斯比特:《大趋势——改变我们生活的十个新趋向》,孙道章等译,新华出版社 1984 年版,第 211 页。

④ [美]约翰·奈斯比特:《大趋势——改变我们生活的十个新趋向》,孙道章等译,新华出版社 1984 年版,第 211 页。

奈斯比特提出,代议制民主的消亡标志着传统两党制的终结。传统两党制的功能是控制选举和操纵议会,可是现在政党体制衰败,投票人以独立身份去投票,被选举人也只是以独立的身份出现,人们对全国性政党失去信心。与此相反的一种倾向是,各种地方性的、能够直接采取行动的、且集中关注某一具体问题的小党出现,它们比较关心能源利用、生活条件、环境保护等问题。选民对全国性的选举不感兴趣,只对自身能直接采取行动加以影响的地方选举和社会问题感兴趣。选民开始把政治权力中的实质东西,从选举出来的代表手中抽回,自己直接亲身参与制定关系自己生活的决策。并且随着公民的教育水平的提高、参政能力的增强、信息瞬间共享的事实,使普通公民参与决策的现实可能性越来越大。

可见,在奈斯比特看来,万事都要亲自参与的这种行动哲学正在各地自下而上地传播开来,事实上参与式民主已经渗入我们价值系统的核心,政府和公司将受到最大的冲击。

(2)政治参与与企业参与

在奈斯比特的理论中,参与式民主意味着人们直接参与决策,而不仅仅是选择代表。具体来说,一方面参与式民主表现为政治参与,即创制权和复决权的表决方式;另一方面参与式民主还应扩展到大企业,让工人参与企业管理。

首先,参与式民主在政治上的主要表现是创制权和复决权。奈斯比特认为,"创制权和复决权是实行新民主制度的手段。有了这些权利,公民就可以直接参与政治决策,这是信息灵通、教育程度高的公民所需要的东西"。① 他指出,创制权和复决权是不同的,创制权是通过公民直接投票参与决定问题,复决权则是核准立法行动的一种手段。"创制权和复决权的表决方式符合参与制民主的精髓'直接民主'的需要"。② 他指出,创制表决能

---

① 〔美〕约翰·奈斯比特:《大趋势——改变我们生活的十个新趋向》,孙道章等译,新华出版社1984年版,第216页。

② 〔美〕约翰·奈斯比特:《大趋势——改变我们生活的十个新趋向》,孙道章等译,新华出版社1984年版,第210页。

解决部分过去从未用政治程序解决的问题。但同时,奈斯比特也指出,搞全国性的创制一般来说不可能,而且他担心有的地方滥用创制,担心创制为建立"暴民政治"打开方便之门。但从总体上看,奈斯比特对创制和复决给予高度评价,他极力赞美从 60 年代以来呈现出来的参与式民主的威力。"同复决权和罢免权(选民可以罢免当选代表,行使罢免权在十二个州得到法律保护)一样,创制权的出现表明选民坚决要求为政治负担责任。这些新的权利是新的参与式民主的主要内容,使人民能够越过传统的代议制程序,用自己的双手创立参与式民主这种政治制度"。①

其次,参与式民主的参与还应扩展到企业。奈斯比特认为参与式民主不仅仅是一个纯政治概念,政治参与只在生活中占很少的部分,我们将在各种各样的组织中度过大部分光阴。其中,作为 20 世纪新时代的管理机构,大企业在我们日常生活中占据非常重要的地位。因此,"正如我们通过创制和复决要求在政治决策中取得更大的发言权一样,我们也在改革企业结构,使工人、股东、消费者和社团负责人有更多的发言权来决定如何经营企业问题"。② 在他看来,有四个关键性运动改变了人们参加企业管理的途径:一是消费者运动:用钱包表决。二是外聘董事增加。三是股东积极性高涨。四是工人权利和工人参与企业管理。他认为,工人权利的精髓是正当法律程序的权利。它保证一位职工没有正当理由不得被解雇。职工参与也符合企业主的利益,如果没有充分的参与权,职工的心情不畅,工作效率难免低下。他指出,上述趋势"正从企业内部改变企业。与此同时,企业越来越积极参与一般的政治和社会活动,谋求在企业外发挥新作用"。③

通过以上分析可以看出,虽然奈斯比特对代议制的批判没有托夫勒那样角度新颖,但他们都同样认为代议制将不符合社会政治经济的发展,从代

---

① [美]约翰·奈斯比特:《大趋势——改变我们生活的十个新趋向》,孙道章等译,新华出版社 1984 年版,第 217 页。

② [美]约翰·奈斯比特:《大趋势——改变我们生活的十个新趋向》,孙道章等译,新华出版社 1984 年版,第 232 页。

③ [美]约翰·奈斯比特:《大趋势——改变我们生活的十个新趋向》,孙道章等译,新华出版社 1984 年版,第 232 页。

议制民主走向参与式民主是未来政治发展的必然趋势。同时,奈斯比特还较为详细地介绍了参与式民主包括的现实内涵。这些都推动了参与式民主理论的进一步发展。

(二)趋向协商的强势民主论

美国政治学家本杰明·巴伯(Benjamin Barber)在1984年出版了《强势民主》,对当代西方民主理论与实践产生了重要而持续的影响。巴伯把当代自由主义民主称为弱势民主,因为它倡导自由,而把民主看成是谨慎的、暂时的、有条件的和相对的,服务于排他性的个人主义目的。近代以来,自由主义民主在理论和实践上都取得了巨大的成功,在西方发达国家占据主导地位。但是,按照巴伯的看法,自由主义的弱势民主存在着内在的矛盾和缺陷,并且可能带来可怕的恶果,甚至没能够成功地抵挡住法西斯主义和极权主义。据此,巴伯对弱势民主的特征及其缺陷做出了系统深入的批判性分析,并进一步提出了倡导积极参与,以矫正弱势民主缺陷为目的的强势民主。他的强势民主理论强调讨论和冲突转化,具有协商民主理论的许多特征,极大地推动了参与式民主理论的发展。

1. 对弱势民主的批评

自由主义民主的理论和实践始终包含着对民主的不信任,近代以来的自由主义者都认为,民主不受节制就会导致混乱,平民政府本身包含着极权专制的萌芽。正是在此意义上,巴伯将自由主义民主称为弱势民主。他精辟地概括了自由主义民主的特征,它"既不承认参与的乐趣也不认可公民交往的友谊,既不承认持续政治行为中的自主与自我管理,也不认可可以扩大公民彼此间共享的公共善——共同协商、抉择和行动。弱势民主没有注意到人们之间的相互依赖实质上是所有政治生活的基础,它最多是一种静态的利益政治,而从来不是一种变革的政治;它是一种讨价还价的和交易的政治,从来不是一种具有发明和创建的政治;它是一种设想人们处于最坏状态(以防止他们免遭他们自己伤害)的政治,而不是设想人们可能处于最佳状态(以帮助他们变得比现在更好)的政治"。①

巴伯提出,自由主义民主虽在当代具有独占性,但由于它本身的缺陷,已沦为"弱势民主",暴露出各种"症状":第一,"政治平等"和"政治参与"在代议制民主的实际运行之下,形成背道而驰的互斥现象。政治参与偏向高社会经济地位者,导致偏颇不公的政治影响力。第二,代议制民主的垄断性不但限定民主政治的选项,并且孕育故步自封的观念,使人们疏于检视自由主义的政治判准。第三,一般公民的"政治疏离"是代议制民主的醒目标记,预示着民主政治的破产。第四,代议制民主既破坏政治参与,又侵蚀"公民身份"(citizenship)。为了适应大规模国家,一般公民不得不选出代表以行统治之事,这正是为了效率而牺牲公民的统治权,并大幅缩减公民活动的空间。第五,投票的意义在秘密投票的隐私方式下丧失殆尽。投票者原本应该基于公共利益的判断,投下一张足以公开辩明为正当的选票,但现行的秘密投票方式却难以做到这一点。②

在巴伯看来,造成这些"症状"的原因固然是多方面的,但是"历史事实表明:当代政治的各种病症至少部分来自于自由主义民主的实践以及它赖以为基础的弱势理论"。③ 他认为弱势民主的缺陷归根结底是由先于自由主义政治的哲学基础造成的,即前设概念的结构体系(牛顿式的政治学)、自由主义民主的认识论体系(笛卡尔式的政治学)和自由主义的心理学体系(去政治的人)。首先,弱势民主理论在其前设概念的理论预设上采用了牛顿哲学的惯性参照系,即以个人权利作为政治推理的逻辑起点。巴伯指出,自由主义民主理论是在前设概念的材料上通过演绎推理创建起来的,其前设概念被过滤掉了政治和道德上的特征,而充斥着原子主义、不可分割性、可通约性、相互排他性、感觉主义等特征。这种理论构建方法不管推理是如何的严密,用它来构建政治理论还是极为不妥的,因为"政治推理方式

---

① [美]本杰明·巴伯:《强势民主》,彭斌等译,吉林人民出版社2006年版,第26页。
② 参见郭秋永:《当代三大民主理论》,新星出版社2006年版,第85—86页。
③ [美]本杰明·巴伯:《强势民主》,彭斌等译,吉林人民出版社2006年版,第118页。

不是直线式的串联方法,而是一种编织的技艺"。① 其次,弱势民主理论在认识论上采取笛卡尔哲学的认识论结构,亦即认为"存在着某种可以认知的独立基础,即某种不可变更的第一前提或者是'永恒的客观存在',依据这种第一前提通过简单的推导就能得出政治生活的各种概念、价值、准则和目的"。② 弱势民主依赖独立根基、偏爱还原论、唯我主义并追求确定性,最终导致自由主义民主政治理论缺乏生机和活力。再次,弱势民主在政治心理学上采用的是一种"去政治人"的人性观。自由主义者断定"人是孤独的存在":不关心人类、正义、平等和义务的人;人与人之间的关系疏远;把自利看成是人类交往的最重要的动机。最终,因为弱势民主持有强烈的个人主义色彩,它剥夺了人所具有的相互依存、合作与共存的潜在力量。

巴伯得出结论,上述三个先于自由主义政治的哲学基础会促成一个复杂的、奇特的和常常陷入吊诡的政治形式,即包括无政府主义、现实主义和最小政府论等三大倾向的弱势民主。巴伯对自由主义民主理论的这三种倾向做出了病理学的分析:一是自由主义民主的无政府主义倾向源自于绝对的个人主义,推崇绝对的个人权利,而将政府、国家视为强制个人的力量,因而反对国家的干预、政府的强制。③ 二是自由主义民主的现实主义倾向使其关注政治权力,将政治变成了一门与权力相关的艺术,无政府主义只是其价值取向的理想,而在现实中需要有强制性的权力、法律、需要有利维坦式的国家来抑制因个人利益引发的冲突,从而保卫个人权利。三是自由主义民主的最小政府倾向所要求的是一种有限政府、最小政府的权力,是一种受到限制的不会滥用的权力,保卫个人自由既不能依靠无政府主义,也不能依

① [美]本杰明·巴伯:《强势民主》,彭斌等译,吉林人民出版社2006年版,第37页。
② [美]本杰明·巴伯:《强势民主》,彭斌等译,吉林人民出版社2006年版,第55页。
③ 值得注意的,这里所说的"无政府主义倾向"(anarchist disposition),有别于19世纪后半叶风行一时的"无政府主义"(anarchism)。"无政府主义"曾是极端分子、革命分子及反叛政府人士推崇的一种推翻"任何政府形式"的意识形态;而"无政府论的倾向"则在维护个人隐私、自由,以及各种绝对权利之处,或在谴责国家管制自由市场之处,方才浮现出来的一种"非政治"(nonpolitics)或"反政治"(antipolitics)的倾向。(参见郭秋永:《当代三大民主理论》,新星出版社,2006年版,第91页。)

靠现实主义的绝对权力,只能依靠权力有限的小政府。

概言之,巴伯认为自由主义的弱势民主造就的是极端自私自利的个人,是不关心公共事务,不乐意参与公共事务的群众。他尖锐地指出,自由主义民主因此成为一种政治动物学的理论,不相信人类的合作共处,而将人视为自利的野兽。"自由主义民主看起来已经被塑造成动物园的形象。在这种动物园中,充满了所描述的各种动物和家畜:作为最高统治者的狮子,高贵的狐狸,胆怯的绵羊和卑鄙的冷血动物,缺乏同情心的野猪和处于管理者地位的鲸鱼,狡猾阴险的狸猫,机灵的郊狼,品性卑劣(通常披着羊皮)的狼,最后,在汉密尔顿令人恐惧的想象中,人本身也是一种野兽"。① 因而,自由主义的一般政治观,也就成为"管理动物园",设置太多的兽栏,虽可区隔各类动物,免除彼此的残杀,但却破坏它们的自然性质;设置太少的兽栏,虽能解除它们的桎梏,但却惹起残酷的杀戮。

2. 倡导积极参与的强势民主

巴伯在深刻分析弱势民主亦即自由主义民主的缺陷和弊病的基础上,提出了强势民主的理论。依据他的说明,"强势民主"乃是现代形式的一种参与式民主,它虽然依赖公民自行治理社群的观念,但不坚持古典式的直接民主,也不背离现代社会的庞大规模。这一种参与式民主的理论建构,根本上始于一个信念,即"真理"乃是数学家或哲学家的追求,但在人际关系的领域中,并不具任何价值;民主政治本是人际关系的一种形式,不曾回应"真理"的要求。

(1)强势民主的内涵:融合消极保护与积极参与

巴伯的强势民主是参与式民主的一种独特的现代模式。如果说弱势民主在民主问题上是弱势的,是对民主的怀疑、否定甚至是排斥,那么强势民主则在民主问题上是强势的,是对民主的坚信、肯定和推崇。他对强势民主做出如下定义:"参与模式中的强势民主是在缺乏独立根基的情况下,通过对正在进行中的、直接的自我立法的参与过程以及对政治共同体的创造,将

---

① 〔美〕本杰明·巴伯:《强势民主》,彭斌等译,吉林人民出版社2006年版,第22页。

相互依赖的私人个体转化为自由公民,并且将部分的和私人的利益转化为公益,从而解决冲突"。① 在巴伯的表述中,关键概念是行动、过程、自我立法、创造和转化。

在巴伯提出的强势民主的模式中,核心是公民的政治参与。公民们通过共同讨论、共同行动、共同工作来解决共同体的问题,从而区别于代议制政治。他进一步指出,"强势民主被界定为参与模式中的政治:从字面上讲,它是公民的自治政府而不是冒用公民名义的代议制政府。在这里,积极的公民进行直接的自我管理,他们并不必要在每个层次和每个事件上进行具体管理,但是在作出基本决策和进行重大权力部署的时候他们必须经常充分地和详尽地参与"。②

在巴伯看来,强势民主立足于公民身份和共同体,超越了弱势民主和统合性民主。他提出的"统合性民主"主要是指以卢梭为代表的发展型共和主义民主。强势民主在两方面超越了二者:一方面,是在公民身份上的超越。弱势民主的公民身份是消极的,具有一种原始和抽象的政权中的身份的功能,并具有监管者的地位,成为公民意味着参加了契约的制定,成为了法律人。统合性民主则认为"法律人格"是无生命的虚构,它把公民身份与血缘观念联系在一起,认为公民是通过相同的基因结合的血亲兄弟。与上述二者都不同,强势民主将民主过程自身置于界定公民身份的核心位置,认为"公民是结合在一起的邻里,他们既不是通过血缘也不是通过契约结合起来,而是通过共同关注和共同参与联系起来的,这些共同关注和共同参与是为了寻求解决各种共同冲突的共同方案"。③

另一方面,是在共同体观念上的超越。巴伯指出,弱势民主的个人是不受干预的,但缺少共同特征;统合性民主具有整体性和公共性,但以丧失自由和平等为代价,个人被完全消灭了。因此,巴伯提出作为第三种选择的强势民主共同体,认为在强势民主的共同体中,通过共同观察和共同工作,个

---

① ［美］本杰明·巴伯:《强势民主》,彭斌等译,吉林人民出版社2006年版,第181页。
② ［美］本杰明·巴伯:《强势民主》,彭斌等译,吉林人民出版社2006年版,第180页。
③ ［美］本杰明·巴伯:《强势民主》,彭斌等译,吉林人民出版社2006年版,第260页。

人能够转化为公民。因为,在强势民主共同体中,公民是自主的个人,参与使他们具有公共性,就不能仅仅看作是个体之间的集合。同时,强势民主共同体不是朋友之间的联合,因为公民间的纽带是冲突和不足的产物,而不是共识。这样,强势民主就融合了二者的优势,而弥补了二者的不足。

可见,巴伯试图通过强势民主,调和以消极保护个人权利为核心的弱势民主和以积极参与为核心的统合性民主。虽然,强势民主和统合性民主都强调积极参与,但并不相同。统合性民主主张公民参与的政治,但是它追求共同体的一致性,具有集体主义的性质,是一种没有冲突的抽象共同体。强势民主虽然也强调公民参与和公民共同体的理念,但它却并不是建立在同质的基础上,不是追求共同目的、共同利益而排斥个人利益。"强势民主创造了一种能够合理地进行公共审议和公共决策的能力,所以它拒绝了传统的还原论以及使社会纽带虚无化的原子化个体的虚构。然而,它拒绝了那种将抽象的共同体置于优先于个人的位置并且使个人从共同体中寻求自身意义和目的的合作主义和集体主义的神话"。① 因此,强势民主是介于弱势民主与统合性民主之间的一种状态,它既不像弱势民主那样以绝对原子化的个人主义为基础,也不像统合性民主那样以同质的集体主义为基础,反对将抽象的共同体置于优于个人的地位,是一种非集体主义的公民共同体。

(2)强势民主的内容

针对自由主义弱势民主的牛顿式前设概念的结构体系、笛卡尔式的认识论体系和去政治的人的心理学体系三个哲学基础,巴伯提出强势民主的观点,把政治设想为一种生活方式、认识论和社会存在。

第一,作为生活方式的政治。在巴伯的强势民主论中,"政治"设想为一种生活方式,亦即认为"政治"乃是人们力图互惠地生活在一起的方式。他认为,政治的关键条件是行动、公共性、必要性、选择、合理性、冲突和缺乏独立理据,强势民主就是对这些条件的回应:一是在强势民主中,"政治是公民们的行动,而不是为公民们作出行动。行动是其首要美德,而参与、委

---

① [美]本杰明·巴伯:《强势民主》,彭斌等译,吉林人民出版社2006年版,第161页。

托、义务和服务——共同审议、共同决策和共同工作——则是其特征";①二是各种公共目的的创造依赖于创造公民构成的共同体;三是将行为和责任看作人们面对冲突时需要行动的绝对必要的反应;四是在选择方面参与强化了意志;五是强调合理性不是政治的抽象前提条件,而是它本身所产生的一种态度;六是强势民主认识到冲突,并且最终转化冲突,而不是适应它或最小化;七是公共行为的正当性不依赖于抽象权利的前政治概念,也不依赖于简单的同意,而在于参与分享的公民的能动同意。

作为一种生活方式的民主,强势民主特别强调冲突的转化。巴伯认为,应该通过公民参与、公共审议和公民教育将冲突转化为互助合作,但是它并没有终止冲突,也不是拒绝冲突或者是压制冲突、容忍冲突,而是不断地转化冲突。在这个过程中,"强势民主第一次将私人矛盾转化为公共的,将需要转化为相互依赖,将冲突转化为合作,将许可转化为自我立法,将需要转化为爱,将奴役转化为公民权的可能性被置于参与的情境之中"。②根据巴伯的观点,自由主义民主是讨价还价和交换的政治,强势民主则是转化的政治,二者的基本差别在于:"在前者那里,选择是在各种选项中进行挑选并且给予胜者合法的同意;而在后者中,选择被判断替代了,同时作为一种以新的、公共的方式看待这些选项的后果,让芸芸众生去修正和扩展这些选项"。③

第二,作为认识论的政治。针对自由主义弱势民主的笛卡尔式的认识论体系,巴伯的强势民主论把政治设想为认识论,这是指"政治参与本身就是政治知识的主要来源"。④强势民主用相对的信念来代替绝对的确定性,用实践的协调一致来取代哲学上的固执已见;用在这个可能难以获得最终知识的世界中能够分享的各种目标、共同价值、共同准则和公共善来代替弱势民主中最终的知识。巴伯把强势民主的政治过程分为三大阶段:政治讨

---

① [美]本杰明·巴伯:《强势民主》,彭斌等译,吉林人民出版社 2006 年版,第 161 页。
② [美]本杰明·巴伯:《强势民主》,彭斌等译,吉林人民出版社 2006 年版,第 148 页。
③ [美]本杰明·巴伯:《强势民主》,彭斌等译,吉林人民出版社 2006 年版,第 164 页。
④ 郭秋永:《当代三大民主理论》,新星出版社 2006 年版,第 102 页。

论过程、政治判断过程和实现过程。

巴伯指出,首先,强势民主的核心是讨论。它包含九种功能:利益的表达、讨价还价与交换、劝说、议程设置、探索相互关系、亲密关系与感情、维持自主、见证与自我表达、重新表述与重新概念化、作为公共利益、共同善和积极公民创造过程的共同体建构。① 其次,强势民主制定决策的过程能够化解或减缓自由主义民主在理论上面临的四种困境和悖论:一是"不可通约性与排序"问题。在强势民主中,某些理性选择的两难困境可以得到弱化或者回避,这样就能够检查选择的等级序列、可通约的规模以及时间与空间的效果,获得个人或共同体真正需要的东西。二是"寡头统治铁律"问题。强势民主鼓励公民参与的同时,允许精英运用政治智慧和政治判断,以缓解精英与大众的两极化。三是"强烈程度与投票"问题。选民进行投票时是平等的,但他们对投票问题情感的强烈程度不一样。"在代议制民主中,制定决策就意味着计票;而对于强势民主而言,关注于参与和讨论使得说服和委托这些定性策略具有更多的机会"。② 四是"多元主义与公民的碎片化"问题。在自由主义民主中,个人的角色和利益的多元化和碎片化削弱了公民身份。"强势民主的政治过程则想要增强'公民'的作用,也就是建立起'公民'角色超越于其它角色之上的主权,从而提供一种政治手段,借助这种手段既能够使得个人在私人市场领域中的多重身份认同秩序化,又能够使得这种认同与政治判断相一致"。③

第三,作为社会存在的政治。针对自由主义弱势民主的去政治的人的心理学体系,巴伯的强势民主论把政治设想为社会存在,即"肯定'社会性'就是人的本质",④从而认为政治真实基本上包含公民身份与共同体两个主要层面。

一方面,强势民主依赖于公民身份。巴伯为公民身份辩护,"强势民主

---

① [美]本杰明·巴伯:《强势民主》,彭斌等译,吉林人民出版社2006年版,第210—211页。
② [美]本杰明·巴伯:《强势民主》,彭斌等译,吉林人民出版社2006年版,第239页。
③ [美]本杰明·巴伯:《强势民主》,彭斌等译,吉林人民出版社2006年版,第241页。
④ 郭秋永:《当代三大民主理论》,新星出版社2006年版,第105页。

激励着我们自己认真对待公民身份。我们不仅仅是选民,当然也不能仅仅把自己看做是政府的顾客或者保卫者。公民是管理者,也就是自治者、共治者与自己命运的主宰者"。① 他指出,民主既不是多数人的统治,也不是代表的统治,它是公民的自治,如果没有公民,那么只会有精英政治或者大众政治。立足于公民身份的强势民主,主张公民的自治、公民的自我管理、公民的政治参与,而不能只是消极被动的被管理的动物。

另一方面,强势民主依赖于共同体。强势民主主张一种互助互利、共同合作的政治。强势民主不是绝对的利他主义,也不是绝对的集体主义,而是承认个人的利益,承认私域与公域的区分。强势民主论认为人性是复杂的,人性既有自私自利的一面,又有互助、合作、博爱的一面。强势民主虽然承认私人的偏好,但是作为具有互助、合作、博爱、善良的公民就不能仅仅只是考虑个人偏好,通过公民参与、共同讨论,公民们不再只是"我想要"的个人偏好,而是去形成"我们愿意"的某种更美好的共同世界,在这样的世界中实现互助互利、共同合作。

(3)强势民主的制度

巴伯通过具体的制度建议,完成了他关于强势民主的理论建构和制度设计。他提出了涉及三个方面共12项的具体制度建议:第一方面是强势民主讨论的制度化,包括邻里集会、电视镇民会议和公民通讯合作组织、公民教育和平等获取信息:公民视频素材服务和公民教育邮政法案,以及抽签就职、非专业法官的补充制度等四项;第二方面是强势民主政策制定的制度化,包括国家的创制权与公民复决程序、电子投票、抽签选举:抽签、轮职和报酬,以及对公共选择的票券与市场方法等四项;第三方面是强势民主行动的制度化,包括普遍的公民服务方案、地方性选择方案、职场中的民主,以及重建作为自然公共空间的邻里关系等四项。② 此外,巴伯还提到了"后悔"的制度化。

① [美]本杰明·巴伯:《强势民主》,彭斌等译,吉林人民出版社2006年版,1990年版序言第7页。

② [美]本杰明·巴伯:《强势民主》,彭斌等译,吉林人民出版社2006年版,第311—343页。

从上面的论述可以看出,巴伯提出的强势民主是对自由主义弱势民主的修正和补充。强势民主的改革"是通过向宪政模式添加参与成分,而不是通过消除代议制成分。它的目标是将自由主义民主导向公民参与和政治共同体,而不是完全剔除它——将它的优点和缺点一起抹去"。① 而且,巴伯也指出,参与式的强势民主也不能离开自由主义弱势民主的牵制,否则强势民主也可能导致极权主义。值得注意的是,巴伯的强势民主理论中包含了丰富的协商因素,他把讨论看作强势民主的核心,同时强调冲突的转化,他还得出结论,认为强势民主需要一种有节制的精神去改进它,"如果最终的解决可以辨认出来,那么需要去做的就是审议和辩论,或者是依赖于转变公共意志的技巧"。② 这些都为协商民主的形成和发展提供了丰富的理论资源。

四、参与式民主的困境:消极保护与积极参与的张力

从前面的论述可以看出,当代参与式民主理论的建构不是一个简单的过程,而且它并没有形成一个完整的理论体系,不同时期的不同思想家对于参与式民主的理解并不完全相同。但是,我们还是可以从这些思想的演化和发展过程中看出,参与式民主逐渐从单纯强调复兴积极参与理念,发展为在保护个人权利基础上,探寻促进积极参与的路径。但是,在其发展过程中不可避免地面临着消极保护与积极参与的内在紧张关系。

在滥觞阶段,学者们较为激进,否定代议制民主,主要强调积极参与。例如,柯尔批评代议制,主张以职能民主代替传统代议制民主。在他看来,建立在代表基础上的代议制根本就不是民主制,因为公民在被代表后,个人的自由与权利就丧失了,而职能民主则能为公民提供积极参与的机会,实现民主的理想。阿伦特的思想也极富特色,她坚信政治是一种无可替代的人类体验,认为只有在公共领域里,个体才能体验到公共幸福、积极自由以及

---

① [美]本杰明·巴伯:《强势民主》,彭斌等译,吉林人民出版社 2006 年版,第 346 页。
② [美]本杰明·巴伯:《强势民主》,彭斌等译,吉林人民出版社 2006 年版,第 348 页。

实现个人价值。她推崇革命精神,认为它"是一种新精神,是开创新事物的精神",①在她看来,只有倡导积极参与的委员会制民主才是与革命精神相适应的制度。可以说,这一阶段的学者们唤醒了公民政治参与的意识,为参与式民主理论的正式提出奠定了基础。

在形成阶段,学者们在批评自由主义民主的同时,部分承认了它的合理性,提出在保护个人权利的基础上,强调公民参与决策的重要意义。例如,佩特曼强调,参与式民主并不完全否定自由主义民主,相反,自由主义民主的许多核心制度是参与式民主不可或缺的成分,包括代议制、政党制等。同样,麦克弗森的思想特征是既批判资本主义但又保留并捍卫自由主义价值,并以此为基础构建参与型民主的模式。拉克劳(Einesto Laclau)和墨菲(Chantal Mouffe)就曾指出:"左派的任务不是放弃自由民主的意识形态,相反,是在激进的和多元的民主方向上深化和扩大民主"。② 在北美与西欧著名的批判资本主义的理论家当中,马尔库塞与麦克弗森思想接近。不过,马尔库塞对自由主义价值的态度不明确,而麦克弗森则从未攻击过自由主义价值。应当指出的是,麦克弗森对待技术的态度也不同于马尔库塞。"在马尔库塞看来,我们的技术本身就是奴役我们的心理状态的因素之一;而麦克弗森则认为,它是获得解放和拯救的一个可能的手段"。③

在发展阶段,学者们进一步探讨调和消极保护与积极参与的机制,把参与式民主理论推向新的高度。托夫勒和奈斯比特都从未来发展趋势上指出了代议制民主转向参与式民主的必然性。托夫勒对代议制的批评较有特色,认为代议制民主是第一次浪潮老观念和工业化时代新设想两者结合的产物,有自身难以克服的局限性,因此无法对抗第三次浪潮提出的挑战。奈斯比特批判代议制的缺陷没有托夫勒那样见解独特,但"他们两人在代议制

---

① [美]汉娜·阿伦特:《论革命》,陈周旺译,译林出版社2007年版,第262页。
② [英]恩斯特·拉克劳、查特尔·墨菲:《领导权与社会主义的策略——走向激进民主政治》,尹树广、鉴传今译,黑龙江人民出版社2003年版,第198页。
③ [英]迈克尔·H.莱斯诺夫:《二十世纪的政治哲学家》,冯克利译,商务印书馆2001年第1版,第142页。

民主已过时,参与民主制已提上日程这一点上认识是共同的"。① 这一阶段最重要的思想家是巴伯。他对自由主义民主进行了深刻的批评,提出了融合强调消极保护的弱势民主与强调积极参与的统合性民主的强势民主理论,推动积极参与理念的进一步复兴。更为重要的是,他的理论中包含了丰富的协商因素,他强调公共利益和冲突的转换,提出讨论是强势民主的核心,这些思想使他成为参与式民主理论协商转向的先驱之一。

从参与式民主理论的演进过程可以看出,虽然参与式民主理论并未形成一个完整的理论体系,但是参与式民主论者的观点具有很多共同点:首先,他们虽然批评代议制等自由主义民主制度,但并不否认自由主义的基本价值;其次,他们都强调积极参与对于个人发展的重要价值。从最初仅仅片面强调积极参与,逐步发展到探索在保护个人权利的基础上,鼓励公民的积极参与,甚至提出了具体制度建议。可见,参与式民主理论在自由主义民主理论的基础上,复兴了积极参与理念,提出了很多值得深思的问题,对于民主政治的发展有着重要意义。

但是,在当代政治学理论中,参与式民主往往由于其激进性而遭到自由主义民主论者的批评,在主流政治学理论中并没有受到应有的重视。许多学者质疑参与式民主的可行性,批评参与式民主回避了一些根本性问题。事实上,对参与式民主理论的批评并非毫无道理,积极参与不是解决政治问题的万能良方。从根本上看,参与式民主理论面临着消极保护与积极参与之间的紧张关系。一方面,参与式民主理论是对自由主义民主理论的修补,它实质上还是以保护个人权利为主要目的,而这可能造成忽视公共利益和限制参与;另一方面,参与式民主理论为了弥补自由主义民主理论的不足,重新强调积极参与的重要价值,倡导通过积极参与促进个人的发展,这又可能侵害个人权利和自由。参与式民主理论的这种内在困境具体表现为许多问题和冲突,导致各方的批评,具体表现在以下几方面:

其一,参与式民主的概念模糊不清。英国学者赫尔德指出,"如果想使

---

① 徐鸿武等:《当代西方民主思潮评析》,北京师范大学出版社 2000 年版,第 54 页。

参与型民主成为一种令人信服的观点,关键在于更加充分地阐明参与型民主的基础和特征"。① 这个意见十分中肯,因为精英民主和多元民主的特征都在相关的理论中得到系统、明确的阐述,而参与民主理论的基本特征则是模糊的。萨托利也批评参与式民主是个含糊不清的概念,认为最接近参与式民主的是直接民主和公民表决式民主,而在当代社会背景下,已经失去了直接民主的条件。他说:"在一定意义上说,任何直接民主都是自治的民主。但我们知道,自治的意义大大取决于规模因素"。② 即使古代存在过的可观察性的直接民主,萨托利也提出质疑:"实际上,把人民召集到公民大会,只代表着古希腊政体中壮美的一面,而很难说是它有实效的一面"。③ 美国学者贝尔(Daniel Bell)也对参与式民主的意义提出质疑,认为"'参与制民主'并不是它的信奉者所说成的那种万灵药,50 年前努力创立的诸如创制权、复决权和罢免权等公民投票权的政治机制也同样不是万灵药。尽管出现了对'参与制民主'的狂热情绪,但是奇怪的是,它的鼓吹者中却很少有人从最基本的方面考虑一下这个词组的意义"。④ 他认为,民主参与可以归纳为一个口号:"人民应能影响控制他们生活的决定"。⑤ 但事实上,个人不可能影响改变他们生活的决策。

其二,参与与秩序之间的矛盾。参与式民主理论将民主既看作一种目的,也看作一种工具,而且,它不仅期望能够实现政治权力平等的参与,而且也主张社会领域的参与。但参与式民主这一主张忽视了参与与秩序之间的潜在冲突,这种做法可能最终会导致自由的毁灭。一方面,参与式民主论者倡导参与型社会,但是全国性参与型社会的出现有可能威胁到社会安定和政局稳定。由于现代交通和通信技术的发达,国家各部分的联系日益紧密。

---

① [英]戴维·赫尔德:《民主的模式》,燕继荣等译,中央编译出版社 2004 年版,第 337 页。
② [美]乔万尼·萨托利:《民主新论》,冯克利、阎克文译,东方出版社 1998 年版,第 125 页。
③ [美]乔万尼·萨托利:《民主新论》,冯克利、阎克文译,东方出版社 1998 年版,第 125 页。
④ [美]丹尼尔·贝尔:《后工业社会的来临——对社会预测的一项探索》,高铦、王宏周、魏章玲译,新华出版社 1997 年版,第 399 页。
⑤ [美]丹尼尔·贝尔:《后工业社会的来临——对社会预测的一项探索》,高铦、王宏周、魏章玲译,新华出版社 1997 年版,第 399 页。

全国性参与型社会的出现,使大量社会问题具有全国性规模,威胁到整个社会的稳定。另一方面,全国性参与型社会的出现,将导致大众参与的兴起。它会使地方官僚机构的控制力下降,原先被压制的民众的参与热情会受到某些事件的引发而迅速高涨,这种热情一旦被某些人利用或失去控制就会危及社会稳定。因此,"如果要有力地维护参与型民主,那么它就需要关于'自由的边界'的详尽理论,需要关于保护'自由的边界'的必要制度安排的详细说明"。① 一是需要对积极参与的边界进行说明。因为,参与不能遍及所有的领域,涵盖所有的国家和社会的事务,否则会带来效率低下等问题。二是需要对保护自由的边界所必需的制度安排进行说明。无限制的参与必然将导致混乱,威胁个人自由。

其三,精英统治与大众参与的冲突。精英统治与大众参与之间的冲突一直是倡导积极参与的民主理论所面临的一个重要难题。贝尔把未来社会称为后工业社会,认为在后工业社会中知识的作用越来越重要,"专门技术是取得权力的基础,教育是取得权力的方式"。② 政治统治阶层就是由具有专门的相关理论知识和应用技能的人员组成。同时,大众参与的要求在后工业社会也会越来越强烈。于是,精英统治原则与大众参与原则之间就会不可避免地发生冲突。贝尔指出,如果说资本家和工人之间的斗争是工业社会的标志性冲突,那么,专业人员和公民之间在组织内的冲突是后工业社会的标志性冲突。事实上,精英与大众都是当代民主社会不可缺少的部分,一方面,精英的作用不可忽视,如果没有精英,无法处理复杂的政策和政治议题;另一方面,如果没有大众,精英也将无所作为。因此,如果参与式民主只是片面强调大众的积极参与,可能会给民主生活带来一系列的弊病,例如:"大众的激情和利益会激发威胁的派系争端;大众受制于群体心理中诸如'极端化'的机制,削弱了他们选择的合理性;大众的偏好太过分歧,影响

---

① ［英］戴维·赫尔德:《民主的模式》,燕继荣等译,中央编译出版社2004年版,第383页。
② ［美］丹尼尔·贝尔:《后工业社会的来临——对社会预测的一项探索》,高铦、王宏周、魏章玲译,新华出版社1997年版,第391页。

了他们选择结果的稳定性"①等。因此,参与式民主的发展不可避免地面临精英统治与大众参与的冲突。

其四,宏观与微观民主的困境。根据实施范围的不同,民主可以分为微观民主和宏观民主两种,"政治意义上的民主是大范围的宏观民主,而团体和工厂为中心的民主是小范围的微观民主"。② 参与式民主论者主要强调微观民主,但同时也关注宏观民主。萨托利分析了参与式民主将公民直接参与的范围扩大到宏观层面的非现实性。他认为,参与只能在微观层次上展开,"参与是微型民主的本质,或者说,它为上层结构即民主政体,提供了关键的基础结构"。③ 这里,萨托利根据现实的和逻辑的分析,提出参与民主不可能在宏观政治层面实现。他认为代议制民主是宏观结构的民主,而参与民主只能是微观民主,但支撑着宏观结构。因为参与的强度即真实性和有效性同参与者的数量成反比,参与者的人数越多,每个参与者的作用就越小。因此,萨托利认为:"只有在小团体的范围内,参与才是有意义的和真正的参与"。随着参与从小团体上升到政治制度的层次,"参与便会既无法解释也不足以维持整个民主大厦了"。④ 可见,参与式民主理论要获得发展必须解决如何从微观层次民主上升到宏观层次民主的问题。

其五,多元与一致的矛盾。随着社会多元化的发展,将会形成越来越多的利益团体,个人与集团越来越多地参与社会生活。但是,参与程度提高本身导致了一个矛盾,即由于各个集团寻求实现的目标多种多样,随着集团数目的增多,彼此间就公共问题达成一致意见的可能性就会越来越小。如果没有一致,只有冲突,就会为那些大集团实行高压手段敞开大门,人们也就会感到沮丧和无能为力。因此,参与式民主可能会成为一种加剧冲突而不是缓和冲突的民主方式。萨托利对他认为应用于宏观民主范围的公民表决

① 郭为桂:《大众民主:一种思想史的文本解读与逻辑重构》,武汉大学出版社 2008 年版,第307 页。

② [美]乔万尼·萨托利:《民主新论》,冯克利、阎克文译,东方出版社 1998 年版,第 12 页。

③ [美]乔万尼·萨托利:《民主新论》,冯克利、阎克文译,东方出版社 1998 年版,第 12 页。

④ [美]乔万尼·萨托利:《民主新论》,冯克利、阎克文译,东方出版社 1998 年版,第 128 页。

式民主提出批评："公民表决式民主的缺陷在于，它是一种加剧冲突的结构，它不但是制度上的'多数专制'的完美体现，而且是它的最不明智的体现"。[①] 在他看来，这是一种导致零和结果的民主，是一个排除了少数权利的纯粹的多数决策机制，这种机制只会加剧少数和多数的冲突。

当然，参与式民主除了上述困境外，还存在其它许多问题，例如参与成本和效率问题、实现有效参与的具体手段等。事实上，这些问题都与消极保护个人权利与积极参与的张力密切相关。参与式民主的目标并不仅仅是为了政治参与而参与，而是为了确保个人全面而自由的发展。因此，参与式民主走出困境的根本出路在于寻求消极保护个人权利与积极参与的平衡。

---

① ［美］乔万尼·萨托利：《民主新论》，冯克利、阎克文译，东方出版社1998年版，第130页。

第三章 参与式民主理论的协商转向

20 世纪 80 年代中后期,由于理论自身的局限性,并且面临着消极保护个人权利与积极参与之间的困境,佩特曼等学者构建的参与式民主理论陷入低谷。20 世纪 90 年代,协商民主理论日渐兴起。它继承和发扬了参与式民主所倡导的参与理念,试图通过话语协商,确保所有人拥有真正的发言权,提高参与的质量,实现消极保护与积极参与的平衡,以构建弥补自由主义民主缺陷的民主模式。从这个意义上说,西方协商民主理论是参与式民主发展的新阶段。① 本章将通过分析参与式民主转向协商民主理论的背景、协商民主理论的内容和最新发展,揭示参与式民主转向协商民主理论的原因和实质。首先,指出民主理论协商转向的背景包括西方社会的多元化趋势、聚合民主的困境、信息网络技术的发展等。其次,在考察协商民主理论的基础上,探讨它所要解决的根本问题。其中重点介绍哈贝马斯和罗尔斯对协商民主理论的重要影响。在此基础上,通过对古特曼、汤普森、德雷泽克和博曼等学者观点的分析,深入探究协商民主理论。最后,阐释协商民主理论为消极保护与积极参与提供了平衡机制。

---

① 协商民主和参与式民主都是起源于对自由主义民主的批判。具体到两者的关系,有人认为协商民主是参与式民主的一种,也有人认为协商民主和参与式民主是两种不同类型的民主形式。本文认为应该把协商民主看作是参与式民主发展的新阶段。因为,协商民主强调协商,即所有受公共决策影响的公民都有权利通过公共协商机制参与政策的制定。可见,从本质上看,协商民主强调的重点仍然是"参与",只是协商民主比参与式民主更进一步,提出了公共协商的具体参与方式,更注重参与的质量。因此,可以说,协商民主是参与式民主的发展和深化。

一、从参与到协商：寻求消极自由与积极参与的平衡

佩特曼等学者构建的参与式民主理论着重的是扩大公民的直接参与，使卢梭确立的人民主权观念获得更实质的体现。但是，这种理论由于其激进性和理想性而遭到各方批评，而且它也没能提供具体实现有效参与的途径，面临着消极保护与积极参与张力带来的种种困境和难题。因此，参与式民主理论要想获得进一步发展，必须开辟新的途径，以寻求消极保护与积极参与的平衡。协商民主理论正是这种努力的结果。它赞同参与式民主的基本诉求，但考虑到过度参与，以及仅仅只由私利所鼓动的参与所带来的负面作用，协商民主论者更多地将重点集中在参与与决策的品质之间的关系上，特别是如何才能更有助于产生得以被合理论证，并满足公共利益的决策，而他们所归结出来的结论就是通过公开陈述理由的协商活动实现偏好的转换。所以，协商民主的核心在于参与的品质，并要求突出公共利益，它试图将民主政治从熊彼特式的市场类比中解放出来，扭转民主过程中一直存在的选票数量专制，[①]以寻求消极保护与积极参与的平衡。

（一）参与式民主理论协商转向的背景

现实的需要是催生理论的源泉，回应现实中的难题是理论的基本功能。20世纪80、90年代，西方社会发生了巨大变化，自由主义民主的弊端更加凸显，而早期的参与式民主理论[②]虽然强调增加参与的量，但较少关注提高参与的质，也就是说，早期参与式民主理论没有提供实现有效参与的具体手段。于是，西方理论界在对20世纪以来现代西方社会发展的实践和理论反思的基础上，提出协商民主理论。虽然协商民主与早期的参与式民主有所不同，大多数协商民主理论主要"集中于参与的方式，即公民之间的审

---

① 参见许国贤：《个人自由的政治理论》，法律出版社2008年版，第198页。
② 需要说明的是，由于本文把协商民主看作是参与式民主发展的新阶段，因此把20世纪70年代至80年代的当代参与式民主理论称为早期参与式民主理论。而谈到协商民主阶段的相关内容时，本文对协商民主与参与式民主两个概念没有严格区分。

议"①,但不可否认,参与的方式也是参与式民主理论研究的主要问题,因此可以把协商民主看作参与式民主理论发展的新阶段。具体而言,当代西方社会的多元化发展趋势、信息网络技术的迅速发展,以及聚合民主的困境推动了参与式民主理论的协商转向。

1. 西方社会呈现明显的多元化发展趋势

20 世纪后期,社会的多元化发展趋势日益明显。多元化向现代社会各方面渗透,对当代社会造成了复杂的影响,人们因不同的社会角色、实践、生活领域和形式而分别有自己的善和价值观概念,加之不同的宗教和道德准则,不同的种族和文化背景,这些都使人们面对相互竞争的价值观念和义务。这是当代社会发展的必然趋势,因为"不同的生活方式崇尚不同的善和德性这一事实并非不完美的特征,而是人类可以以不同的生活方式很好地生活的标志"。②

当代社会的多元化特征主要表现在两方面:首先,社会结构多元化特征明显。现代功能分化社会的发展已经极大地改变了我们所生活的世界,社会各个部门功能的分工越来越细,即使单一个体的身份与认同也因其在社会组织中的多重身份而发生了分化,人们由于在社会之中扮演不同的角色,且遵循着迥然不同甚至是相互冲突的价值规范,使人们很难理性地将各种社会多样性包容在单一的道德和认知框架中。其次,社会文化多元化趋势彰显。"人类在 21 世纪所面临的最大挑战,或许就是各民族和各文化之间存在着相互冲突的危险"。③ 当代世界无论在国家或国际层面上,都存在不同种族、民族、宗教和社会团体。各种弱势群体、激进组织、恐怖主义,以及多数者团体的成员缺乏有效的途径来达成共识,不同文化间的紧张和冲突日益激化。同时,伴随现代交通、通信科技的迅速发展以及随之而来的社会

---

① [加拿大]杰弗里·希尔墨:《参与式民主理论的现状(上)》,《国外理论动态》2011 年第 3 期。

② [英]约翰·格雷:《自由主义的两张面孔》,顾爱彬等译,江苏人民出版社 2005 年版,第 11 页。

③ [美]克莱斯·瑞恩讲演:《异中求同:人的自我完善》,张沛、张源译,北京大学出版社 2001 年版,第 1 页。

流动频率的加剧,身负不同文化背景、价值观念及宗教信仰的人们接触的机会也大大增加。尤其是,作为大规模移民浪潮的结果,主要的西方国家的社会文化结构更加复杂化了。而种族问题、少数族群的权利、宗教冲突等已成为困扰西方社会的重要问题,甚至成为政治争论的焦点。

社会的多元化发展趋势在丰富了人们生活的同时,也迫使人们在对立的义务、目标、原则和价值观之间做出选择。"文化多样性一直存在,但今天新的交往手段和更多的迁移机会让不同背景的人走得更近,交往更为频繁。世界日益变小,人们急切想要找到相互调适、协同与宽容的方法"。①这既是自由主义民主的现实条件,也是面临的困境之一。一方面,追求价值观念和生活方式的多元化似乎正是自由主义的多元主义所要表达的。可是,不同的价值观念并不总是相容的,人们就得选择哪些善是优先的。而在资源有限的社会中,一个领域的优先势必会影响其他领域。另一方面,与社会的多元冲突相应的价值观念的裂变凸现了自由主义的多元主义理论本身的缺陷。自由主义本身也可能是冲突的,因为自由可能分裂成许多自由,它们本身是相互冲突的,如消极自由与积极自由的冲突。所以,平等地实现偏好转换、达到共识成为多元文化社会的主要价值诉求。协商民主提供了公共协商的应对方案,通过广泛、真实的讨论,促进了相互了解,使冲突在公共理性的形成中得到舒缓、转化,达到共识。

2. 信息网络技术迅速发展

20世纪90年代以来,互联网作为信息社会的载体和信息交流的一种手段,凭借其开放性、便利性、互动性以及信息的丰富性和服务的多样性的特质,而以惊人的速度在全球扩展,迅速渗透到社会生活的各个方面。

网络信息技术的发展突飞猛进,正在以它独有的特点给人类创造一个全新的生活环境。联合国国际电信联盟(ITU)2012年6月发布的最新统计报告显示,互联网继续迅猛发展,而且移动互联网的速度已经远远超过了桌

---

① [美]克莱斯·瑞恩讲演:《异中求同:人的自我完善》,张沛、张源译,北京大学出版社2001年版,第2页。

面互联网的发展速度。全球移动用户的增长十分强劲,移动电话目前已无处不在,截止 2011 年,已将近 60 亿用户,普及率将达到 86%,增长的 80% 来自于发展中国家,中国成为第一个移动用户超过 10 亿的国家;截止 2011 年,全球移动宽带互联网用户已超过 10 亿,在 2011 年增长 40%,成为发展最强劲的服务。在中国,目前移动互联网用户数已经超过了宽带上网用户数。① 网络信息技术的迅猛发展对政治领域产生了深刻的影响:

第一,信息网络技术的发展打破了信息的垄断。政府是信息的最大垄断者,但现代信息网络技术使信息传播超出了原有地域,一方面,政府部门应用信息技术,通过信息网络,可以实现各部门之间以及政府部门与公众之间的零距离沟通,可以将政务更加公开,将更多的政府信息向社会公众传递。同时,政府在制定政策、作出重大决策过程中,可以通过网络让公众参与、发表意见、提出建议。另一方面,互联网的普及也提高了公众获取信息的能力,而且公众也可以通过网络了解政府的工作进程和工作业绩,从而对政府的工作作出比较准确的评价。结果是当代政府对信息的垄断正在被逐步打破。

第二,信息网络技术的发展改善了参与的技术手段,拓宽了参与的渠道。当代网络技术支撑体系下出现了许多新的媒体形态,它们被称为"新媒体",②包括数字电视、移动电视、手机媒体、互联网等。尤其是,互联网作为新的政治参与手段无疑在很大程度上正在极大地改变着政治参与的结构与模式。同时,网络具有开放性、广泛性、即时性和多面性特征,打破了空间、时间的限制,增加了公民之间以及公民与政府之间直接的、全面的参与和沟通的可能性,进一步拓宽了公民参与的渠道。例如,微博和微信都是可以即时发布消息的系统,它提供了公民简单快捷参与政治的渠道,正在对民主政

---

① 相关数据来源于联合国国际电信联盟(ITU):《Key statistical highlights:ITU data release June 2012》,参见 ITU 网站:http://www.itu.int/ITU-D/ict/statistics/material/pdf/2011% 20Statistical% 20highlights_June_2012.pdf。

② 对于"新媒体"的界定,学者们可谓众说纷纭,至今没有定论。但从广义上看,"新媒体"除包括数字电视、移动电视、手机媒体、IPTV 之外,还应包括博客、播客等媒体形态。

治产生巨大影响。

第三,信息网络技术的发展激发了公民参与热情。网络能够使信息传递不受时空阻碍乃至政治控制,使人们在感知与介入世界方面获得了前所未有的体验,提高了人们参与政治的兴趣。首先,网络环境一个很显著的特点就是能够降低公民的参与成本。公民借助网络参与政治,所必须付出的时间、精力和金钱会比通过报纸、电视、广播等传统的途径少得多,能使公民花最少的钱获得最多的信息,在降低公民参与成本的同时提高了公民参与的能力。其次,互联网是一个没有中心的虚拟空间,在这里公民可以享受充分的自由,并且网民的身份在这里都是平等的。只要达到法律所允许的条件,任何网民都可以有均等的机会发表自己的政治主张,表达自己的政治意愿。这种参与主体的平等性、参与机会的均等性,极大地激发民众的参与热情。

第五,网络为创造新兴的公共领域提供可能。哈贝马斯将公共领域描述为"一个关于内容、观点、也就是意见的交往网络;在那里,交往之流被以一种特定方式加以过滤和综合,从而成为根据特定议题集束而成的公共意见或舆论"。① 互联网正是这样一种在交往过程中产生的社会空间,是一个抽象化的公共领域,突破了传统的媒体传播,实现了个人性和公共性的结合。

但值得注意的是,网络的发展也可能助长极端民主化倾向。激进的个人和团体利用互联网提供的自由言论权,制造假信息,误导民众,并宣扬极端言论,挑起公众的不满情绪;一些政客和利益集团通过制造言论,进而为影响并控制政治提供了便利;网络还为侵犯个人的隐私和权利大开方便之门,个人的相关信息被滥用。② 总之,信息互联网技术的兴起引起公民政治参与方式的新变化,同时也带来了一系列全新研究课题。

---

① ［德］哈贝马斯:《在事实与规范之间——关于法律和民主法治国的商谈理论》,童世骏译,三联书店 2003 年版,第 446 页。

② 参见陈剩勇、杜洁:《互联网公共论坛与协商民主:现状、问题和对策》,《学术界》2005 年第5 期。

3. 聚合民主面临诸多困境

协商民主肇始于西方政治理论家对聚合民主的批判性反思,从而形成了聚合民主与协商民主对照的两分法。[①] 当代自由主义民主是一种聚合民主,即将个人的偏好看作是固定不变的,通过把个体的偏好聚合成集体偏好,形成公共决策的民主模式。根本上讲,聚合民主强调以有效和公正的方式,通常凭借多数原则,聚合个人偏好。同时,它反对公共利益或者公共善的目标,"不存在全体人民能够同意或者用合理论证的力量可使其同意的独一无二地决定的共同福利"。[②] 更为重要的是,聚合民主认定,民众根本没有政治参与的能力,政治参与意味着危险,将破坏政治的稳定,民众的责任至多是投票选择统治者,而统治是统治精英的独断领域。当代,随着社会政治的日益发展,尤其是社会政治的多元化趋势使聚合式民主面临着重重困境。

其一,简单多数原则可能造成"多数人的暴政"。以选举为基础的聚合民主往往被简化为选举,选举被简化为选票,选票被简化为多数决定。至今,各种形式的多数决定原则一直是民主政治所依赖的决策形式。它要求少数服从多数,这就极有可能使多数人的利益和愚昧凌驾于少数人之上,少数人的利益不能得到有效的保护,出现多数人对少数人的合法"暴政"。以人人平等为原则的民主,却推演出多数人压迫少数人的结果,民主压制了自由并再一次走向了自身的反面。哈耶克(F. A. Hayek)就曾指出,"多数决策

①　目前,国内许多学者认为协商与选举是并列的一对,甚至认为前者是后者的替代。然而,西方的协商民主理论家并没有将"协商"与"选举"(更广义上的投票)相对立,协商民主理论家强调的只是将偏好的"转变"与"聚合"相区分,因为选举民主与协商民主处于政治过程的不同环节,不能相互取代。按照古特曼和汤普森等人的理解,协商与聚合的实质性区别在于:当面对根本性的分歧时,前者试图通过合理论证以转换不同的偏好并最终消除分歧、达成共识;而后者则认为偏好是既定的,通过多数原则,按照偏好的多少进行决策。(参见[美]Amy Gutmann, Dennis Thompson:《商谈民主》,谢宗学、郑惠文译,智胜文化事业有限公司,2006年版,第13页。)因此,协商民主是与聚合民主相对应的,是两种不同导向的民主模式在规范层面的争论,协商民主不是完全否定后者,而是试图对它进行改良。

②　[美]约瑟夫·熊彼特:《资本主义、社会主义与民主》,吴良键译,商务印书馆1999年版,第372页。

的权威性并非源出于即时多数的意志,而是源出于对某些共同原则的广泛同意"。① 因此,"无视对多数权力加以限制,从长期来看,不仅会摧毁社会的繁荣及和平,而且还将摧毁民主本身"。② 历史上,简单多数决定原则曾经造成许多悲惨的后果,公元前339年苏格拉底之死,一直是对多数意见是否符合理性的反讽,更为甚者,这种反讽在近代民主体制中不断重演,德国希特勒的上台就是通过多数决定而赋予了"合法性"。③ 这些问题促使民主理论家不得不正视多数决定原则缺陷的严重性。

其二,偏好的量化比较可能产生不符合公共利益的结果。除了对少数权利的忽略,投票行为本身也具有缺陷,因为投票者不需要公开证成(justify)他的选择。投票亭是保障其偏好和个人欲望的表达场所,在投票亭里,哪怕投票者是基于自私的理由而做出的选择,也不需要向其他人说明。在这种情形下,民主选举里的量化比较无异于未经证成的偏好或欲望的数量的对决,多数人的偏好或欲望借着量化比较取得落实为政策的正当性,但此正当性只建立在数量的优势之上,而非建筑在理性的论证所推演出来的正确性或近似正确性之上。④ 同时,肯尼斯·阿罗(Kenneth J. Arrow)的"不可能定理"已经表明,任何社会决定都不可能把一个集团的不同偏好合为一体,就像一个人把自己的各种偏好合为一体那样。因此,仅仅完全依赖于聚合的程序,不但不能提升民主的品质,还将产生武断的集体选择,这些选择不是基于对公共利益的考虑,也不可能对公共利益的需要做出合理的说明。

其三,偏好聚合可能导致社会分裂与分化。民主选举的利益聚合功能可能导致社会分裂与分化,因为任何一个国家都存在各种形式的阶层分化,这些分化的标准可能是物质的,也可能是观念和信仰的,在聚合民主之下,为了取得选举的胜利,竞争者往往会利用社会分化并进一步加剧和固化之,

① [英]弗里德利希·冯·哈耶克:《自由秩序原理》(上),邓正来译,生活·读书·新知三联书店1997年版,第129页。

② [英]弗里德利希·冯·哈耶克:《自由秩序原理》(上),邓正来译,生活·读书·新知三联书店1997年版,第141页。

③ 参见许国贤:《个人自由的政治理论》,法律出版社2008年版,第197页。

④ 参见许国贤:《个人自由的政治理论》,法律出版社2008年版,第197页。

从而导致共识的缺失和社会的分裂。特别是在政治低制度化的发展中国家,政党之间的竞争极有可能导致社会严重的两极分化。同时,成熟的民主制度中,公民主要发挥着两种不同的角色:一是作为政治竞争的裁判者,二是作为政治竞争的参与者。但是聚合民主中强调的只是公民的裁判角色,而忽视了参与者的角色。"现今的民主体制显然结构性地要将公民们限定在通过选票来决定由哪些政治竞争者取得集体决策权的消极角色",①公民的这种消极角色阻碍了通过协商、合作、妥协等方式来弥合社会分裂与分化。

协商民主正是为了批判和解决聚合民主困境而出现的新思维。与聚合民主不同,协商民主认为,个人的偏好不是先天形成和固定不变的,个人的偏好可以而且也应该通过对公共利益的理性和公开的讨论,在与他人的互动过程中而改变。"在鼓励真正协商的民主社会中,偏好不仅会在公民获得更多关于政策的信息时改变,当了解到其他公民的偏好,并发现其从前未曾考虑到的政策选择时,偏好也会改变"。② 所以,协商民主强调公共协商的重要性,通过公开、公正、自由、平等地讨论来修正自己的偏好和价值,将利益冲突转化为利益共识。

(二)协商民主理论的兴起与内涵

协商的观念并不是全新的,诚如埃尔斯特(Jon Elster)所言:"协商民主的观念及其实际应用与民主本身有着同样长的历史。它们都是公元前5世纪在雅典产生的"。③ 古希腊的亚里士多德等思想家就曾提出协商思想,后来的密尔、杜威(John Dewey)等学者对协商民主理论也都做出过很大贡

---

① 许国贤:《个人自由的政治理论》,法律出版社 2008 年版,第 200 页。
② [美]小莱尔·卡特:《协商民主能挽救我们吗?》,陈家刚选编:《协商民主》,上海三联书店 2004 年版,第 289 页。
③ [美]约·埃尔斯特:《协商民主:挑战与反思》,周艳辉译,中央编译出版社 2009 年版,第 2 页。

献。① 但是，直到 20 世纪 80 年代协商民主理论才真正形成。1980 年，约瑟夫·毕塞特（Joseph Bessette）在《协商民主：共和政府的多数原则》一文中首次从学术意义上使用"协商民主"（Deliberative Democracy）一词，倡导公民参与，反对精英主义。1987 年，伯纳德·曼宁（Bernard Manin）在《政治理论》第 15 期上发表了《论合法性与政治协商》，1989 年，乔舒亚·科恩（Joshua Cohen）发表了《协商与民主合法性》，他们真正推动了协商民主理论的发展。②

20 世纪 90 年代开始，协商民主理论受到学者们越来越多的关注。罗尔斯（John Rawls）、哈贝马斯（Jürgen Habermas）、吉登斯（Anthony Giddens）等西方重要的理论家都是协商民主的推崇者，他们的学术声誉对民主理论的协商转向做出了巨大贡献，尤其由于哈贝马斯的影响，"认为民主的核心是各种偏好的改变而不是偏好的聚合的观点已经在民主理论中成为主要论点之一"。③ 罗尔斯的公共理性、交叠共识等理念也为协商民主提供了重要的理论基础。吉登斯则提出"对话民主"概念，认为自由民主的缺陷表明需要深入进行更彻底的民主化，并且强调了对话民主的重要性。他的对话民主是"这样一种情况：那里有发达的交往自主权，这种交往构成对话，并通过对话形成政策和行为"。④ 2000 年后出版的关于民主问题和政治哲学的论著很少有不涉及协商民主的，"为了克服以投票为中心的民主制的缺陷，民主理论家越来越关注先于投票的慎议和舆论形成的过程。民主理论家已经把注意力从投票站的情况转向了公民社会中公共慎议的情况"。⑤

---

① 在亚里士多德、密尔和杜威那里，"deliberative"都是强调公开讨论、相互证明的过程，只不过亚里士多德和密尔的这一过程主要局限于精英，而杜威则力图把其扩展到普通公民。（参见谈火生编：《审议民主》，江苏人民出版社 2007 年版，编选说明第 7 页。）

② 参阅［澳］约翰·S.德雷泽克：《协商民主及其超越：自由与批判的视角》，丁开杰等译，中央编译出版社 2006 年版，前言第 2 页。

③ ［美］约·埃尔斯特：《协商民主：挑战与反思》，周艳辉译，中央编译出版社 2009 年版，第 1 页。

④ ［英］安东尼·吉登斯：《超越左与右——激进政治的未来》，李惠斌、杨雪冬译，社会科学文献出版社 2003 年版，第 119 页。

⑤ ［加］威尔·金里卡：《当代政治哲学》，刘莘译，上海三联书店 2004 年版，第 524 页。

在英语和德语语境中,"deliberative/deliberativer"一词的基本含义包括审议、聚集或组织起来进行协商辩论、慎重的商议等内容。自 20 世纪后期协商民主理论复兴以来,许多学者从不同角度对协商民主给出了不同定义,但至今仍存在分歧。概括来说,西方学界有代表性的协商民主概念可归为以下三种[①]:一是将协商民主看作是一种民主治理形式。这种观点把协商民主定义为一种治理形式,这种形式"可促使自由而平等的公民(及其代表们),提出互相能够接受且普遍可以相信的理由,来为各种决定辩护,其目的在于达成对当前全体公民具有约束力,但未来仍可接受挑战的各种结论"。[②] 二是将协商民主看作是一种社团或组织形式。这种观点将协商民主看作是静态的。"协商民主意味着一种事务受其成员的公共协商所支配的社团。这种社团的价值将民主本身视为一种基本的政治理想,而不仅仅是可以根据某方面的平等或公正价值来解释的衍生性理想"。[③] 三是将协商民主看作是一种决策方式。"当决策是通过公开讨论过程而达成,其中所有参与者都能自由发表意见并且愿意平等的听取和考虑不同的意见,这个民主体制就是协商性质的"。[④]

事实上,西方的协商民主并没有统一的理论框架,学者们从不同的视角来构建协商民主,形成了不同的理论流派。例如,根据协商的规模和形式,可将协商民主理论分为微观和宏观两种类型,这二者的差异主要在于对公民社会在协商民主中的作用和行为的认识不同。微观协商民主理论的解释集中于界定理想的协商程序,其代表有罗尔斯、科恩、古特曼(Amy Gutmann)、汤普森(Dennis Thompson)、埃尔斯特等。宏观协商民主则关心公共领域内发生的错综复杂的协商形式,公民社会起主导作用,其代表有哈贝马

---

① 参阅陈家刚:《协商民主引论》,《马克思主义与现实》2004 年第 3 期。

② [美]Amy Gutmann, Dennis Thompson:《商议民主》,智胜文化事业有限公司 2006 年版,第 7 页。

③ [美]乔舒亚·科恩:《协商与民主合法性》,詹姆斯·博曼、威廉·雷吉主编:《协商民主:论理性与政治》,中央编译出版社 2006 年版,第 50 页。

④ [美]戴维·米勒:《协商民主不利于弱势群体?》,毛里西奥·帕瑟林·登特里维斯主编:《作为公共协商的民主:新的视角》,中央编译出版社 2006 年版,第 139 页。

斯、博曼（James Bohman）、德雷泽克（John S. Dryzek）等。① 此外，根据不同的思想资源和问题意识，可以把协商民主理论分为三种类型：第一种是以偏好为基础的协商民主理论。这种模式主要由社会科学领域的协商民主理论家所倡导，包括埃尔斯特、费什金（James S. Fishkin）等。这种模式主要通过政治科学对经济学语言和理论结构的借鉴来实现，将其注意力集中在个体的意见和偏好之上。第二种是理性的程序主义的协商民主理论。这种模式来源于纯粹规范取向的哲学家，以罗尔斯、哈贝马斯为代表。这种协商模式有着完全规范性的哲学根基，公民完全按照普遍化的规范行事，这是一种理想状态。第三种是综合的协商民主理论。其思想资源来自杜威和阿伦特，开创者包括马修斯（David Mathews）、扬克洛维奇（Daniel Yankelovich）、巴伯等。按照这种观点，协商的目标本质上不是追求唯理性，而是理解之可能性。② 还有，按照规范性程度将协商民主理论划分为三类：共和主义的协商理论、后现代的协商理论以及普遍主义的协商理论。③

　　由此观之，协商民主理论还处于探索阶段，学者们在许多问题上还未达成共识。但是，它们却具有共同的核心，即公共协商。"公共协商是政治共同体成员参与公共讨论和批判性地审视具有集体约束力的公共政策的过程。形成这些政策的协商过程最好不要理解成政治讨价还价或契约性市场交易模式，而要将其看成公共利益责任支配的程序。公共协商的主要目标不是狭隘地追求个人利益，而是利用公共理性寻求能够最大限度地满足所有公民愿望的政策"。④ 协商是一种交往形式，是主体通过共同商量以寻求共识、达成协议、协调行为的途径。作为一种政治运作手段，协商一直存在于各种政治活动中，但政治活动中有协商并不等于就是协商民主。在协商民主中，协商主要不是政治手段和方法，而是一种基本的政治制度安排；主

---

① 参见［澳］卡罗琳·亨德克里斯：《公民社会与协商民主》，陈家刚选编：《协商民主》，上海三联书店出版社 2004 年版，第 126—128 页。

② 参见［美］诺埃里·麦加菲：《民主审议的三种模式》，谈火生编：《审议民主》，浙江人民出版社 2007 年版，第 48—58 页。

③ 参见谈火生：《审议民主理论的基本理念和理论流派》，《教学与研究》2006 年第 11 期。

④ ［美］乔治·M.瓦拉德兹：《协商民主》，何莉编译，《马克思主义与现实》2004 年第 3 期。

要不是出于某种政治目的的功利"需要",而是确保公民民主权利的"必须"和"应当"。协商民主赋予民主过程以规范性,它把政治性意见和意志的形成过程置于核心地位,使协商成为一种制度化的程序,成为整个民主政治运作过程的价值偏好、行为方式和被建制化的必不可少的程序。

因此,所谓协商民主是指公民通过自由而平等的对话、讨论和协商等方式,在公共理性的指导下,提出各种相关理由,尊重并理解他人的偏好,在广泛考虑公共利益的基础上,实现偏好转换,从而赋予立法和决策以政治合法性的一种民主模式。概言之,其基本特征可概括为以下六方面:

一是公开性。[①] 协商民主的首要特征是公开性。它意味着参与者需要公开地给出理由,以合理证成他们的行为和选择。自由主义民主主要是秘密投票表达自己的偏好和选择。在这个过程中,个人的选择或偏好不必为他人所知道,而且个人可以不必为他的选择或偏好做任何公开说明或证成。这极可能使个人在隐密性的庇荫下以自利为取向进行选择。相反地,协商民主则强调制度设计应该使每一个人必须就其抉择的理由公开表述,并通过对于理由的相互讨论来检验各自所持的理由是否仍能说服自己,以及是否更能说服他人。[②] "以公开方式陈述观点的这一程序能迫使对个人的偏好或选择进行一种特定的反思。当向他人陈述其观点和立场的时候,个人必须在公开场合向其他共同协商者提出好的理由(good reasons),以支持其观点。这一公开提出好理由的过程,迫使参与者去思考什么样的理由才是对所有其他相关者是好的。因此,参与者将被迫从所有相关者的立场来思考问题,因为其诉求需要得到他人的赞同"。[③]

二是责任性。与公开性特征紧密联系的是责任性。协商民主不是无序的个人参与,是一个有特定责任和要求的政治过程。在公共协商中,参与者

---

① 英文"publicity"一词有"公共"、"公开"的含义,因此,本文未对"公共"和"公开"做严格区分,根据具体情况采用不同译法。

② 许国贤:《个人自由的政治理论》,法律出版社 2008 年版,第 201—202 页。

③ Seyla Benhabib, "Toward a Deliberative Model of Democracy Legitimacy", Seyla Benhabib(ed.), Democracy and difference, Princeton: Princeton University Press, 1996, pp. 71 – 72.

希望更充分、更详细地描述政策在认识论方面的特殊正当性及其可能的后果。"协商民主中的责任性不仅意味着确定政治责任的来源,而且还要提供认识上的责任"。① 由此,在政治参与过程中,参与协商过程的公民承担着一系列的特定责任:"(1)提供理由说服协商过程中所有其他参与者的责任。(2)对其他理由与观点做出回应的责任。(3)根据协商过程提出的观点和理由,修正各种建议以实现共同接受的建议的责任"。②

三是参与性。协商民主论者主张一种参与程度更高的政治形式。协商民主鼓励立法和决策的利益相关者积极参与公共协商,在参与过程中公开自己的偏好和理由,尊重他人的意见。他们认为:"一般公民更直接参与决策是确保许多商议民主所承诺的道德价值(诸如相互尊重)之最佳或唯一的途径。更大范围的参与,非仅有让更多公民有机会享有参与商议的益处,也有助于发展公民的美德,鼓励公民用公共精神的态度来考量政治议题"。③

四是平等性。协商民主以自由平等公民的公共协商为基础,而且每个公民的理由必须给予平等的关注和考虑。"合法决策在两种意义上需要平等:第一,公民必须是平等的;第二,他们的理由必须给予平等的重视"。④ 协商民主需要的平等是具体的、相对复杂的,既包括程序平等,也包括实质平等,"要使协商真正成为民主的,它就必须满足自由与平等的规范。这种规范比应用于政治交往中的其他规范更严格,如容纳每个受决策影响的公民,包括平等参与协商在内的实质性政治平等;决策方法和确定议程上的平

---

① [美]乔治·M.瓦拉德兹:《协商民主》,何莉编译,《马克思主义与现实》2004 年第 3 期。

② [英]马修·费斯廷斯泰因:《协商、公民权与认同》,[南非]毛里西奥·帕瑟林·登特里维斯主编:《作为公共协商的民主:新的视角》,王英津等译,中央编译出版社 2006 年版,第 44—45 页。

③ [美]Amy Gutmann, Dennis Thompson:《商谈民主》,谢宗学、郑惠文译,智胜文化事业有限公司 2006 年版,第 29 页。

④ [美]詹姆斯·博曼:《协商民主与有效社会自由:能力、资源和机会》,陈家刚编:《协商民主》,上海三联书店 2004 年版,第 141 页。

等;自由、公开的信息交流以及理解问题和其他观点的充分理由"。[①]

五是合法性。协商民主强调决策的合法性。在协商民主中,公民运用公共协商来做出具有集体约束力的决策,其合法性不是来源于个人意志,而是决策形成的程序,即通过理想的协商程序,实现偏好的转换,以达成共识。也就是说,决策的合法性不仅建立在广泛考虑所有人利益基础之上,而且还建立在以公共理性为指导的公开审议程序基础之上。"决策具有合法性,不只是因为它碰巧符合大多数公民未经审视的偏好,而且因为它已经经过了正当性的考验。公民应该能够认为这种方式做出的决策是合理的,除非未来的协商表明它们是恰恰相反的"。[②]

六是多元性。多元性社会是协商民主形成的基础。当代,不同种族、民族、宗教和社会团体逐渐形成多元的文化认同,社会分化加剧,社会主体日益多元化,利益追求呈现出多元的取向,而且个人和团体的不同利益要求导致社会分歧也逐渐扩大。协商民主正是回应这种多元性社会现实而提出的,试图通过公民之间平等自由的协商,相互尊重和包容,充分考虑各方利益,尤其是关注少数的权利。

不管怎样,协商民主的内涵有两个重要方面:一是公共协商必须在平等、自由的公民间进行,不采用简单多数原则,而是所有参与者都能自由发表意见并且愿意平等的听取和考虑不同的意见,这体现了保护个人权利的方面;二是所有受到决策影响的公民都有权利参与公共政策的制定,民主的决策应该是以公共协商为基础,支持或反对公共政策的主张都应该从能否增进公共善的角度来论证,这是鼓励积极参与的方面。这两个方面促使公共决策由注重少数精英转到注重普通公民的公共讨论和协商的力量,为消极保护与积极参与提供平衡机制。

---

① [美]克里斯蒂安·亨诺德:《法团主义、多元主义与民主:走向协商的官僚责任理论》,陈家刚编:《协商民主》,上海三联书店2004年版,第298—299页。

② [美]克里斯蒂安·亨诺德:《法团主义、多元主义与民主:走向协商的官僚责任理论》,陈家刚编:《协商民主》,上海三联书店2004年版,第300页。

二、协商民主的基础理论

根据德雷泽克(John S. Dryzek)的观点,协商民主的理论基础是英美传统的自由宪政主义和德国(或欧洲大陆)传统的批判理论。[①] 在这两种基础上形成了两种不同的协商民主理论,前者以罗尔斯为代表,后者以哈贝马斯为代表。从表面上看,自由主义民主与协商民主是不相容的,因为协商民主强调政治互动中的偏好转换,而自由主义民主的理想则存在于政治互动前的利益协调和聚合。但自由宪政促进了协商,制宪过程本身就是协商。正如罗尔斯所说,"秩序良好的宪政民主"应该"也可以理解成协商民主"。[②]协商民主的另外一个来源是批判理论。批判理论关注使个人和社会从各种压制性力量中摆脱出来,以及公民自身通过参与民主政治而认识并对抗这些力量的能力。这些公民在理想上应该是更具有公共精神、更有耐性、更有知识、更关心别人的利益、也更注重自身的利益。[③] 同时,这两种不同的协商民主理论都认为政治对话是协商民主的本质。

(一) 罗尔斯的自由主义协商民主论

美国学者约翰·罗尔斯(John Rawls 1921—2002)是 20 世纪最有影响的思想家。他是协商民主的积极拥护者,[④]他所提出的公共理性、交叠共识

---

① John S. Dryzek, Deliberative democracy and beyond: Liberals, critics, contestations, Oxford: Oxford University Press, 2000, p. 8.

② [美]约翰·罗尔斯:《公共理性观念再探》,哈佛燕京学社、三联书店主编:《公共理性 与现代学术》,生活·读书·新知三联书店 2000 年版,第 8 页。

③ 陈家刚:《当代西方协商民主理论》,来源于:http://www. chinaelections. com/NewsInfo. asp? NewsID = 50527。

④ 值得注意的是,尽管罗尔斯本人是协商民主的积极倡导者,但有学者却提出了不同的看法,例如,英国学者迈克尔·萨沃德认为,罗尔斯的论述中关键的部分事实上削弱了协商民主的基本观点,他不是一个协商民主理论家。参见:Michael Saward, "Rawls and Deliberative Democracy", Maurizio Passerin D' Entreves (ed), Democracy as Public Deliberation: new perspectives, New York: Manchester University Press 2002, pp. 112 – 130.

(overlapping consensus) ①等理念对协商民主理论具有重要的影响。他提供了评价社会正义的不同解释方法,并根据正义规则建立起一个理想对话的模式,集中各种不同偏好以使其接受公开的检视。事实上,罗尔斯集中于界定和讨论协商程序的本质与理想条件,把协商放在自由主义宪政框架内,要求在讨论过程中以公共理性为指导,通过反思平衡,达成公平正义的交叠共识。

1. 协商民主的基础:正义原则

罗尔斯学说的根本基础是《正义论》中阐述的正义原则,正是在这一原则基础上构建了他的政治自由主义思想。在罗尔斯那里,正义问题实际上就是分配的公正问题。在这个问题上,罗尔斯反对19世纪以来占主导地位的功利主义观点,认为功利主义把最大多数人的最大幸福作为评判社会政治法律制度和政府活动的根本标准,会很容易为了社会或多数人的利益而侵犯个人的正当权利。他坚持权利(right) 优先于善(good) 的义务论伦理观,认为公正(正义)是社会制度的首要价值。

为了获得正义原则,罗尔斯提出了一种新的契约理论。他首先设计了一个纯粹假设的原初状态,使人们在"无知之幕"之后选择正义原则,在这种状态里,为选择正义原则而参加订约的各方都是平等的,而且参加订约的各方也都是有理性的。罗尔斯认为,在上述条件下,人们最有可能或最有理性的选择方法是按照游戏理论中的最大的最小值规则来选择,即选择那种其最坏结果和其他选择对象的最坏结果相比是最好结果的选择对象。这一规则排除了功利主义以最大利益总额为目标的选择对象。按照最大的最小值规则,其结果必然是下述两个正义原则:"第一个原则:每个人对与所有人所拥有的最广泛平等的基本自由体系相容的类似自由体系都应有一种平等的权利。第二个原则:社会的和经济的不平等应这样安排,使它们:①在

---

① 中译本中"overlapping consensus"一词被译为"重叠共识",笔者赞同马德普教授的观点,认为"重叠共识"无法体现罗尔斯的原意,因为"重叠"一词主要指相同东西的叠加,而罗尔斯的意思是指不同的东西交汇在一起时形成的共同点。(参见马德普:《普遍主义的贫困:自由主义政治哲学批判》,人民出版社2005年版,第197页。)

与正义的储存原则一致的情况下,适合于最少受惠者的最大利益;并且,②依系于在机会公平平等的条件下职务和地位向所有人开放"。①

罗尔斯的第一个原则是平等自由原则。第二个正义原则是机会的公平平等原则和差别原则的结合。如果说第一个原则是支配社会中基本权利和义务分配的原则,那么,这第二个原则就是支配社会和经济利益(主要包括权力、地位、收入和财富)分配的原则。第一种分配是人人平等的,但第二种分配由于无法做到完全平等,所以只能保证机会的公平平等。机会的公平平等是强调,"各种地位不仅要在一种形式的意义上开放,而且应使所有人都有一平等的机会达到它们",②以便尽量减少社会因素和自然运气的影响。同时,在罗尔斯看来,不平等的能力和天赋不能成为不平等分配的理由,因为这些因素在很大程度上依赖于幸运的家庭,而对这些条件每个人是没有任何权利的。为此,他就主张用差别原则来纠正这种不公正,它是这样一种安排:"即把自然才能的分配看作一种共同的资产,一种共享的分配的利益。那些先天有利的人,不论他们是谁,只能在改善那些不利者的状况的条件下从他们的幸运中得利"。③ 同时,罗尔斯的这两个正义原则包含着两个优先性规则,第一个是自由的优先性规则,第二个是正义对效率和福利的优先规则。

《正义论》发表以后,引发了各种批评和争论。经过二十余年的思考,罗尔斯终于选择了一种自我调整的积极姿态来回应各种批评。罗尔斯1993年在《政治自由主义》的开篇坦率承认,在《正义论》中,"社会契约论传统被看作是道德哲学的一部分,没有区分道德哲学与政治哲学……一种普遍范围的道德正义学说没有与一种严格的政治正义观念区别开来。在完备性的哲学学说、道德学说与限于政治领域的诸观念之间也未做任何对比"。④ 因此,正义原则所适用的秩序良好的社会是不现实的。在这种理想

---

① [美]约翰·罗尔斯:《正义论》,何怀宏等译,中国社会科学出版社1988年版,第302页。

② [美]约翰·罗尔斯:《正义论》,何怀宏等译,中国社会科学出版社1988年版,第73页。

③ [美]约翰·罗尔斯:《正义论》,何怀宏等译,中国社会科学出版社1988年版,第102页。

④ [美]约翰·罗尔斯:《政治自由主义》,万俊人译,译林出版社2000年版,导言第3页。

社会中,其成员对社会基本利益和道德规范有着大致相同的看法;然而,现实社会并非如此,在这里存在着各种互不相容但却合理的宗教、哲学和道德等完备学说,其中没有一个学说是公民普遍认可的。于是,罗尔斯希望通过《政治自由主义》一书回答"一个因各种尽管互不相容但却合乎理性的宗教学说、哲学学说和道德学说而产生深刻分化的自由平等公民之稳定而公正的社会如何可能长期存在"。① 也就是说,以《正义论》为代表的前期罗尔斯和以《政治自由主义》为代表的后期罗尔斯,对正义观的建构不同:前者呈现的是一种综合正义观,后者呈现的则是一种政治正义观。但是,政治正义观仍以其正义原则为基础。

2. 协商民主的基本要素:公共理性

在正义原则基础上,罗尔斯提出了公共理性,它是罗尔斯政治自由主义思想系统的重要理念之一,也是其协商民主思想的基本要素。公共理性是指"公民在有关宪法根本和基本正义问题的公共论坛上所使用的推理理性"。② 在他看来,一种理性之所以是公共的主要表现为三个方面:"作为自由平等公民的理性,它是公共的理性;其主题乃是关系到根本政治正义问题的公共善,而这些问题有两类,即宪法根本和基本正义事务;其本质与内容是公共的,这表现为满足互惠准则的一系列政治正义合理思想之合理总念达成的公共推理"。③

理论界对罗尔斯"公共理性"理念的阐释多种多样,但它并不是某个单纯的概念,或者是对某种公共性的理性提升,而是一个充满多元色彩、发展意识、交往试图和旨在民主过程中达到交叠共识的复杂理念。他的公共理性观念包括:"(1)它所适用的基本政治问题;(2)它所适用的人员(政府官员及公共机关的候选人);(3)由那些关于正义的一组合理政治概念所赋予的内容;(4)这些概念在讨论制定强制性规范过程中的应用,此处的强制性规范是特指关于民主社会国民的合法性法律形式;以及(5)公民克制,其原

① [美]约翰·罗尔斯:《政治自由主义》,万俊人译,译林出版社 2000 年版,导言第 5 页。
② [美]约翰·罗尔斯:《政治自由主义》,万俊人译,译林出版社 2000 年版,第 10 页。
③ [美]约翰·罗尔斯:《万民法》,张晓辉等译,吉林人民出版社 2001 年版,第 143 页。

则来自于公民们关于满足互惠准则的各种正义概念"。① 他指出,公共理性并不要求我们接受非常相同的正义原则,而是要求我们按照所认可的政治观念来进行根本性问题的讨论。因此,"当一个公民在其真诚地视为最合理的政治正义总念当中进行慎思,他便参加了公共理性。可以合理地预期,此一政治总念所表现的政治价值,其他自由平等的公民也能够合理地赞同"。②

公共理性在罗尔斯的协商民主理论中占有核心地位。他提出,公共理性是一个民主国家的基本特征,它是公民的理性,是那些共享平等公民身份的人的理性。他们的理性目标是公共善,这是政治正义观念对社会的基本制度结构的要求所在,也是这些制度所服务的目的所在。在罗尔斯看来,协商民主包括三个基本要素:"一个是公共理性观念,尽管说并非所有这些观念都是相同的。第二个要素是宪政民主制度的一种架构,这种架构具体规定关于协商性立法实体的设定。协商民主的第三个要素是公民们自身所一直具有的知识和愿望,即普遍能够使自己的政治行为按照公共理性行事,并以此实现自己的政治理想"。③ 他认为:"关于协商民主的特定观念就是协商自身所包含的观念。当公民进行协商的时候,他们就公共政治问题交换看法,并就他们关于公共政治问题观点的论据进行辩论。他们假定通过与其他公民的讨论,他们自己的政治见解可能会得到修正;因而,这些见解不是他们既存个人利益或非政治利益的一种简单固定的结果。正是在这一点上,公共理性是至关重要的。其原因在于,公共理性规定着协商民主中公民推理的本质特征,即公民关于宪政根本要旨和正义基本问题推理的本质特征"。④

---

① [美]约翰·罗尔斯:《公共理性观念再探》,哈佛燕京学社、三联书店主编:《公共理性与现代学术》,生活·读书·新知三联书店2000年版,第2—3页。

② [美]约翰·罗尔斯:《万民法》,张晓辉等译,吉林人民出版社2001年版,第151页。

③ [美]约翰·罗尔斯:《公共理性观念再探》,哈佛燕京学社、三联书店主编:《公共理性与现代学术》,生活·读书·新知三联书店2000年版,第8—9页。

④ [美]约翰·罗尔斯:《公共理性观念再探》,哈佛燕京学社、三联书店主编:《公共理性与现代学术》,生活·读书·新知三联书店2000年版,第8页。

总之,对罗尔斯而言,公共理性对确保重大政治问题的结果具有足够的合法性和宪法性而言是必须的。然而,罗尔斯将公共理性特别用于范围更小的问题和更有限的行为体上,它并不是要求所有人参与其中,至少不是固定不变或强制参与的。它作为一种约束,主要应用于并应该作用于法官、选出的政客、政府官员和参选公职的候选人。罗尔斯同样认为公共理性不能普遍用于"政治"问题,而是用于"宪法本质和基本正义问题",它应当用于更高的宪法制定而不是日常的政治问题。① 因为在他看来,公共理性不同于人们就公民社会中各种制度问题采取政治立场时提出的"非公共"理性。

3. 协商民主的基本手段:交叠共识

针对当代多元社会,罗尔斯政治哲学的核心主题是认为,"政治自由主义寻求一种政治的正义观念,我们希望这一观念在它所规导的社会中能够获得各种合乎理性的宗教学说、哲学学说和道德学说的重叠共识的支持"。② 他指出,交叠共识是在多元社会实现协商民主的基本手段。所谓交叠共识,是指在多元社会中,自由平等的公民之间排除各种意见分歧和对立之后所留下的共同的认识。在罗尔斯看来,各种完备学说虽然是互相分歧和冲突的,但它们之间仍然有一定的交叉点,在这个点上汇集了一些中心观念,这就是它们在政治问题上达成的共识。他认为公民不可能在所有方面都达成全面共识,共识只能限于政治正义方面,这种共识的达成,既不能靠某种理性的完备学说,又不能靠强有力的政治力量、社会力量和心理力量,而只能靠公共理性的运作和基本政治正义理念的共同认可来实现。③ 在民主社会中,公民们所能达成的这种"交叠共识"就是政治自由主义民主的核心理念,其中"公平正义"(也即"作为公平的正义")的观念最为重要。

"公平正义"是罗尔斯致力于刻画的希望能够获得交叠共识的政治正义观。"这种政治正义观念是被各种理性的然而对立的宗教、哲学和道德学

---

① [英]迈克尔·萨沃德:《罗尔斯和协商民主》,何文辉译,《马克思主义与现实》2006 年第 3 期。

② [美]约翰·罗尔斯:《政治自由主义》,万俊人译,译林出版社 2000 年版,第 10 页。

③ 马德普:《普遍主义的贫困:自由主义政治哲学批判》,人民出版社 2005 年版,第 90 页。

说所支持,这些学说自身都拥有众多的拥护者,并且世代相传,生生不息"。① 这种正义观能否成为交叠共识的焦点,一是取决于它对蕴涵在宪政民主中的"自由"、"平等"、"公民"和"社会作为公平合作体系"等理念的阐释是否具有公共意义上的合理性;二是取决于它的"原初地位"的理念,以及原初地位的各方选择的正义原则能否不诉求于任何综合学说而被确立;三是取决于这种正义观能否获得我与你的或我们与他们的交互的反思平衡,即把各种判断、原则进行反复比较,当它们之间有冲突的时候,就对它们做一些限制、修改,最终实现所有判断和原则之间的融贯。"有时需要改正契约环境的条件,有时又撤销我们的判断使之符合原则,我预期最后我们将达到这样一种对原初状态的描述:它既表达了合理的条件,又适合我们所考虑的并已及时修正和调整了的判断。这种情况我把它叫做反思的平衡。它是一种平衡,因为我们的原则和判断最后达到了和谐,它又是反思的,因为我们知道我们的判断符合什么样的原则和是在什么前提下符合的"。② 具体而言,一种反思平衡包括四种判断之间的平衡和一致:第一种是深思熟虑的判断,即那些经过仔细考虑,自信是公正的,没有受到自己的利益的曲解的判断;第二种判断是道德原则。它们是我们从传统中、社会中接受下来的一些原则;第三类判断是有关道德原则成立的条件及其应用性推论方面的判断;第四类判断是有关一般信念的判断,包括一般公认的社会事实、自然事实和科学知识。

罗尔斯指出,交叠共识深入到"公平正义"得以产生的基本观念。它预设了足够深入的协议,以致达到像作为公平合作体系的社会和理性、自由而平等的公民等观念。其广度则包括政治观念的原则和价值,并运用于作为整体的基本结构。他指出,达成交叠共识的过程可大致分为两个阶段,"第一个阶段以一种宪法共识而告终,第二阶段则以一种重叠共识而告终"。③

---

① [美]约翰·罗尔斯:《作为公平的正义——正义新论》,姚大志译,上海三联书店2002年版,第55页。

② [美]约翰·罗尔斯:《正义论》,何怀宏等译,中国社会科学出版社1988年版,第20页。

③ [美]约翰·罗尔斯:《政治自由主义》,万俊人译,译林出版社2000年版,第168页。

在第一个阶段,宪法满足政治正义的某些自由原则。作为宪法共识,这些原则只是作为原则来接受的,而不是作为一种政治观念中的社会和个人理念的基础。在此阶段,宪法首先在多元论的社会背景下确定某些基本政治权利和自由的内容,并赋予其特殊的优先性,以便为相互竞争、对峙、冲突的政治派别确立包括民主选举程序等民主政治运行所需的基本要求。其次,宪法共识需要与正义原则所包含的公共理性相联系,以保证达成宪法共识的正义性。但是宪法共识仅是交叠共识的初级阶段,它"既不深刻,也不广泛,它范围狭窄,不包括基本结构,而只包括民主政府的政治程序"。[①]

第二阶段才是实现交叠共识。"一旦我们达成宪法共识,各政治集团就必须进入政治讨论的公共论坛,并吁求于其他并不分享其完备性学说的那些集团。超出自己观点的狭小圈子并发展各种他们可以依此面对更广阔的公共世界来解释和正当化其所偏好的政策,以便构筑一个大多数"。[②] 罗尔斯声称必须在政治正义原则基础之上达成的共识才具有一定的深度,这种政治的正义原则不但包括公平正义所阐释的那种社会理念和个人理念,而且其广度也应远远超出那些仅将民主程序制度化的政治原则,进一步包含了涵盖社会基本结构的原则,以发展"更为广阔的包括整个基本结构的政治观念"。[③]

由此,交叠共识就不再局限于初步的民主程序,也不仅仅是为了解决对立观点的冲突,也不是某种妥协式的让步或协调,而是一种具体的政治正义观念,是一种仅在政治领域内不断改变的自由主义观念,而且对政治领域限定越狭窄,得到的共识就越具体。此时的交叠共识不仅远远超出宪法等制度层面,是在社会成员的价值观等思想层面达成的,是最高意义的交叠共识。"这样我们推测,当公民开始赞赏自由主义观念所取得的成就时,他们就获得了对它的忠诚,而且这种忠诚愈久弥坚。他们开始理性地和明智地考虑应该将它当作表达政治价值的正义原则来加以确认,而在使民主制度

---

① [美]约翰·罗尔斯:《政治自由主义》,万俊人译,译林出版社2000年版,第169页。
② [美]约翰·罗尔斯:《政治自由主义》,万俊人译,译林出版社2000年版,第175页。
③ [美]约翰·罗尔斯:《政治自由主义》,万俊人译,译林出版社2000年版,第177页。

成为可能的完全有利的条件下,这些政治价值通常超过可能同它们发生冲突的任何价值。从而,我们就获得了重叠共识"。①

　　综上所述,罗尔斯承认人们之间对话的价值,因为它能制止人们的偏见,拓宽人们的视野和知识,并且能够使人们发现理由中的错误。但是,罗尔斯并没有清楚地说明这些公共对话能够适用于什么领域。在他看来,"必须有一个道德领域,在其中讨论和多数决定与解决方案的正当性相关"。②他认为达成具体的正当决策需要个人的反思平衡,反复调适道德原则和关于正义的个别具体的直觉、判断或观念,过滤不正义的判断。可见,"交叠共识"一方面为合理解释现代民主社会文化价值的理性多元、公民的自由平等权利、社会秩序的稳定与公平找到了新途径;另一方面,也肯定了运用宽容原则对待公民在非公共领域的合理性选择与信仰的自由权利。这就意味着,"公平正义"要获得持有不同综合学说的公民的交叠共识,要期望公民诉求由其公民身份承担的理性和合理性去建立互为彼此的道德共识,对这种正义观的呈现和阐释就只能诉求于罗尔斯所说的能够被全体公民共享的"公共理性"。③

(二)哈贝马斯的批判主义协商民主论

　　哈贝马斯(Jürgen Habermas,1929—)是德国当代著名的思想家,法兰克福学派第二代的主要代表。作为20世纪后期重要的批判理论家,哈贝马斯将自己看成是协商民主论者。他既不满意自由主义建立在立宪民主政体的政治正义观念之上的民主观,也不满意以伦理的价值同一性原则为依据的共和主义的民主观。在他看来,这两种民主理论都是片面的,前者在政治实践中赋予民主的规范意义太弱,后者赋予民主的规范意义则太强。为了对民主在政治实践中的作用做出恰当的解释,他通过对自由

---

①　[美]约翰·罗尔斯:《作为公平的正义——正义新论》,姚大志译,上海三联书店2002年版,第320页。

②　Carlos Santiago Nino,The Constitution of Deliberative Democracy,Yale University Press,1996,p. 110.

③　刘莘:《评罗尔斯"交叠共识"之理想》,《学术月刊》2008年第2期。

主义和共和主义民主观的批判和调和,提出了"第三种"民主模式,即程序主义民主。在他看来,这种民主观是一种协商政治(deliberative Politic),既能顾及保护个人自由的人权原则,又能够使公民在伦理和政治上的自由权利得到切实维护。

1. 对自由主义与共和主义民主模式的批评

哈贝马斯的民主观是在对自由主义与共和主义民主模式的比较和批判基础上逐渐建构的。在他的法哲学视野中,民主模式主要有三种,其中,已经存在的民主大致可以分为两类:洛克式的自由主义民主理论和卢梭式的共和主义民主理论。他在比较的基础上提出,二者各有其优点和局限。

哈贝马斯认为自由主义民主和共和主义民主的主要分歧在于对民主进程作用的不同理解。自由主义认为,"民主进程的作用在于根据社会的不同利益来安排国家,其中,国家是公共管理机器,社会是私人及其社会劳动按照市场经济规律进行交换的系统。这里,公民政治意志形成意义上的政治,其作用在于联合和贯彻私人的社会利益,用以对抗国家,因为国家追求的是用行政手段行使政治权力,以实现集体目标"。① 共和主义则认为,"政治的功能不仅仅在于管理;相反,政治是整个社会化进程的构成因素。政治是一种道德生活因素的反思形式。政治是一种媒介,有了政治,自发的团结共同体的成员就可以意识到他们相互之间的依赖性,就可以作为公民把已有的相互承认的关系有意识、有意志地发展和塑造成为一个自由和平等的法人联合体。除了国家主权及自上而下的管理机制之外,也就是说,除了行政权利和私人利益之外,还有第三种社会一体化的源泉,这就是团结"。② 在哈贝马斯看来,上述两种相互冲突的命题导致了不同的结论:

首先,公民身份概念不同。哈贝马斯提出,自由主义的公民主体权利是一种消极权利,是确保公民在法律范围内追求自己的利益,免受外部的干预。在自由主义看来,"公民的地位是由主体权利确定的,而主体权利是公

---

① [德]哈贝马斯:《包容他者》,曹卫东译,上海人民出版社2002年版,第279页。
② [德]哈贝马斯:《包容他者》,曹卫东译,上海人民出版社2002年版,第280页。

民面对国家和其他公民所固有的"。① 自由主义理解中的公民权利是一种保证选择空间的否定性权利,在这个空间内,公民是免受外在压迫的。共和主义的自由是一种积极自由,公民权主要是指政治参与权和政治交往权。公民只有通过共同的实践才能使自己成为一个自由和平等的政治共同体中具有责任感的主体。

其次,法律概念本身的冲突。哈贝马斯认为,在自由主义看来,法律秩序建立在主体权利基础之上,即"法律秩序的意义在于明确具体情况下一定主体所具有的实际权利"。共和主义理解中,"这些主体权利应归功于一种客观的法律秩序,它促使并确保公民在平等、自主和相互尊重基础上共同生活,并达成一致。在前者看来,法律秩序建立在主体权利基础上;而在后者看来,主体权利的客观内涵更重要一些"。② 哈贝马斯认为,这两种截然对立的法律概念并没有涉及到法律的主体间性内涵,有了这些内涵,对权利和义务的相互遵守才会在对等的承认关系中成为可能。

再次,对政治过程本质理解的分歧。哈贝马斯指出,"根据自由主义观点,政治本质上是一场争夺人们可借以控制行政权力的职位的斗争"。③ 政治意见和意志在公共领域和议会中的形成过程,受到策略行为者的集体干预,而策略行为者的目的是为了捍卫或争取一定的权力。共和主义认为,政治意见和政治意志在公共领域和议会中的形成过程所服从的,不是市场过程的结果,而是取向于一种独特的公共交往结构,其目的是为了达成理解。"对于公民自决实践意义上的政治来说,具有范式意义的不是市场,而是对话"。④

洛克式的自由主义民主理论是以自由为核心,强调个人权利,强调法治原则,而民主作为一种政体只是保护个人自由的工具。卢梭式的共和主义

---

① [德]哈贝马斯:《包容他者》,曹卫东译,上海人民出版社 2002 年版,第 280 页。
② [德]哈贝马斯:《包容他者》,曹卫东译,上海人民出版社 2002 年版,第 281—282 页。
③ [德]哈贝马斯:《在事实与规范之间——关于法律和民主法治国的商谈理论》,童世骏译,三联书店 2003 年版,第 335 页。
④ [德]哈贝马斯:《在事实与规范之间——关于法律和民主法治国的商谈理论》,童世骏译,三联书店 2003 年版,第 336 页。

民主理论则是以民主为核心,强调整体,强调人民主权,个人权利只是保障集体民主参与的工具。在他们的理论中,自由和民主存在着内在的紧张关系。哈贝马斯意识到了这种冲突,认为自由主义民主和共和主义民主各有其优点,也各有其片面性,这两大传统不应该相互对立,它们的合理性实际上可以通过交往理论结合起来,由此他提出了程序主义的协商民主模式。

2. 双轨模式的协商民主

哈贝马斯在比较自由主义和共和主义民主模式基础上所提出的程序主义民主是一种以交往、话语为基础,以协商程序为核心的双轨模式协商民主。这一民主观带有明显的调和色彩,他明确指出,其民主模式是自由主义与共和主义民主观的结合物。具体来说,这种融合表现在以下几个方面:

其一,以主体间性为中心的交往理性。哈贝马斯在其理论中提出了一个与实践理性相对的交往理性概念,他力图通过让理性由"主体为中心"转变为"以主体间性为中心",并以此来重建交往理性,为民主过程提供理性基础。哈贝马斯提出交往理性包括了全部的有效性主张,但涉及的仅仅是洞见,因此它超越了道德和实践问题领域,同时又不及旨在形成动机和指导意志的实践理性。而其主要特征在于"主体间性",即不是立足于孤立的主体,而是立足于主体与主体间的关系,通过主体间平等的对话与协商,达到在相互理解基础上的共识。这一概念表明,民主政治确立的既不是个人的地位,也不是集体的地位,在这种情形下的交往保证了协商各方是没有压力、彼此平等的,从而更接近民主本质。

哈贝马斯认为,通过交往活动,从广泛参与的对话、讨论中取得对某个问题的理解,达到话语共识,这是政治决定和民主的合法性基础。他提出,"这些无主体的交往过程,无论是在议会的复杂结构和旨在做出决议的商议团体之内,还是在它们之外,形成了可以讨论同全社会有关并有必要调节的问题的论坛,以及就这些问题进行或多或少合理的意见形成和意志形成过程的场所。公共的意见形成过程、建制化的选举过程、立法的决定之间形成了交往之流,这种交往之流的目的是确保能够通过立法过程而把舆论影响和交往权力转换为行政权力"。① 在主体间性为中心的交往理性基础上，"人民主权不再体现在一种自主公民的有形聚集之中。它被卷入一种由论坛和议会团体所构成的可以说是无主体的交往循环之中"。② 在交往行动中，所有人能够平等地参与对话，自由地证明自己的观点，是一种没有强制的相互协商。这种交往行动，即言语的对话必须符合真实性、正确性和真诚性的要求，对话中形成共识的过程，就是一种民主的过程，体现了人们的参与，体现了人民主权，是一种协商民主。

其二，双轨模式的协商。哈贝马斯认为合理的协商政治必须是双轨的，即需要通过两种渠道来完成：一是议会这种制度性组织；二是社会公共领域这种非正式的交往形式。他说："商议性政治是在意见形成和意志形成过程的不同层次上沿着两个轨道进行的——一个是具有宪法建制形式的，一个是不具有正式形式的"。③ 在他看来，一种合理的协商政治必须承认，社会是民主意愿的来源地，而国家的制度性组织则是民主意愿的载体或表达渠道。这也就是说，一种合理的协商政治既不能完全依靠公共领域内的公共意见，也不能完全凭借宪法和现代制度性组织的自我解释，而是二者的结合。他提出，协商性政治的成功"并不取决于一个有集体行动能力的全体公民，而取决于相应的交往程序和交往预设的建制化，以及建制化协商过程与非正式地形成的公共舆论之间的共同作用"。④ 哈贝马斯继承了自由主义关于政治国家和市民社会的区分，但与自由主义不同的是，在他看来，在市民社会的基础上还存在着一个公共交往的领域，各种不同的政治观点在这个领域中商讨。通过这个领域中的自由商谈，人们把意见转化为政治立法

---

① ［德］哈贝马斯：《在事实与规范之间——关于法律和民主法治国的商谈理论》，童世骏译，三联书店2003年版，第371－372页。

② ［德］哈贝马斯：《在事实与规范之间——关于法律和民主法治国的商谈理论》，童世骏译，三联书店2003年版，第168页。

③ ［德］哈贝马斯：《在事实与规范之间——关于法律和民主法治国的商谈理论》，童世骏译，三联书店2003年版，第389页。

④ ［德］哈贝马斯：《在事实与规范之间——关于法律和民主法治国的商谈理论》，童世骏译，三联书店2003年版，第371页。

行为和行政行为。同时，与共和主义也不同，他虽然也强调公民的政治商谈对于政治权力的作用，但是对他来说，公民就公共利益的自主商谈还不具有行政的力量和立法的功能。哈贝马斯所说的公众集体是一种弱的公众集体，而不是共和主义意义上的那种强的公众集体，没有立法和行政权力，只有交往权力，但这种交往权力可以通过民主程序而转化为政治权力。概言之，哈贝马斯认为民主制度及其所体现的国家管理权力必须立足在交往权力的基础上。

其三，人权和人民主权的统一。在哈贝马斯看来，"私人自主性和公共自主性，人权和人民主权，是互为前提的东西"，[①]人权只有在人民主权中才能获得真实的规定，就像人民主权只有把人权包含在内才有可能真正成为一种公正的民主原理一样。因此，人权所代表的个人自由只有通过人民主权所代表的公民的政治自主性来解释，只有公民拥有了政治上的自主性，个人自由才真正存在。哈贝马斯的民主观坚持了人民主权的观点，但并非站在卢梭的立场上，而是把人民主权抽象为一种民主的程序，认为人民主权体现在民主的意见形成和意志形成过程中。他强调，这并不是否定人民主权，而是要对人民主权进行主体间性的阐释："人民主权——即使它变成无人称的东西——之所以退却为民主的程序和对这些程序之高要求交往预设的法律执行，仅仅是为了使它自己被感受为交往地产生的权力"。[②]

这样，哈贝马斯就对人民主权的理解开辟了新的道路。这就是既不是把主权集中于具体的人民之中，也不是把权力集中在宪法结构或者宪法权力部门，而是把它抽象为一种民主的程序。他说，"人民主权不再集中于一个集体之中，不再集中于联合起来的公民的有形的在场，或者他们的聚集起来的代表，而是实现于具有理性结构的协商和决策之中"。[③] 于是人民主权

---

① ［德］哈贝马斯：《在事实与规范之间——关于法律和民主法治国的商谈理论》，童世骏译，三联书店 2003 年版，第 106 页。

② ［德］哈贝马斯：《在事实与规范之间——关于法律和民主法治国的商谈理论》，童世骏译，三联书店 2003 年版，第 374 页。

③ ［德］哈贝马斯：《在事实与规范之间——关于法律和民主法治国的商谈理论》，童世骏译，三联书店 2003 年版，第 168 页。

作为一种权力,既不是由全体公民来执行权力,也不是宪法权力部门和宪法结构上的权力,而是民主的商谈上的权力,或者说,是交往权力,这种交往权力是现代国家政治统治的合法性的基础。这克服了自由主义与共和主义民主模式的片面性,却又把二者有效地整合起来,实现了人权和人民主权的统一。

其四,非纯粹的程序主义。哈贝马斯的民主理论是一种非纯粹的程序民主。民主有程序民主与实质民主之分,实质民主侧重于从目标层面上去判断和界定民主,强调个人权利压倒一切,核心问题是宪政,认为政治合法性的主要来源是法律。而程序民主则侧重于从程序上确保民主的实现,强调程序压倒一切,其核心问题是人民的参与过程,认为政治合法性的依据主要是产生法律的程序。① 自由主义认为,民主的意见和意志的形成过程仅仅表现为不同利益之间的妥协,它们应当通过普选权、代议制及其运作程序来确保结果的公平。而共和主义认为,民主的意见和意志的形成过程应当表现为一种道德上的自我理解。

哈贝马斯坚持达成一致需要经过公民的协商讨论,当政治公共领域内的协商带来关于共同利益和道德的普遍性共识时,民主得以实现,而共识的形成是在一定的论证程序之下实现的,这体现了程序主义。他说:"商议性政治的程序构成了民主过程的核心"。② 哈贝马斯认为一切法律规范都必须在平等自由的公民参与的协商过程中得到认可,也就是说,在宪政民主国家,立法与公共决策的过程都要体现和重视协商原则。他把民主看成了公民通过协商交往实践形成政治意志和公共舆论,进而影响法律过程和政治过程的一系列行动。但是,值得注意的是,哈贝马斯在强调程序的同时,也强调民主结果的正义性。他提出,"民主程序建立起实用性考虑、妥协、自我理解性商谈和正义性商谈之间的内在关联,并为这样一个假定提供了基础:只要相关信息的流动和对这种信息的恰当处理没有受到阻塞,就可以得

---

① 参见俞可平:《民主与陀螺》,北京大学出版社 2006 年版,第 34 页。
② [德]哈贝马斯:《在事实与规范之间——关于法律和民主法治国的商谈理论》,童世骏译,三联书店 2003 年版,第 368 页。

到合理或公平的结果"。① 因此,哈贝马斯的民主观不是纯粹的程序民主,而是以协商程序为核心,程序民主与实质民主的结合物。

可以说,哈贝马斯的程序主义协商民主的要点在于民主并不意味着人民直接行使政治权力,也不仅意味着人民代表代替人民行使权力,而是要有一个原则上向全体公民开放的政治公共领域,使在这个公共领域中非正式公众舆论的形成过程,成为立法机构中正式的公共意志形成过程的基础。

总体而言,罗尔斯的政治自由主义和哈贝马斯的协商政治观同属西方主流政治传统,都体现出对自由主义和共和主义的兼容和综合。前者为公共理性制定了具体的规则,提出公民和公职人员在处理宪法或基本正义问题时应遵从这些规则;后者则基于正式和非正式的公共协商过程而形成一种程序民主的概念。同时,罗尔斯和哈贝马斯都承认对话的价值,而且他们认为,对正当决策而言,一些形式性前提,如无偏私性等是至关重要的。但是他们的基本立场是有区别的,"对罗尔斯来说,无偏私性是独白式道德反思的形式性前提,但对哈贝马斯来说,它是主体间交往实践的原则。对罗尔斯来说,道德原则的有效性来自于满足无偏私性的要求。哈贝马斯则要求依照无偏私性的原则形成一个事实上的共识。另外,罗尔斯认为,一个人可以经由单独的反思平衡使道德原则生效。而哈贝马斯认为这是不可能的,对他来说,只有公共对话,共同寻求真理,才是获得道德认知的可靠途径"。②

但不管怎样,哈贝马斯和罗尔斯的理论为协商民主提供了坚实的基础,表明了协商民主的核心理念,即满足趋向合作和避免冲突的交往实践的形式或程序的决策是正当的,而主体间的对话和决定是获得正当决策的最有效途径③。后来的协商民主论者无论是赞成还是批评,他们基本都没有脱

---

① [德]哈贝马斯:《在事实与规范之间——关于法律和民主法治国的商谈理论》,童世骏译,三联书店 2003 年版,第 369 页。

② Carlos Santiago Nino, The Constitution of Deliberative Democracy, New Haven: Yale University Press,1996, p.112.

③ Carlos Santiago Nino, The Constitution of Deliberative Democracy, New Haven: Yale University Press, 1996, pp.112–113.

离哈贝马斯或罗尔斯设置的协商民主理论框架,都是在此基础上的发展和完善。

三、发展中的协商民主理论

协商民主理论自 20 世纪 90 年代兴起以来,虽然受到了理论界的重视,但其理论体系远不如当代的精英民主和多元民主理论那样完善,而且其内部也存在诸多分歧。因此,很难系统化地阐释协商民主理论,而只能从一些代表人物的著作中择其主要内容加以分析。其中,美国学者阿米·古特曼和丹尼斯·汤普森从解决道德分歧的角度,指出协商民主的目的、指导原则和基本内涵。美国圣路易大学的詹姆斯·博曼则集中分析了在复杂而又多元的社会中,协商民主所面临的主要困境。而澳大利亚学者约翰·S. 德雷泽克从分析协商民主的自由主义和批判理论基础入手,指出协商民主要得到进一步发展就必须超越自由主义的宪政框架,恢复其批判性。他们的这些思想基本体现了协商民主理论的内涵、目的、主要内容,以及它面临的困境和存在的问题。通过对这些思想的审视,可以进一步了解协商民主理论的实质。

(一) 基于道德分歧的协商

许多协商民主论者认为,协商是解决道德分歧的有效手段,这种观点以美国学者阿米·古特曼(Amy Gutmann)和丹尼斯·汤普森(Dennis Thompson)为代表。他们 1996 年合著了《民主与分歧》一书,赋予协商民主以道德为基础的辩论特征,并对此做出了系统的论证,他们探讨了协商过程中的互惠性、公开性、问责性,以及有关协商结果的基本自由、基本机会和公平机会问题。2004 年,古特曼和汤普森又出版了《为何是协商民主》[①]一书,根据当代公共生活的变化,对协商民主理论进一步进行了修正。

1. 道德分歧与协商民主

古特曼和汤普森从道德分歧的视角出发,构建协商民主理论。在他们

---

① Amy Gutmann and Dennis Thompson, Why Deliberative Democracy, Princeton: Princeton University Press, 2004.

看来,协商民主的核心概念是简单的,即"当公民或他们的代表存在道德上的分歧时,他们应当继续一起讲道理,以便达成彼此都能接受的决策"。①他们提出以道德辩论作为协商民主的中心议题,因为"道德辩论已经遍及整个民主政治中,尽管它常常无法导致道德一致,但公民显然希望它能够如此。……在许多不同的政治论坛中,官员和公民继续采用道德辩论支持或批评公共政策"。②

关于道德分歧的根源,他们认为,一方面,休谟指出了道德分歧的两个重要根源,一是资源匮乏造成自利的冲突。在匮乏的条件下,自利影响着人们所采取的道德立场;二是人性的特性——有限宽容。如果人类是无限宽容的,那么,即使社会资源仍旧是有限的,这里也不会存在道德冲突。因此,根据休谟的观点,一边是匮乏,一边是宽容,道德分歧问题正是出现在中间区域。另一方面,他们指出,休谟忽略了另外两个更加深刻的根源,即价值的不相容性和理解的不彻底性。他们认为,比起休谟式的正义环境来,道德冲突更加深刻地根植于人类的状况,因为道德冲突问题不仅仅发生于人们之间,而且也发生于道德价值自身之间。

根据他们的分析,道德分歧是如此普遍,不可能一直能够解决它,必须学会与之相处。道德分歧问题是"一种我们必须学会与之相处的状况,而不仅仅是一个在实现一种公正社会的过程中需要克服的障碍。我们找到了一些解决方案,但它们只是不全面的而且是暂时的"。③他们认为在各种与道德分歧相处的方式中,政治民主就是一种较好的方式。因为民主是给予每个公民的道德要求以平等尊重的政治观念,这使得民主看上去是一种自然的而且理性的方式,并且从每个公民的视角来看它因此在道德上也是正当的。但是,他们指出,传统的民主观念不能像协商民主那样恰当地面对道德

---

① [美]阿米·古特曼、丹尼斯·汤普森:《民主与分歧》,杨立峰等译,东方出版社2007年版,第1页。

② [美]阿米·古特曼、丹尼斯·汤普森:《民主与分歧》,杨立峰等译,东方出版社2007年版,第376页。

③ [美]阿米·古特曼、丹尼斯·汤普森:《民主与分歧》,杨立峰等译,东方出版社2007年版,第24页。

分歧的挑战,它们不能在民主政治的正常程序中为道德协商留下足够的余地。

针对道德分歧问题,古特曼和汤普森的协商民主包括四个特征:第一个是最重要的特征,即参与协商者要提出理由;第二个特征是受影响的全体公民都有机会在协商过程中提出理由;第三个特征是协商过程中可产生在某段时间内具约束力的决定;第四个特征是协商过程是动态的。① 结合上述四个特征,他们把协商民主定义为"一种政府形态,其可促使自由而平等的公民(及其代表们),提出互相能够接受且普遍可以相信的理由,来为各种决定辩护,其目的在于达成对当前全体公民具有约束力,但未来仍可接受挑战的各种结论"。②

在这一定义的基础上,古特曼和汤普森进一步指出了协商民主的标准、目的和优势等问题。首先,在他们看来,包容性是衡量协商民主程度高低的标准。其次,他们指出,协商民主的一般性目标是针对如何处理政治上的道德歧见提供最令人可以接受的概念,这包括四个目的:一是促进集体决策的正当性,其主要是回应道德分歧的根源之一——资源的匮乏;二是鼓励秉持公共精神的观点来讨论公共议题,它回应道德分歧的另一个根源——有限宽容;三是促进相互尊重的决策过程,它回应一项常被忽视的道德分歧的根源——价值的不相容性;四是协助矫正集体行动中的错误,它主要回应道德分歧的第四个根源——理解的不彻底性。③ 再次,他们提出协商民主优于聚合民主。因为如果分歧能够以互惠的观点予以化解,协商方式比聚合方式更能产生一致意见;如果不能化解,协商比聚合方式在未来也更能产生可为之辩护的一致意见;即使一致意见也无法形成,至少还能够促进彼此间的互相尊重。

---

① 参见[美]Amy Gutmann,Dennis Thompson:《商谈民主》,谢宗学、郑惠文译,智胜文化事业有限公司 2006 年版,第 3—5 页。

② [美]Amy Gutmann,Dennis Thompson:《商谈民主》,谢宗学、郑惠文译,智胜文化事业有限公司 2006 年版,第 7 页。

③ [美]Amy Gutmann,Dennis Thompson:《商谈民主》,谢宗学、郑惠文译,智胜文化事业有限公司 2006 年版,第 10—11 页。

2.协商民主的指导原则

根据上述定义,古特曼和汤普森将指导协商民主的原则确定为三项:互惠性、公开性和问责性。在这三项原则中,他们又以互惠性为首要原则,因为它型塑着公共性和问责制的意义,而且也影响着对自由和机会的解释。

首要指导原则是互惠性。"互惠性主张公民就集体制订之相互拘束的法律和公共政策,应尽到说明理由的义务。一个重视互惠性的理论,主要是协助人们寻求政治上的一致意见,并与其它也想要达成一致意见的人们所可接受的原则做为基础"。[①] 古特曼和汤普森提出,互惠性原则能够比审慎原则和公正无私原则更好地处理道德分歧。因为审慎原则和公正无私原则偏爱政治利益之间的讨价还价策略,互惠性原则则能够在某些条件下接受讨价还价,同时又避免在把它作为民主政治一种全面的方法时产生的道德问题。他们认为,互惠性来自于道德的推理和经验的判断,其基础是人们为他们自己而寻求社会合作的公平条件的能力。他们将相互尊重置于互惠性和协商民主的核心地位,认为"相互尊重通过鼓励公民和公务员理解与他们有分歧的人们的立场的道德特征,从而扩展了互惠性原则"。[②]

第二项指导原则是公开性。古特曼和汤普森指出,公开性原则要求公开陈述理由以相互证立。古特曼和汤普森就公开性对于协商民主的重要性作了进一步的说明:第一,只有基于公开的正当性证明的公共政策才能够获得公民同意的合法性支持,也才能够成功地进行政治合作;第二,把理由公开有助于拓宽公民的道德和政治视角;第三,必须以公开理由来获得相互尊重的可能,并借此澄清道德分歧的本质;第四,通过对政策的公开讨论,有助于发展官员和公民的自我纠正能力。[③] 另外,他们还强调公开性并不否定必要的某些公共政策的保密性。

---

① [美]Amy Gutmann,Dennis Thompson:《商谈民主》,谢宗学、郑惠文译,智胜文化事业有限公司2006年版,第92页。

② [美]阿米·古特曼、丹尼斯·汤普森:《民主与分歧》,杨立峰等译,东方出版社2007年版,第97页。

③ [美]阿米·古特曼、丹尼斯·汤普森:《民主与分歧》,杨立峰等译,东方出版社2007年版,第112页。

第三项指导原则是问责性。在古特曼和汤普森看来,问责性原则是指:"代表他人做决定的官员,不论是否为其选举选民,均应对这些委托人负责。若政府官员没有对其道德选民负责,相互拘束的决定就无法为众人所接受"。① 在这里他们强调官员必须对所有道德选民负责,这"不仅限于选举选民,甚至也不仅是公民,只要是受决策结果拘束者,他们即使在制订决策时没有表达意见,都应包括在内"。② 当然,问责性在代议制民主中就已有体现,但协商民主提高了民主问责制的标准。在协商民主中,人们期望代表用道德话语来证明他们的行为的正当性。因此,他们认为代议制不仅是必须的而且也是可欲的,必须解决如何将代议制与协商问责性原则相结合的问题。他们认为,这是一个动态的过程,由几个阶段构成:官员介绍他们的提议→公民回应→官员修正→公民再回应。通过这个过程的循环往复,可以促使公务员从他们的失误中吸取教训,并及时纠正失误。

3. 协商民主的核心原则

在上述三项指导协商民主的原则基础上,古特曼和汤普森提出另外三项原则构成协商民主的核心内容,即基本自由、基本机会和公平机会。他们认为,仅有指导原则还不足以能够充分地处理和协调道德分歧,自由和机会对于充分发挥协商民主的作用非常重要。不过,他们提出,提供协商民主内涵的三项原则——基本自由、基本机会和公平机会,也都源自于互惠性的基本原则。

基本自由原则主要是指"要求透过言论自由、宗教和良心,以及法律正当程序和平等对待等方法,保障每个人的自我完整性"。③ 古特曼和汤普森指出,虽然,密尔关于个人是自己身心的最高主权者的自由原则引出了我们作为基本自由核心的个人完整的要素,但协商民主的基本自由与密尔的自

---

① [美]Amy Gutmann,Dennis Thompson:《商谈民主》,谢宗学、郑惠文译,智胜文化事业有限公司 2006 年版,第 126 页。

② [美] Amy Gutmann,Dennis Thompson:《商谈民主》,谢宗学、郑惠文译,智胜文化事业有限公司 2006 年版,第 126 页。

③ [美] Amy Gutmann,Dennis Thompson:《商谈民主》,谢宗学、郑惠文译,智胜文化事业有限公司 2006 年版,第 127—128 页。

由截然不同,基本自由既同意道德主义者在制定公共政策中的立场,也同意家长主义的立场。他们以代理生育为例来进行说明,如果代理生育所涉及的各方当事人是自愿的,并符合互惠原则,那么,政府是应该同意还是禁止呢? 按自由主义的观点来看,这种行为只要是建立在自愿互惠的基础上,就属于个人的自由范畴;但如果从道德主义的观点来看,这是违背了道德的自由;如果从家长主义视角来看,这种行为对公民自身是有害的,必须关心母亲和小孩的福利。他们认为,必须通过协商,在维持基本自由优先性的同时,寻找认可道德主义和家长主义者合理观点的途径。

基本机会原则是指"提供所有人基本机会,也因而赋予个人在良善生活间做选择的能力"。[①] 他们指出,基本机会原则提供分配卫生保健、教育、安全与收入和工作的准则,而这些善是基本的,因为公民需要它们去过一种体面的生活和享受其他的非基本机会。比如,有一份工作是一个基本机会,但有一份你想要的工作却不是基本机会。也就是说,基本机会原则是指涉及强迫政府保证所有公民都能够得到所必须的资源的机会。对于自由和机会的关系,他们指出:"在商议民主的理论中,自由优先于机会,但在公共政策的实际商议中,机会常常是第一的。其中的一个理由是因为既然对公民获准享有基本自由的政策有如此多的争议,所以主要的挑战是保证他们的机会"。[②]

公平机会原则是指涉及具有重要价值的善的分配,这种分配是基于资格而不是基于需要。在古特曼和汤普森看来,互惠性也规约了公平机会原则,要求社会资源的分配不能有歧视,这些资源是指人们高度重视,但不是过着好生活或选择良善的生活所绝对必要的资源。他们指出,公平机会原则意味着"向所有符合其恰当的分配标准的那些人提供接受某一社会善的

---

① ［美］Amy Gutmann,Dennis Thompson:《商谈民主》,谢宗学、郑惠文译,智胜文化事业有限公司 2006 年版,第 128 页。

② ［美］阿米·古特曼、丹尼斯·汤普森:《民主与分歧》,杨立峰等译,东方出版社 2007 年版,第 298 页。

平等机会这一意义上的公平"。① 简单地说,公平机会原则的主要目的是要禁止歧视。

在当代多元社会中,分歧是普遍存在的,古特曼和汤普森所提出解决道德分歧的协商形式,为我们提供了一种新的思路。尽管关于道德在协商民主中作用,并不是由他们首创,哈贝马斯在论述协商民主的时候就已提到过。不过,寻求道德一致并不是哈贝马斯协商民主论的主题,而这是古特曼和汤普森为了力图适应社会政治生活的变化而提出来的,从这个视角来看,他们的理论无疑具有时代性的积极意义。正如他们自己提出的:"虽然特定分歧的焦点和内容是随时间变化的,道德分歧仍然是民主政治的恒久条件。我们相信一种商议的观点有助于解决民主政治中的某些道德分歧,但我们猜测,更大的贡献是帮助公民在处理永恒地存在的分歧时彼此互相尊重地对待对方"。② 但是也应该看到,古特曼和汤普森的协商民主论是以美国为民主原型而提出的,具有自身的特殊性和局限性。

(二)面临多重挑战的公共协商

协商民主理论具有传统民主范式所不具备的优势。但是,在协商民主理论的优越性特征大大深化了民主进程的同时,也遭到各方的质疑。第一种批评来自现实主义者。他们的批评指向协商理想与现存民主实践之间存在着的巨大鸿沟。第二种批评来自社会选择理论者。他们深受自由主义传统影响,运用"阿罗不可能定理"的研究方法提出,从一系列个人偏好中寻求与民主程序应有的条件相一致的集体决策不可能,协商民主理想无法在宪政框架中实现。③ 第三种批评来自差异民主理论者。他们继承了后现代理论激进和批判性传统,以"差异"为假设前提批判公共协商以及公民参与这一形式对各种差异进行压制从而达成沉闷的一致。第四种批评来自参与

---

① 〔美〕阿米·古特曼、丹尼斯·汤普森:《民主与分歧》,杨立峰等译,东方出版社2007年版,第339页。

② 〔美〕阿米·古特曼、丹尼斯·汤普森:《民主与分歧》,杨立峰等译,东方出版社2007年版,第8页。

③ 〔美〕戴维·米勒:《协商民主不利于弱势群体?》,〔南非〕毛里西奥·帕瑟林·登特里维斯主编:《作为公共协商的民主:新的视角》,中央编译出版社2006年版,第140—141页。

诱因论者。他们认为,公共协商的结果反映的是具有利益偏差的协商。第五种批评来自社会分工论者。他们认为,社会分工的条件下,如何平衡精英决策和民众决策的分歧是协商民主不得不面对的挑战。①

针对各种批评,协商民主理论者做出了积极的回应,使协商民主理论得到进一步深化。其中,美国学者詹姆斯·博曼(James Bohman)的回应较具有代表性,他在1996年出版的《公共协商:多元主义、复杂性与民主》中指出其目的是探寻"协商制度怎样通过杜威所说的'改进争论、商讨和说服的方式和条件',而变得更加民主"。② 为此,他通过探讨协商的内涵、规范性预设和实现途径,分析了目前影响协商的可能性的社会实际状况:文化多元主义、社会不平等和社会复杂性。在此基础上,他回应针对公共协商的各种怀疑,指出当其他民主理论在现代社会现实的主要挑战面前手足无措时,协商理论可以令人信服地阐述解决这些问题的办法。

在博曼看来,对协商民主的怀疑是对政治规范和社会现实思考不够且平衡不足的产物。因此,他提出,"一个充足的政治理论必须将现实和规范恰当地结合起来。它不能太过理想,也不能太迁就现实,要用历史的和政治的方法为现实协商建构具有可行性的规范"。③ 为此,博曼提出了一种关于协商的对话性思考,即将公共协商看成是"交换理性的对话性过程,目的是解决那些只有通过人际间的协作与合作才能解决的问题情形(problematic situation)"。④ 可见,他的公共协商有两个主要的特征:首先,协商是一个话语过程。他提出,正是通过对话,协商才具有"公共性",而决策才具有合法性。在协商民主中,公民们通过交换他们的公共理性在自由而开放的谈话中坦言相见,即使他们的理由没有说服对方,只要他们认真对待和回应对方

---

① 参见贺龙栋:《协商民主的理论诘难与现实挑战》,《社会主义研究》2008年第1期。

② [美]詹姆斯·博曼:《公共协商:多元主义、复杂性与民主》,黄相怀译,中央编译出版社2006年版,第2页。

③ [美]詹姆斯·博曼:《公共协商:多元主义、复杂性与民主》,黄相怀译,中央编译出版社2006年版,第8页。

④ [美]詹姆斯·博曼:《公共协商:多元主义、复杂性与民主》,黄相怀译,中央编译出版社2006年版,第25页。

关切的事情和所持看法,他们也就能够得到对方对他们看法的合理领会与思考。衡量这些看法的尺度是"自由公民"的"判定"。其次,协商具有公共性。博曼认为,协商是一种"公共的"而非"集体的"或团体专属性活动,是所有公民都参与的共同性的社会活动。"说协商是公共的,不但意味着受益者必须不被限制,而且意味着协商的联合性活动必须组织起来,使得所有公民都能参与进来,并在参与中检验和保持协商的公共性特征"。①

在阐明了公共协商的基础上,博曼分析了目前协商民主面临的主要挑战,包括文化多元主义、社会不平等和社会复杂性三方面。在他看来,文化多元主义导致了深层而持久的道德冲突,大规模的社会不平等使得很多人很难有效地参与公共决策,社会复杂性则使协商必须在大而且日益强大的机构中进行。

1. 文化多元主义

文化多元主义的内涵有多种阐释,"在一些国家(如加拿大或澳大利亚),它通常只是被用来指称对移民群体的容纳,而不指对其他种族文化群体——如土著人——的容纳。与之相反,在一些国家(如美国),'文化多元主义'通常指所有形式的'身份的政治'。不仅包括种族文化群体,还包括妇女、男女同性恋者、残障人士等"。② 在这里,文化多元主义主要指一种针对文化差异性和多样性的情境,是为克服针对少数群体的偏见和歧视,而强调不同文化独特性的事实或政策。对于协商民主来说,文化多元主义事实的存在,一是可能使公民无法共享共同的目标、道德价值或世界观。二是可能会因为拒绝承认不同的文化权利而导致强制融合,从而牺牲多样性;或者以一种相互分离的状态维持一种形式上的统一。因此,文化多元主义在事实上可能会限制协商民主的实践。

对此,博曼首先指出,文化多元主义能够导致对协商的政治怀疑主义,它使协商民主遭受"深层次的冲突"。他根据罗尔斯的说法,用文化多元主

---

① [美]詹姆斯·博曼:《公共协商:多元主义、复杂性与民主》,黄相怀译,中央编译出版社2006年版,第30页。

② [加]威尔·金里卡:《当代政治哲学》,刘莘译,上海三联书店2004年版,第599页注释。

义的政治冲突的"深度"作为标准来区分冲突的类型,指出"当冲突构成对道德假设和政治程序的威胁的时候,它们就是'深层的'了。越来越多的政体面临着这类冲突,特别表现在少数民族文化的政治地位上。深层次的冲突使得这个世界不可能没有道德损失和法律强制"。① 而深层次的冲突造成的是团体间的困境,可区分为两种类型:自由主义的"每个人/所有人"困境和社群主义的"单一/多元"困境。考虑到大多数现代民族国家的多民族和多文化的特征,博曼认为协商民主面对的最主要的挑战或许是怎样解决日渐增多的冲突问题,协商必须得能够解决多个团体间伦理价值和原则的冲突。也就是说,在一个深层冲突能够点燃充满敌意的民族主义和宗教狂热之火的时代,政治自由主义无法忽视文化多元主义对社会和平、稳定的新挑战。文化多元主义损害的是公共意志、一致性的共同的善,以及单一的公共理性的可能性,而只有超越公平和单一性的限制,公共理性才能成为解决多元民主中原则冲突的有用规范。如果协商民主不解决这些道德冲突,文化多元主义实际上就限制了理性的公共运用。

针对多元社会深层道德冲突的问题,博曼提出的解决办法是使理性的公开运用更具动态性和多元性,即便是协商中同意的观念也必须具有多元性。据此,他提出"多元性共识"概念,认为它"仅仅要求的是公共协商过程中的持续性合作,即便存在持续性的分歧也不要紧。不是说在多元社会中单一性共识无法通过公共正当性而实现;而是说,汇集不是公共理性或讨论的必然要求,民主性的公民资格之理想才是其必然要求。这种理想并不要求所有公民出于相同理性而同意,它只要求在相同的公共协商过程中公民能够持续合作与妥协"。② 同时,他认为,如果民主协商的特征是民主公民资格理想引导下的多元公共理性动态运用的话,它在这样的状况下就是合理的。对多元主义的道德冲突的各种解决办法都源自这种类型的协商,包

---

① [美]詹姆斯·博曼:《公共协商:多元主义、复杂性与民主》,黄相怀译,中央编译出版社2006年版,第65页。

② [美]詹姆斯·博曼:《公共协商:多元主义、复杂性与民主》,黄相怀译,中央编译出版社2006年版,第78页。

括合作、制度分化和道德妥协等。

可见，根据博曼的理论，对抛弃全体一致而寻求多元共识的公共协商来说，多元主义并非难以逾越的认知或道德障碍，而且，在一定情况下，还可以促进协商民主的发展。"多样性甚至能够促进理性的公共运用，并使民主生活更加充满活力。但这只有在公民能学会处理深层的道德冲突——卢梭及其他激进民主主义者认为不可解决的冲突——的时候才是可能的"。① 而潜在的困难在于，文化差异往往与社会不平等联系在一起，而这种不平等增加了达成多元共识的困难。

2. 协商不平等

当代社会中存在着日益严重的大规模社会不平等。批评者指出，协商民主所面临的挑战不仅是经济和政治不平等，还包括文化上的不平等。例如，在美国参与政治论者扬（Iris M. Young）为代表的学者看来，协商并不是一个中立程序，而是偏向带有某种文化特征的人群，"当参与讨论的人以一致性和共同利益（其间假设所有人都抛开了他们的特殊经验与利益）为目标，那些占优势的视角就可能支配对共同利益的界定，弱势群体则被要求将自己的经验搁在一边"。② 可见，社会不平等能产生一个将有效参与排斥在协商之外的恶性循环，使很多人难以有效地参与公共决策。也就是说，社会不平等会损害到协商的公共性，再生产并强化那些拥有充足资源的人们的利益，也能够导致对协商民主的怀疑。"社会处境相对不好的公民缺乏有效的参与或足够的公共机能，是民主中首要的一个不平等问题，协商也不例外"。③

针对社会不平等对协商公共性的损害，博曼的解决办法是把阿玛蒂亚·森（Amartya Sen）对经济不平等的思考运用到政治领域，强调充足的政治

---

① ［美］詹姆斯·博曼：《公共协商：多元主义、复杂性与民主》，黄相怀译，中央编译出版社2006年版，第64页。

② ［美］艾丽丝·马里恩·扬：《交往与他者：超越协商民主》，［美］塞拉·本哈比主编：《民主与差异：挑战政治的边界》，黄相怀等译，中央编译出版社2009年版，第123—124页。

③ ［美］詹姆斯·博曼：《公共协商：多元主义、复杂性与民主》，黄相怀译，中央编译出版社2006年版，第93页。

运转所需要的能力和文化资源的重要性。同时,他提出了可以矫正社会不平等影响的协商机制,这些机制可以保证所有引人注目的看法都能够进入公共辩论中去。"即使在大规模的相对持久的不平等既已存在的情况下,协商也是可能的。当然,公共协商并不是不触动它们。确切的说,关键在于在协商过程和协商结果中纠正它们的影响"。① 为此,博曼把存在于大多数公共领域的公共能力和机能的不对称叫做"协商不平等"。这种与团体相关的不对称常常可分为机会不平等、资源不平等和能力不平等。用政治学的话说,它们就是协商不平等的三种类型:"权利不对称(它影响进入公共领域的途径);交流不平等(它影响参与能力及机会的有效应用);以及'政治贫困'或公共能力的缺乏(它使得政治上贫困的公民更加不可能全然参与到公共领域之中)"。②

在博曼看来,首先,权力不对称导致对公共话语的限制。只要行动者能参与到公共领域之中,并通过自己的公民身份向他人表示自己的意愿,他们就能矫正政治交往中权力不对称导致的对公共话语的限制。只要处于不利地位的公民能够有效运用他们程序上的机会,这种矫正性、批判性交往就还能够重新启动对话的协商机制。其次,交流不平等使得公共协商比较难以开展。在这样的情况下,部分公民就免不了被排除在公共协商之外,他们就不能期待影响未来的协商,从而也就可以中止合作。但集体行动这样一个非制度性的手段能够让他们进入公共领域,通过有效参与重建一个他们置身于其中的公众群体。再次,"能力平等和政治贫困概念映照出了程序性的思考所看不到的公共协商的一个重要特征:有效自由(effective freedom)"。③那些无能力免于政治排除的人在公共生活中是不自由的,因此,博曼提出,协商民主必须在保障有效参与上满足平等的要求,即不能有公民贫困到无

---

① [美]詹姆斯·博曼:《公共协商:多元主义、复杂性与民主》,黄相怀译,中央编译出版社2006年版,第94页。

② [美]詹姆斯·博曼:《公共协商:多元主义、复杂性与民主》,黄相怀译,中央编译出版社2006年版,第94页。

③ [美]詹姆斯·博曼:《公共协商:多元主义、复杂性与民主》,黄相怀译,中央编译出版社2006年版,第126页。

力影响结果或不能免于被排除的地步。

通过分析博曼的论述可以看出,克服不平等需要将理性的对话机制建立在政治平等的公民之间持续性合作的实际目标之上,保持这种平等的和参与性民主理论的核心要素,以及它们对当下制度的批评性导向,这不但使创新和民主变革成为可能,而且还使得制度更具回应性、更有效力。

3.社会复杂性

对许多社会理论家来说,现代社会的复杂性和规模使公民们不可能参与控制主导他们生活的力量。这样,社会复杂性就向协商提出了新的要求,因为它使得协商必须在大且日益强大的机构中进行,其危险在于可能会分化和压碎公民公共领域,淹没协商并使决策不着边际,也会导致政治怀疑主义,因为它似乎使得协商和人民主权成为过时的东西。

在博曼的理论中,与文化多元主义或社会不平等一样,社会复杂性并不是民主公共领域不可跨越的实际障碍。"但社会复杂性的特殊之处在于,需要公共领域小心呵护一个复杂社会中协商民主难以满足的要求:人民主权"。①他指出,复杂性不应当被看作是公民参与大规模制度问题,而最好被看作是协商民主中政治权力的性质和范围的问题,以及拥有主权的公民统治自己的能力问题。在他看来,哈贝马斯对于意见形成和意志形成之间的强区分并没有解决复杂而多元的社会中的人民主权问题。在持续性的文化冲突和相当程度的功能分化的环境中,人民主权既不可能是一致性的共同意志,又不可能是外在于公民的制度性互动的东西。因此,复杂性和多元主义并不能把激进民主的核心规范性内容排除在外,人民主权在多数统治的意义上,依然可以存在于其中。

博曼提出的解决问题的方法是修正了的二元民主模型。他认为,解决复杂性并不需要重新设计宪政国家的框架,只要把二元民主结构扩展到更多的情境之中,包括应用到所有的政治制度,特别是官僚和行政制度中就可

①　[美]詹姆斯·博曼:《公共协商:多元主义、复杂性与民主》,黄相怀译,中央编译出版社2006年版,第127页。

以了。"二元民主为人民主权在大规模复杂的社会中的出现创造了条件：一个自由而开放的公共领域,加上一套能有效作决策并有资源作保障的正式的组织和制度。这两个方面都必须被这样地架构:既要解决过复杂性和超理性问题,又不危及作为民主政治权力之来源的社会共同体的存在"。① 通过这种方式引入的公共理性不能仅仅存在于非正式的公共领域,也不能只在选举议员的时候才应用它们。这样,在一个更具动态的和二元的政治合作结构中,可以看到具有充分合法性权力的协商过程能够产生人民主权从而达到集体目标。

在博曼的理论中,人民主权被重新阐释为公共领域中形成的协商多数之统治。他认为,公众要想与人民主权的理想发生关联的话,必须被看作是围绕特定的问题而形成的协商多数。在协商的过程中,多数统治并不是理想的一致同意的大体实现,而是在政治意志形成和再形成的过程中理性主义理想的、协商性的多数出现的途径。这个人民的意志不能脱离这样一个协商过程而实现,只有更多的和更好的协商才是此意志的基础和检验标准,只有在一个不同意见很多的公共领域中,公众才能发现公共非理性。所以,少数的意见在公共领域中发挥着很重要的作用。因此二元民主必须保障少数的地位,不但要尊重他们,而且要在相关的论坛和适当的情形中吸收他们的意见。博曼得出结论:"被认为对任何形式的人们主权都构成挑战的社会复杂性,并非现代社会生活不可避免之特征。认为社会复杂性挑战着任何形式的人民主权的看法,在描述上和规范上都是不充分的:在突出强调复杂性的某一方面的时候,他们忽视了社会制度和公众之间的相互依赖。协商民主理论者的任务是要使相互依赖更具民主性"。②

值得注意的是,博曼强调,当直接面对多元主义和复杂性困境时,需要修正那种希望民主激进转型的乌托邦式想法。因为,"这些未解决的问题表

---

① [美]詹姆斯·博曼:《公共协商:多元主义、复杂性与民主》,黄相怀译,中央编译出版社2006年版,第163页。

② [美]詹姆斯·博曼:《公共协商:多元主义、复杂性与民主》,黄相怀译,中央编译出版社2006年版,第129页。

明,某些参与性民主理论所依赖的是错误的反制度主义的看法,以及关于政治决策的过多政治意志和超理性"。① 但同时,他也指出,激进民主的其他一些传统和实践在实施公共协商理想的时候是可资利用的,激进民主理想必须依归于现代制度及其公众之中,而不是在它们之外并与之相对立。在决策中提高民主参与和平等对复杂而多元的社会来说依然是一个必不可少的目标。

总之,博曼把自己定位在罗尔斯和哈贝马斯之间,比哈贝马斯的思考更具多元性,又要比罗尔斯的自由中立理论赋予批判实践理性更加宽广和更具动态的地位。同时,与他们也存在相同之处,即不但都强调协商中的公共理性,而且有共同的方法论,以及都对相互关联的规范性、描述性及实践性事物特别强调。博曼进一步深化了协商民主理论,指出了文化多元主义和复杂性并非协商民主的障碍,它们能在充满活力的世界性公共领域中促进自由、平等和理性的协商。而完成这个任务,不但需要政治想象,更重要的是,需要对民主本质进行更多的公共协商。也就是说,社群主义和团体模型都不能对协商民主所面对的主要困难提出可行的解决办法,只有超越公民共和观与源自康德的协商民主理论,才能克服这些障碍。

博曼给协商民主理论带来了新的理论活力。因为"所有的人都在谈论协商,但是没有人能说出它是什么,或者它怎样才能在真实的社会状况下发挥作用"。② 而博曼在哈贝马斯、罗尔斯的基础上,回应了对公共协商的各种质疑,提出了在文化多元、社会复杂性和社会不平等条件下实现协商的可能性。但博曼的协商民主理论有其局限性。他的研究仅停留在理论层面,虽然提出了一些程序性的方案,但是没有研究采取什么样的具体制度将协商民主的美好蓝图落实到现实政治生活中,这不得不说是一种缺憾。

---

① [美]詹姆斯·博曼:《公共协商:多元主义、复杂性与民主》,黄相怀译,中央编译出版社2006年版,第206页。

② [美]詹姆斯·博曼:《公共协商:多元主义、复杂性与民主》,黄相怀译,中央编译出版社2006年版,前言。

（三）超越自由主义宪政的协商

　　协商民主理论提出后，通过许多学者多年的努力，得到逐步补充和完善。但是，由于缺乏系统性，而且学者们在诸多问题上缺乏共识，这一理论的发展缺乏明确方向，面临着诸多问题。其中，较为突出的一个问题是，协商民主理论的提出基于对自由主义民主理论的批判与反思，但是，随着协商民主理论的发展，其批判性正在减弱，那么，协商民主理论究竟应该朝什么方向发展？这一问题成为当代协商民主论者关注的一个重点。对此，澳大利亚学者约翰·S.德雷泽克（John S. Dryzek）做了深入剖析，他从协商民主的自由主义和批判理论基础入手，指出协商民主要得到进一步发展就必须超越自由主义的宪政框架，恢复其批判性。

　　德雷泽克指出，"民主转向协商，表明人们重新开始关注民主的真实性：在多大程度上，民主控制是实质的而不是象征的，并且有资格的公民参与其中"。[1] 在他看来，协商民主应该不断寻求民主的真实性，而不是轻易地迁就于流行的自由主义政治经济。他指出，"真实性是指民主控制在某种程度上是通过交往来进行的，这种交往鼓励人们在无强制的情况下对偏好进行反思。……这种交往只有在以下情形中才会实现，即不存在由于权力运用而形成的主导、支配、灌输、宣传、欺骗、纯私利的表达、威胁和强制性的意识形态依从等扭曲行为的情形"。[2] 也就是说，他认为真实民主的唯一条件是要求人们在交往中对偏好的考虑是非强制性的。以此为起点，德雷泽克区分了自由宪政主义的协商民主与话语的协商民主，建构了以话语交往为核心，强调多元性、反抗性、跨国性和生态性的批判性协商民主理论，并称其为话语民主[3]。

---

　　① John S. Dryzek, Deliberative democracy and beyond：Liberals, critics, contestations, Oxford：Oxford University Press, 2000, p. 1.

　　② ［澳］约翰·S.德雷泽克：《协商民主及其超越：自由与批判的视角》，丁开杰等译，中央编译出版社 2006 年版，第 1 页。

　　③ 需要说明的是，德雷泽克在《协商民主及其超越》一书中，等同地使用协商民主和话语民主两个词，因此本文也未做严格区分，但这里的话语民主特指他提出的批判性协商民主。

1. 话语民主:批判性的协商民主

德雷泽克提出,协商民主有两个理论基础,一个是自由宪政主义,另一个是批判理论。而这两个理论框架最近在绝大多数自由主义者的言论中,开始出现了趋同现象,协商民主的批判性正在减弱。针对这种情况,他试图重申自由宪政主义者和话语主义者之间的区别,努力重新恢复协商民主的批判性。

协商民主的第一个理论基础是自由宪政主义,其代表是罗尔斯。民主和自由宪政主义之间长期存在着紧张关系,德雷泽克指出,自由宪政主义协商民主论者通过三种方式解决这种张力:第一,协商原则可以用来证明自由权利的正当性;第二,宪政可以被设计来推动协商;第三,制宪本身就是一个协商过程。在他看来,在制宪等归宿下追求协商是没有错的,但是,认为自由主义国家的代议制和法律体制应该是唯一的甚或根本性的政治协商的归宿的观点站不住脚,因为任何单一的视角都把协商局限在狭窄的民主概念上,并且由于资本主义市场经济对有效的国家民主施加了约束,从而使协商概念变得更加狭窄。因此,"把协商民主和自由宪政主义完全融合在一起是不合乎需要的"。①

协商民主的另一个理论基础是批判理论。"批判理论主要描述个体和社会摆脱压迫力量的进步性解放"。② 在德雷泽克看来,自由主义民主理论与批判理论之间的真正差异在于自由主义仅仅在政治经济的表层发挥作用。自由主义者认为政治参与不能改变个体,个体拥有一些给定的偏好,在政治参与过程中,个体是其利益的最好裁判。与此相反,批判理论者认为,民主参与能改变个体,通过参与个体从观念上会变得更有公共精神、更加宽容,以及更加关心他人利益和追求自身利益。德雷泽克提出,当代批判理论的主要代表哈贝马斯并不符合民主批判理论家应该具备的条件,他似乎更

---

① John S. Dryzek, Deliberative democracy and beyond: Liberals, critics, contestations, Oxford: Oxford University Press, 2000, p. 19.

② John S. Dryzek, Deliberative democracy and beyond: Liberals, critics, contestations, Oxford: Oxford University Press, 2000, p. 20.

像美国的宪政理论家,因为他强调"正义话语",关心如何将公共集体决策变成法律实践,这削弱了哈贝马斯的批判性。

在上述分析的基础上,德雷泽克提出恢复批判性的协商民主——话语民主。他为话语民主确立了一个基础,指出话语民主是拒绝受自由主义国家的宪政框架限制的。他认为,在民主向协商的转变中产生的民主真实性要求,只有通过对既有权力结构进行批判才能实现。也就是说,协商的真实性要求交往必须对非强制模式中的偏好进行反思。这表明两个方面的涵义:一是应该强调公共领域里的话语竞争,而不是强调排他性依赖的自由主义国家的协商制度。协商民主有时可以在国家中产生,但是,往往也必需带有话语竞争性质的、关键性的公民社会;二是民主真实性要求这些反思性的选择能够影响集体结果。只要国家是进行集体决议的主要场所,就需要这些反思性的选择转向国家,以及将公共舆论转达给国家的话语机制。

德雷泽克通过三种途径来划清话语民主与自由宪政主义的界限:一是需要在公共领域和国家之间作一个相对严格的区分,即二者是相反的;二是强调公共领域的话语竞争;三是强调公共舆论借助话语从公共领域向国家进行传播,却相应削弱了自由主义民主所强调的选举机制。[①] 同时,他强调对自由宪政主义者和话语主义协商民主进行区分,一方面并不说明这两类民主是相互排斥的。因为这两类民主之间有一些共同的主要特征,比如它们都拒绝聚合民主模式。另一方面,并不表明这两类民主已经囊括了所有类型的民主。因为并不是所有类型的民主都能单一地划入这两种类型。他认为,最好把它们看作两种趋势,并弄清区分这两种趋势的关键所在。

2. 话语民主的概貌

通过回应各方对协商民主的批评,德雷泽克勾勒了批判性协商民主的概貌,"话语民主应该是多元的,它意味着有必要在不消除差异的情况下进行交往;话语民主应该是反思性的,它质疑既有传统(包括协商民主本身的

---

① [澳]约翰·S.德雷泽克:《协商民主及其超越:自由与批判的视角》,丁开杰等译,中央编译出版社 2006 年版,第47—48 页。

传统）；话语民主应该是超越国界的，它有能力超越国界，进入没有宪政框架的情景；话语民主应该是生态的，它与非人类的自然的交往是开放的；话语民主应该是动态的，它对民主化的约束和机会是不断变化的"。①

其一，多元性。德雷泽克指出，话语民主既接受一致也接受差异。协商民主受到的最重要的批评包括两个方面：首先，协商民主受到来自社会选择理论家的批评。② 社会选择理论家和自由极端主义者认为协商民主是非建构化的，从而是混乱的，具有无法管理的多样性。他们批评协商民主忽略了一个事实，即集体选择不能仅靠谈话来达成，民主协商的结果最终还要通过投票来实现。德雷泽克认为，由投票向协商的转变会有力地回应这些批评，这包括两个方面：一是通过达成理性的协议而非投票来寻求公共选择；二是通过非选举的方式，根据公共舆论来制定公共政策。"这意味着必须以其它形式对公共意见进行概念化，而不是通过投票来记录选民的偏好"。③ 其次，协商民主受到来自差异民主论者的批评。与社会选择理论家相反，差异民主论者看到协商民主的危险统一性，认为任何对理性讨论的强调都是强制性的，因为它意味着，许多受压制的个人和团体会发现即便他们被允许参与协商性的讨论，他们也很难进行有效的交往。针对这种批评，德雷泽克指出，"协商民主不需要害怕差异，更不要说压制差异。确实，如果不是因为有差异，协商就会是一件非常乏味的事情，会是那些已经达成一致的人们之

---

① ［澳］约翰·S.德雷泽克：《协商民主及其超越：自由与批判的视角》，丁开杰等译，中央编译出版社2006年版，前言第3页。

② 德雷泽克指出，社会选择理论与理性选择理论并不等同，理性选择理论的核心是假设个人在追求自身目标时是策略性的，与此相反，社会选择理论不需要做出这样的行为假设，认为所有聚合机制都是容易被操纵的，如果个人不倾向作策略选择，也就没有什么好担心的。但是，他指出，在对协商民主前景的看法中，社会选择理论与理性选择理论出现了空前的一致，都假设个人偏好在社会和政治互动中恒定不变，但对协商民主理论更多的威胁来自社会选择理论。（John S. Dryzek, Deliberative democracy and beyond: Liberals, critics, contestations, Oxford: Oxford University Press, 2000, pp. 31 – 34.）

③ John S. Dryzek, Deliberative democracy and beyond: Liberals, critics, contestations, Oxford: Oxford University Press, 2000, p. 47.

间的对话"。① 因此,他提出,差异协商的确是可能的,应该对差异民主论者提出的各种交往形式表示认可。然而,不应该不加批判地接受这些交往形式,而应该认识到它们可能具有强制性,并批判地对待这种可能的强制性。

其二,反抗性。在德雷泽克看来,话语民主领域包括国家和公共领域,对公民社会的关注并不意味着无视国家的存在,因为在很大程度上,公民社会对协商民主产生的有益影响取决于国家如何对利益代表进行组织或限制。协商民主强调公民社会中的话语竞争,但这并不意味着我们应该放弃真实民主,真实民主在国家的边界内和自由宪政主义协商民主论者所追求的边界内都可能存在。国家和公民社会是民主和民主化的主要途径,同时,特定的国家又决定了公民社会的发展方向。德雷泽克认为,关键的问题是应在国家和公民社会这两种选择之间保持怎样的平衡。而问题的答案因时间、地点和国家类型的不同而各异,因此,"如果要对公民社会和国家进行选择,那么,我们就只能在历史和比较视野下给出唯一有意义的答案。有时强调国家是有意义的,有时强调公民社会是有意义的,而有时,强调国家和公民社会都是有意义的,这完全取决于国家强制和社会运动利益的结构,也取决于国家能够为团体提供的融合形式。如果国家强制和对运动利益的捍卫之间是不协调的,那么,进入国家就意味着选举和廉价的收买,从而导致公共领域丧失民主活力,这无疑是一个糟糕的交易。如果国家强制同对运动利益的捍卫之间能够协调,那么,无论是从整体的民主观来看,还是从交易者的工具性利益来看,进入国家都是比较好的交易"。②

其三,跨国性。当今我们所处的是一个全球化时代,也是一个民主时代,政治控制的轨迹已经逐渐转入了国际领域。在德雷泽克的理论中,对于国际政治,协商民主比自由主义的聚合民主模式可能更为重要,因为"尽管

---

① [澳]约翰·S. 德雷泽克:《协商民主及其超越:自由与批判的视角》,丁开杰等译,中央编译出版社 2006 年版,第 64 页。

② [澳]约翰·S. 德雷泽克:《协商民主及其超越:自由与批判的视角》,丁开杰等译,中央编译出版社 2006 年版,前言第 5 页。

跨国界的聚合难以概念化,但跨国界的协商却是容易的"。① 他指出,关键问题是如何把协商转化为集体决议,而公民社会中话语竞争影响着集体决议内容,对这些话语竞争进行民主控制同样也适用于跨国背景。在他看来,跨国民主应该努力关注治理,而不是政府的民主化,在此过程中,国际公民社会所扮演的角色是关键的。同时,在国际体系中的治理运作上,特殊的网络形式对进行协商式的民主控制可以起到重要的作用。在对跨国民主表示乐观的同时,德雷泽克也看到了实现跨国民主面临着很大的障碍。他指出,与跨国公民社会同时并存的是强有力的经济跨国化,与自由贸易和经济发展规则相关的观念和规则所强加的限制既是理论上的,也是实践上的。因此,民主前景是积极的,但这是一场与市场自由主义进行的斗争。

其四,生态性。德雷泽克进一步把话语民主的范畴扩展到人类与自然的边界。他认为,与国家间的边界相比,应该更好地维护人类和自然之间的边界。而与常规的民主模式比较,"话语民主更能富有成效地参与自然系统,从而能够更有效地处理生态危机引起的挑战"。② 针对人类和自然的差异,各流派的民主理论家都始终认为,民主仅仅是人类主体的需要。但是,德雷泽克指出,生态危机要求我们反思这种人类中心主义造成的恶果。自然不能投票,或者不可能要求有一些与人类利益相对应的自然利益。因此,绿色民主追求有效的交往,而这种交往超出了人类和非人类世界之间的边界。他提出,没有理由认为,必须拥有人力资源才能进行交往,我们能够在自然中发现交往,而且这种交往可以与人类世界中的交往联系起来。

要言之,德雷泽克的协商民主除了与国家结构相关的反抗性外,在与国家边界的关系上,应该是跨国界的,而针对生态问题来讲,则是生态的,而协商民主在反抗性、跨国性和生态性等方面的联系是很紧密的。他还始终强调,让各种有能力的人广泛参与争论是非常重要的,因此无论是在国际上,

---

① ［澳］约翰·S.德雷泽克:《协商民主及其超越:自由与批判的视角》,丁开杰等译,中央编译出版社 2006 年版,第 109 页。

② John S. Dryzek, Deliberative democracy and beyond: Liberals, critics, contestations, Oxford: Oxford University Press, 2000, p. 140.

还是在国内,制度化的网络形式都被证明是极其重要的。

3. 话语民主的形式

德雷泽克的主要目标是弄清楚转向协商后的民主理论总体上应该是什么形态,尤其在将自由宪政主义协商民主和话语民主进行对照的情况下,它将是什么样子。据此,他提出了十四个方面的问题,并通过回答这些问题系统地阐述了他的话语民主模式。具体而言,德雷泽克的话语民主包括如下主要观点:

一是协商除理性讨论外,还应接受其他交往的形式。德雷泽克指出,对以公共领域内的交往行为作为基础的协商民主进行讨论,需要一些手段将公共舆论转达给国家。除理性讨论外,巧辩和由差异民主论者提出的其他交往形式,尤其是陈述或者讲故事及问候很容易与话语民主融为一体。然而,也应该意识到,在巧辩、陈述(讲故事),甚至问候中内在的危险。但只要交往"(a)是非强制性的,(b)有能力把特殊与一般结合起来,那么,所有形式的交往都是可以接受的"。①

二是理性的讨论应该保持独立主体地位。德雷泽克认为,理性讨论的替代性交往形式是有价值的,同时也是强制性的,这些替代性的交往形式还存在一个问题,即它们是不全面的,因为它们不足以确保得出任何特殊的集体决策。因此,它们应该遵循理性的标准,并使理性的讨论保持独立主体地位。

三是理性讨论不会压制合理的异议。在德雷泽克看来,话语民主能够将差异性和超越理性的不同交往模式融合在一起。如果允许公共领域内的协商存在多种话语,就有可能整合社会。强调话语竞争是协商民主思想的核心,它允许存在异议和来自边缘的声音。

四是不应该提前排除特定形式的交往或讨论。一些支持协商民主的人坚持认为,特定形式的交往或讨论应该被提前排除,比如,那些否认人类完

---

① [澳]约翰·S. 德雷泽克:《协商民主及其超越:自由与批判的视角》,丁开杰等译,中央编译出版社 2006 年版,第 158 页。

整性的基本原则或者政治平等的交往。德雷泽克认为,人们不能通过禁止他人发表公共言论来废除偏见、种族主义、宗派主义和理性个人主义。因为,协商本身有力量排除不利的争论和宗派主义,而不允许不利的争论以及宗派主义进入讨论场所是对协商缺乏信心的一种表现,应该尽可能依靠协商本身内在的机制从好的方向上改变观点和信仰。

五是协商民主者不必具备特殊的程序价值(比如公正、礼貌或者互惠)。德雷泽克指出,罗尔斯式的公共理性专门提出了一系列信条,如果个人要想进入公共场所,他就必须遵守这些信条。但是,更相信协商民主功效的人会强调协商促进这些价值所具有的内部机制,协商实践是学会礼貌和互惠的唯一方式。

六是依靠协商的内在机制来实现个人利益和公共利益的平衡。德雷泽克认为,尽管从解决社会问题的角度来看,促进公共利益是受人们欢迎的,但是,局部利益也是合法的。所以,不应该消除局部利益,应该再次依靠协商的内在机制来在个人利益和公共利益、局部利益以及整体利益之间取得一个合适而且可以接受的平衡关系。

七是协商可以和讨价还价并存。在德雷泽克看来,讨价还价的本质是一种策略行动,在这种行动中,每个参与者都试图扩大他或她的本身利益。应对讨价还价问题的一个简单方式是:协商要求参与者愿意反思和改变他们的偏好和观念。协商民主论者应该强调协商内部的机制,这些内部机制压制了个体的策略行为,并促使个体对自身的、他人的以及共同的利益进行反思。而且,即使讨价还价在决定集体结果中是决定性的,协商也仍然可能是有用的,它能促使参与者增加参与的维度以及选择,从而提高进行稳定而非武断性讨价还价的可能性。

八是协商应达成一致意见,而不必导向共识。德雷泽克指出,从定义来看,达成共识是指不仅对行为过程达成统一的意见,而且对行为的原因也达成统一的意见。然而,在一个多元社会里,共识是难以达到的、不必要的,也是不受欢迎的。更切实可行和有吸引力的是形成可操作的意见,这时,参与者在行为过程上就达成了一致意见,虽然是出于不同的原因。

九是协商的合适场合包括代议制体系和公共领域。德雷泽克指出,协商可以发生在代议制及法律体系中,但是它们并不是进行协商的唯一场所,代议制和法律体系只是国家实体的一个部分。协商最重要的替代场所是公民社会或公共领域。协商同公共领域的话语竞争联系在一起,由此而产生的公共舆论可以转换为行政权力。因此,选举并不是唯一将公共舆论转达给国家的方式,或者甚至不能说是最重要的方式。

十是协商机制可以有效地保护个人权利。在德雷泽克看来,协商有一些内在的机制可以有效地保护自由主义者珍视为权利的价值。"特别是,协商民主能够对所有参与讨论的个体利益做出反应,从而使参与者进行权利保护的需要少得多。参与协商的事实通常会导致个体要求关注他们自身以外的利益——包括个人和团体的利益,如果没有由协商引起的反思,这些个人和团体就会在公共政策中处于不利地位或者受到公共政策的反对。将协商扩展到包含各种交往方式(比如讲故事或巧辩),这有助于保护少数派免受多数派的侵害"。[①]

十一是协商民主可能需要一定程度的不平等。德雷泽克指出,政治平等是假定所有参与政治过程的行动者都有平等机会影响结果,任何对这个理念的偏离都违背了协商民主的关键原则之一。但协商民主化不应该等待物质再分配,个人之间的协商能力从来都不会是完全平等的,作为一种话语竞争,话语民主甚至可能需要一定程度的不平等,因为这些不平等有利于争论。一些个体可能不希望参与协商,但在那些希望参与争论的人中,能力不平等仍然是存在的。

十二是协商不是唯一可以有效解决社会问题的手段,但可能是最有效的一个手段。德雷泽克认为,话语民主在当今有助于解决复杂社会问题的政治手段中可能是最有效的一个,因为它提供了将复杂的各种不同观点连成一体的手段。协商在许多方面都可以被证明是合理的:比如从其过程的

① [澳]约翰·S.德雷泽克:《协商民主及其超越:自由与批判的视角》,丁开杰等译,中央编译出版社 2006 年版,第 162 页。

内在质量,或者有助于坚持认同和差异间进行交流的角度来说,协商是有道理的,它能产生更加理性的结果。

十三是协商最适合用在那些重要和难以处理的决定上。德雷泽克指出,协商需要耗费时间和精力,纯粹经济的原因就表明,并不是所有公共或个人的决定都要协商。从另一个方面来说,正如一些美国自由宪政主义者所希望的那样,没有必要把协商限制在稀有的宪政事务中。协商最适合用在那些重要、难以处理或者既重要又难以处理的决定上。在公共领域里,决定本身是由行动者来做出的,如果有足够多的行动者认为一个问题需要关注,那么,这个问题也就有充分的理由被提到协商日程上来。而从另外一个不同的角度上,政府官员可能意识到民主合法性需要确立一个协商的程序。

十四是协商可能在跨越共同体边界后有效地开展。在德雷泽克看来,如果民主在超越共同体边界的问题上保持沉默,那么,民主就被排除在当今世界的许多主要问题之外。在强调公共领域的话语竞争时,跨越不同传统的协商也可以有效地开展。①

综上所述,在协商民主论者看来,民主思想的协商转向使人们再次关注民主的真实性,从而深化了民主。但是,只要协商民主仍被限制在政治生活的宪政层面,那么就无法实现对民主真实性的再次关注。因此,需要深入发展协商民主理论,揭示和消除那些可能阻碍或者扭曲政治对话,并影响集体决策的因素。协商民主使人们看到了其他许多可能性:民主发生在公共领域里的话语竞争中,也发生在国际体系中,甚至跨越了人类和自然之间的边界。因此,协商民主理论是一个正处于发展中的理论,具有广阔的前景,但其成熟与完善是一个长期的过程,尤其需要通过民主实践的不断创新来加以检验和修正。

四、协商民主:消极保护与积极参与的平衡机制

前面提到,当代西方强调消极保护的自由主义民主和强调积极参与的

---

① 上述关于话语民主的十四个观点参见:[澳]约翰·S.德雷泽克:《协商民主及其超越:自由与批判的视角》,丁开杰等译,中央编译出版社 2006 年版,第 157－165 页。

共和主义民主理论的分野,归根到底是围绕"消极自由"和"积极自由"的争论。但是,这两种自由观都有其优势和缺陷,正如贡斯当所指出的:"古代自由的危险在于,由于人们仅仅考虑维护他们在社会权力中的份额,他们可能会轻视个人权利与享受的价值。现代自由的危险在于,由于我们沉湎于享受个人的独立以及追求各自的利益,我们可能过分容易地放弃分享政治权力的权利"。①

因此,在现代社会,这两种自由观不能完全分立,二者应该是不可替代的,相辅相成的。一方面,消极自由是实现积极自由的基础;另一方面,消极自由的确立、私人领域与国家领域的分离,都是通过公民积极的政治参与而得以实现的。贡斯当就曾一再强调两种自由都是不可或缺的,"我们的本性中有更好的部分,这就是驱使并折磨我们的那种高尚的忧虑,这就是希望拓宽我们知识以及发展我们能力的那种欲望。我们的使命要求我们的不仅仅是快乐,而且还有自我发展;政治自由是上帝赋予我们的最有力、最有效的自我发展的手段"。② 因此,他提出不能放弃两种自由中的任何一种,而是必须学会把两种自由结合在一起。

针对自由观二分法造成的弊端,很多学者都提出了解决方案,其中在当代最有影响的是新共和主义的代表佩迪特和斯金纳。澳大利亚学者佩迪特(Philip Pettit)提出了"无支配的自由观",以对应于他所认定的自由主义的"无干涉的自由观"。③ 在他看来,"无支配的自由观"既不同于无干涉意义上的自由即纯粹的消极自由,因为它要求比无干涉更多的东西(免于支配);亦不同于民主参与意义上的自由即作为自治的积极自由,因为免于支配的共和主义自由并没有将政治参与(自治)视为一种本质性的善,也没有肯定某种特定的生活方式和自我类型。同样,英国学者斯金纳(Quentin

---

① [法]邦雅曼·贡斯当:《古代人的自由与现代人的自由》,阎克文、刘满贵译,商务印书馆1999年版,第44页。

② [法]邦雅曼·贡斯当:《古代人的自由与现代人的自由》,阎克文、刘满贵译,商务印书馆1999年版,第45页。

③ [澳]菲利普·佩迪特:《共和主义——一种关于自由与政府的理论》,刘训练译,江苏人民出版社2006年版,第27页。

Skinner)受佩迪特的启发①,将他所提炼的共和主义自由称为"第三种自由概念",指出自由不仅是指事实上不受强制,而且还是指不会受到任何可能的强制。尽管很多学者对他们的观点提出了质疑,但这些思想无疑对于超越"消极自由"和"积极自由"之争有重要的启迪价值。

同样,许多学者也在试图弥合由自由概念的双重含义导致的民主理论分歧,即试图融合洛克开创的保护型自由主义民主理论和以卢梭为代表的发展型共和主义民主理论。事实上,西方协商民主正是这样的一种尝试。作为参与式民主的新阶段,协商民主处于自由主义与共和主义民主之间。它既肯定公民积极参与政治生活,又尊重国家与社会间的界限,力图通过自由平等的对话来消除冲突,保证公共理性和普遍利益的实现。但"它不是处于自由主义与共和主义民主中间,而是更偏向自由主义民主,因为它以自由主义传统的人权观念为基础"②。

一方面,协商民主理论是建立在自由主义个人观的基础上,以保护个人权利为核心。协商式民主谨慎地将自己嵌入自由主义的宪政体制之中,仍然推崇现有宪政结构中对个体权利、自由的保障机制,并不强调其结果能够或应该符合某个共同之善的理想,以程序的正当性和理性的论辩来替代民主对于道德的依附性,从而剔除了古典共和主义民主中的理想化成分。而且,正如德雷泽克所指出,"协商有一些内在的机制可以有效地保护自由主义者珍视为权利的价值。特别是,协商民主能够对所有参与讨论的个体利益做出反应,从而使参与者进行权利保护的需要少得多。参与协商的事实通常会导致个体要求关注他们自身以外的利益——包括个人和团体的利益,如果没有由协商引起的反思,这些个人和团体就会在公共政策中处于不利地位或者受到公共政策的反对。将协商扩展到包含各种交往方式(比如

①　[英]昆廷·斯金纳:《第三种自由概念》,应奇、刘训练编:《第三种自由》,东方出版社2006年版,第154页。

②　参见 Carlos Santiago Nino, The Constitution of Deliberative Democracy, New Haven: Yale University Press, 1996, p. 65.

讲故事或巧辩），这有助于保护少数派免受多数派的侵害"。①

另一方面，协商民主理论倡导积极参与，强调公共利益。首先，协商本身就是一种参与方式。协商民主强调一切利益相关者都应在平等和自由的条件下，积极参与公共决策过程。"如果想保存乃至深化我们的民主生活，我们必须把未来掌握在自己手中，必须创造一种能支持公民参与公共对话的制度"。② 在协商民主中，积极参与涉及公共决策的全过程，包括议题设定、审议论证和最后投票，而且决策范围也不仅限于正式制度内，还要包括公共领域内意志的形成过程。其次，协商民主重新强调公民对于公共利益的责任，主张通过协商形成共识的决策过程，改变重视自由而忽视平等的传统。作为协商民主的核心，协商过程是对当代自由主义民主中流行的个人主义和自利道德的矫正，它不是政治讨价还价或契约性市场交易模式，而是公共利益责任支配的程序。协商民主汲取了共和主义民主的有益元素，把政治视为民主意志在论辩中的形成过程，鼓励政治参与和对话，倡导在价值多元的社会文化中，通过互相展示论点和反复辩驳，实现不同利益的平衡和价值偏好的转换，以求得共识。在这种对话过程中形成的公共政策或立法，由于根植于社会大众的"多元价值一致"而具有了坚实的合法性。这是对古典共和主义强调公民参与义务伦理的一种回归。

归根结底，融合保护型自由主义民主和发展型共和主义民主的协商民主理论，就是在寻求消极保护与积极参与的平衡。协商民主论者主要以罗尔斯和哈贝马斯的理论为基石，而他们对协商民主的理解并不完全相同。以罗尔斯为代表的是自由主义协商民主论者，主要强调在自由主义宪政框架内的协商，而以哈贝马斯为代表的学者则倾向于批判主义视角的协商，强调公共领域内的协商。但是，他们以不同的方式都为消极保护与积极参与的平衡提供了解决方案。

---

① ［澳］约翰·S.德雷泽克：《协商民主及其超越：自由与批判的视角》，丁开杰等译，中央编译出版社 2006 年版，第 162 页。

② Bruce Ackermen, James S. Fishkin, "Deliberation Day", The Journal of Political Philosophy, Volume 10, No. 2, 2002, pp. 129－152.

其一,超越消极自由和积极自由。基本自由及其优先性的证成是罗尔斯作为一个自由主义政治哲学家的最高成就。"罗尔斯试图通过基本自由的最广泛的(或充分恰当的)体现的证成来避免消极自由和积极自由的两分法所制造的尖锐对立,提炼自由主义民主传统的全部精义"。① 为了解决在高度多元化的社会里的民主问题,罗尔斯综合了消极自由和积极自由学派对自由的定义,避免直接给自由界定为"消极"和"积极"。他对自由的描述是:"这个人或那个人(或一些人)自由地(或不自由地)免除这种或那种限制(或一组限制)而这样做(或不这样做)"。② 可见,罗尔斯一方面继承了消极自由说的最本质的定义,即国家不得干预、管束个人的自由选择;另一方面,他也强调政府具有某种调节社会分配的功能,这显然又继承了积极自由说的最基本的成分,即强调自由参与、政府干预和个人自律。在他看来,"古代自由与现代自由都是共源的和具有平等价值的,两者之间没有什么值得自豪的优劣之分"。③ 罗尔斯不采用积极自由和消极自由这两个术语,他区分了政治自由——公民参政、议政的权利及机会和人身自由——公民的信教自由、良心自由和选择不同生活方式的自由。他的自由理论体系旨在处理自由之间的冲突问题。④ 因此,综合地看罗尔斯的自由理论体系,其实没有必要区分消极自由和积极自由,重要的是如何处理各种自由之间的关系,其协商民主思想正是构建在这种自由观基础上。

其二,统一私人自主性和公共自主性。哈贝马斯关于政治哲学的最高问题是如何阐明人民主权和人权之间、民主和法治之间、公共自主和私人自主之间、积极自由和消极自由之间的同宗同源、互为前提的关系。他提出协商政治是"第三种"民主模式,认为它既能顾及保护个人自由的人权原则,又能够使公民在伦理和政治上的自由权利得到切实维护。他坚持了人民主

---

① 应奇:《两种政治观的对话——关于哈贝马斯与罗尔斯的争论》,《浙江学刊》2000年第6期。

② [美]约翰·罗尔斯:《正义论》,何怀宏等译,中国社会科学出版社1988年版,第200页。

③ [美]罗尔斯等:《政治自由主义:批评与辩护》,万俊人等译,广东人民出版社2003年版,第95页。

④ 参见何包钢:《民主理论:困境和出路》,法律出版社2008年版,第76页。

权的观点,但并非站在卢梭的立场上,而是把人民主权抽象为一种民主的程序,认为人权只有在人民主权中才能获得真实的规定,就像人民主权只有把人权包含在内才有可能真正成为一种公正的民主原理一样。因此,人权所代表的个人自由只有通过人民主权所代表的公民的政治自主性来解释,只有公民拥有了政治上的自主性,个人自由才真正存在。"权利体系要求同时地、互补地实现私人自主和公民自主——从规范的角度来看,这两种自主是同源的、互为前提的,因为任何一个缺了另一个就仍然是不完整的"。① 于是,他通过双轨协商程序把人权和人民主权、私人自主性和公共自主性统一起来。

哈贝马斯对两种自主的内在联系依赖于"行使政治自律的方式的规范性内容",②这似乎意味着在阐明两种自主互为前提之后,仍然赋予公共自主以第一位的和基本的地位,而这一点恰恰是罗尔斯不能同意的。罗尔斯认为政治自由主义同样达致了对公共自主和私人自主的互为前提的关系的理解和把握,但是他仍然坚持私人自主具有独立的根基。他说:"即使私人自律的自由能够与政治自由建立内在的联系,并建立在政治自律的基础之上,这些自由也不能仅仅建立在这种关系之基础上。这是因为,在公平的正义中,现代自由在[公民的]第二种道德能力及其决定性的(尽管在原初状态中尚不知道)善概念中有着不同的基础。而且,与之相联系的第二种道德能力和两种较高层次的利益,在基本自由系统中,独立地表达了作为市民社会之成员的个人保护和自由,及其社会生活、文化生活和精神生活……这些活动的价值和意义至少构成了私人自律之权利的一种充分且确实是有活力的基础"。③ 不管怎样,哈贝马斯和罗尔斯都强调了消极自由和积极自由、公共自主和私人自主具有同等的重要性,都试图将它们融合起来。

---

① [德]哈贝马斯:《在事实与规范之间——关于法律和民主法治国的商谈理论》,童世骏译,三联书店2003年版,第389页。

② 应奇:《两种政治观的对话——关于哈贝马斯与罗尔斯的争论》,《浙江学刊》2000年第6期。

③ [美]罗尔斯等:《政治自由主义:批评与辩护》,万俊人等译,广东人民出版社2003年版,第103—104页。

其三,兼具程序性和实质性。哈贝马斯与罗尔斯的民主思想是协商民主理论的基石,他们之间的差异有时被理解为程序民主理论和实质民主理论的分歧。哈贝马斯被认为将民主协商置于个体权利之上,而罗尔斯则主张个体权利优先于协商。但如果深究二者的理论,无论是哈贝马斯还是罗尔斯都不支持纯粹程序性或单纯实质性的民主观点。正如哈贝马斯所言:"必须既不是把对于平等的主观行动自由的权利当作道德权利、把它作为外在限制加在主权立法者之上,也不是把这种权利工具化,作为实现立法者目标的功能性条件"。① 罗尔斯的民主观念也同样承诺要同时保障实质性原则和程序性原则,他指出,"权利的优先性排除了目的中立性的第一种意义,因为它只允许人们追求可允许的观念(即那些尊重正义原则的观念)。我们可以对这一种意义进行修正,以便能见纳这一点;而由于这一修正,国家便能确保所有公民都有平等的机会去发展任何可允许的观念"。② 他们二人在此问题上的一致意味着,一个有说服力的协商民主理论是要将实质性原则和程序性原则结合起来的,应坚决捍卫所有的民主原则。"民主的原则与理论必须兼具程序性与实质性面向,强加区分乃是误导之举"。③

总之,正如加拿大学者金里卡曾指出,"我们需要通过对公民责任和公民品德的积极实施——包括经济自立、政治参与甚至公民礼仪(civility)——来补充(或代替)对公民权利的消极接受"。④ 协商民主通过倡导公民积极参与公共协商,成为强调消极自由、竞争和聚合的自由主义民主的补充,为消极保护与积极参与提供平衡机制。它既肯定公民应积极参与政治生活,强调在一定的规范条件内公共理性的运用和公共领域道德政治实践的重要性,保证公共理性和普遍利益的实现。它也尊重国家与社会的界限,认可社会公众作为个人存在时的多元化、异质、分散的特点,强调在多元社

---

① [德]尤尔根·哈贝马斯:《在事实与规范之间——关于法律和民主法治国的商谈理论》,童世俊译,三联书店2003年版,第128页。

② [美]约翰·罗尔斯:《政治自由主义》,万俊人译,译林出版社2000年版,第205页。

③ [美]Amy Gutmann,Dennis Thompson:《商谈民主》,谢宗学、郑惠文译,智胜文化事业有限公司2006年版,第96页。

④ [加]威尔·金里卡:《当代政治哲学》,刘莘译,上海三联书店2004年版,第519页。

会现实下,通过鼓励公民自愿、直接进入公共话语空间参与对话,进行理性的辩论和说理,就国家的决策和立法达成共识,赋予决策过程和结果合法性,从而保护个人权利不受侵犯。可以说,协商民主在西方多元主义文化中有其特殊优势,它在关注个人权利的同时,对于政治参与有着一定的优势,它既肯定了代议制民主对于政治精英的投票机制,以避免直接民主的恶果;又增补了公共政策领域公民的政治参与范围,以克服技术官僚专制化倾向,从而使现代民主体制具备了更为深厚的社会基础。在这个意义上,协商民主为消极保护与积极参与提供了平衡机制。

第四章 反思与超越：消极保护与积极参与平衡的可能性索求

　　参与式民主理论复兴了积极参与理念，并在20世纪90年代演进为协商民主理论，为消极保护与积极参与提供了平衡机制，成为西方民主理论发展的新趋向。本章在分析参与式民主理论发展过程的基础上，总结其价值与局限，展望发展前景，并分析对我国的借鉴意义。首先，论证参与式民主理论具有重要的价值，它揭示了自由主义民主的种种缺陷，为认清西方民主的本质提供了思想资源。同时，参与式民主转向协商民主理论具有超越既有政治模式的意义，代表了民主理论发展的新趋向。其次，指出参与式民主理论本质上仍是自由主义的民主，以西方个人主义为核心，是对传统自由主义民主的修补，主要强调消极保护个人权利，积极参与仍是有限的，寻求消极保护与积极参与的平衡还是其今后发展的核心问题。再次，考察近年来西方国家参与式民主的实践，虽然它在实践中面临诸多困境，但它在当代具有广阔的发展前景。因此，我国必须在马克思主义的指导下，结合具体国情，批判地借鉴，超越西方既有民主模式，探索具有中国特色的社会主义民主模式，才能真正实现人全面而自由的发展。

一、参与式民主理论发展的反思

　　参与式民主理论的出现，是对积极参与理念的一种理性复兴。它兴起于20世纪60、70年代，但很快遭到冷落，这是资本主义内部矛盾导致的。20世纪80年代参与式民主论又再次被肯定，此时，它开始逐渐被普通公民与统治阶级所共同接受。尤其是20世纪90年代协商民主理论兴起，极大地推动了参与式民主理论的发展,为消极保护与积极参与提供了平衡机制。但是,它本质上以自由主义民主为基础,积极参与仍是有限的,寻求消极保护与积极参与的平衡还是其今后发展的核心问题。

(一)参与式民主理论发展的价值

参与式民主理论是在西方资本主义社会遭遇到严重危机的背景下提出的,是对占据主导地位的自由主义民主存在的种种弊端和危机提供的解决方案。参与式民主理论认为自由主义民主过度强调消极保护个人权利,将政治生活局限于间接民主和少数人手中,最终破坏了民主的本质。因此,参与式民主通过复兴古典民主理想中的积极参与理念,提倡一种全面参与的、积极的公共生活,将民主从狭隘的政治领域扩展到整个社会生活,通过自下而上的民主化路径,建构一种参与性的社会,以促进个人发展。近年,协商民主进一步发展了参与式民主理论,为消极保护与积极参与提供了平衡机制,超越了既有民主模式,代表了西方民主理论发展的新趋向,具有重要的价值。

1.参与式民主理论的发展凸现自由主义民主的缺陷,为揭示西方民主的实质提供了思想资源

参与式民主理论是以自由主义民主批评者的面貌出现的。虽然它的目的是为了修补自由主义民主,维护资本主义制度,但不可否认,这种批评揭露了自由主义民主的种种弊端,对我们弄清西方民主的本质有重要的理论价值。

一是对自由主义民主的个人主义基础进行了深刻反思。个人主义这个术语最早的用法是法语形式的"inrlividualisme","来自欧洲人对法国大革命及其所谓根源——启蒙运动思想——的普遍反应"。① 近代资产阶级革命时期的思想家使个人主义的理论观点系统化,把个人作为价值的基础和评价社会的唯一标准。"把政府的目的看作是保障个人权利,允许个人最大限度地追求他们的利益,这种个人主义观点在很大程度上应归根于洛克,同时

---

① [英]史蒂文·卢克斯:《个人主义》,阎克文译,江苏人民出版社2001年版,第2页。

也应归根于功利主义者"。① 事实上,近代个人主义是一种以个人为中心对待社会或他人的思想和理论观点。在政治上,个人主义最关注的是保护个人免受国家的侵犯,主张国家应该仅仅作为保护个人自由的工具,保护个人能在不侵犯他人同等自由的情况下作出任何他想做的事情,这与集体主义要求国家必须迫使个人替社会的整体利益服务相反。个人主义是近现代以来西方文明的核心价值,在资本主义上升时期,作为资产阶级反对封建禁欲主义的有力思想武器,曾起过解放思想的积极作用,但随着社会政治经济的发展,个人主义在当代西方正日益呈现出诸多弊端。

自由主义民主正是以个人主义为基础,强调消极自由,以保护个人权利为核心。参与式民主论者对此进行了深刻反思,认为自由主义个人观塑造出自私自利的不关心公共事务的群众,与民主不相容。麦克弗森把自由主义民主的基础称为"占有性个人主义",提出现代西方引为自豪的自由主义民主有着深刻的缺陷,其历史和社会根源便是它的占有性个人主义,这种个人主义和民主是不相容的。同样,巴伯尖锐地指出,自由主义民主的个人主义造就的是极端自私自利的个人,是不关心公共事务,不乐意参与公共事务的群众,自由主义民主因此成为一种政治动物学的理论,不相信人类的合作共处,而将人视为自利的野兽,"自由变得与自私自利难以区别,并且由于冷淡、疏远和道德沦丧而变得腐化堕落;平等变为市场交换,同时也与它本来需要的家庭背景和社会背景相脱离;而幸福则是通过不利于其精神品质的物质满足来衡量"。② 可见,参与式民主论者看到了自由主义民主最根本的局限性,即它以个人主义为基础,这必定会强调消极自由,阻碍人全面而自由的发展。

二是揭示了代议制的种种弊端。代议制是自由主义民主的核心制度,它克服了直接民主在时空上的局限性,为大规模多元民族国家实行民主提供了可能,是人类重要的政治文明成果之一。但是,代议制偏离了"人民的

---

① [英]史蒂文·卢克斯:《个人主义》,阎克文译,江苏人民出版社 2001 年版,第 78 页。
② [美]本杰明·巴伯:《强势民主》,彭斌等译,吉林人民出版社 2006 年版,第 25 页。

统治"的理想,随着社会政治的发展,在实践中日益显现出一些弊端。对此,参与民主论者进行了深刻的剖析。他们指出,首先,虽然人人有选举权,通过投票活动表达人民的意志,具有一定的合理性,但是代议制民主为了民主的便利而迎合现实,将民众对政治决策的影响削弱到只剩下选举权,民众被迫产生服从和默认的态度,从而将政治生活精英主义化,破坏了民主的本质。其次,代议制由于信息不对称、监督不力、权责不对等原因,代理人容易采取片面追求自身利益的行为,使公共利益受损害。密尔就曾指出,代议制"最大危险之一在于掌权者的有害的利益,这就是阶级立法的危险;就是意图实现(不管是否真正实现)统治阶级的眼前利益,永远损害全体的那种统治的危险"。① 再次,代议制民主的"参与性"日益退化,公民政治参与率低,参政热情不高,若任其发展,会背离民主的发展轨道,并不足以应付时代的需要。例如,托夫勒指出传统的代议制政府不能适应第三次浪潮下现代化社会的变化速度,不能适应社会的差异化和复杂化,也无法承受决策内容爆炸造成的压力等。可见,参与民主论者在一定程度上揭示了代议制本身的许多弊端,而且也看到了代议制可能面临的危机,这对认清自由主义民主实质具有重要意义。

三是指出了投票机制的各种缺陷。与早期参与式民主理论批评代议制有所不同,协商民主论者侧重于反思偏好聚合的投票机制。他们指出:首先,简单多数原则可能导致侵害少数的权利。自由主义民主以选举为核心,但选举制度往往被简化为选票,选票被简化为多数决定。它要求少数服从多数,这就极有可能使多数人的利益凌驾于少数人之上,少数人的利益不能得到有效的保护。协商民主的兴起在很大程度上就是试图通过话语协商来解决这一问题。其次,偏好聚合的投票结果合法性低。自由主义民主是一种聚合民主,以偏好聚合为目的。协商民主论者指出,聚合民主模式"所产生的投票结果就只具有最弱意义上的合法性。它提供了确定输赢的机制,

---

① [英]J. S. 密尔:《代议制政府》,汪瑄译,商务印书馆1982年版,第98页。

但却没有提供旨在发展共识、塑造公共舆论甚或形成值得尊重的妥协的机制"。① 这造成公民没有机会说服别人承认自己要求的合法性，使决策过程缺乏公共维度。再次，秘密投票导致忽视公共利益。协商民主论者指出，投票者原本应该基于公共利益的判断，投下一张足以公开辩明为正当的选票，但现行的秘密投票方式却难以做到这一点，投票意义在秘密投票的隐私方式下基本丧失。"私下和秘密的后果，投票者没有义务对其投票提出任何公开的理由，因此，没有任何东西能够阻止投票者纯粹根据自身的利益进行投票，同时也不需要考虑对集体来说什么是好的决策"。②

综上所述，参与式民主理论不仅揭示了自由主义民主制度在实践中的各种弊端，而且深刻反思了自由主义民主的个人主义基础。虽然这些批评难免会有所疏漏和偏颇，但在一定程度上，它还是客观地反映了自由主义民主的局限性，为我们全面地认识和把握西方民主的实质提供了重要的思想资源。

2. 参与式民主发展到协商民主阶段，在一定程度上具有超越西方既有民主模式的意义

近年，参与式民主理论发展到协商民主阶段，它从民主的微观基础出发，通过人们之间睿智的讨论，个人倾听他人的观点，合理评价和思考别人的观点，在沟通、协商、妥协、宽容中实现公共交往，逐渐复兴积极参与理念，在一定程度上超越了西方既有的民主政治模式。"20 世纪最后 20 年出现的协商民主概念意味着政治理论令人激动的进展。……作为对民主的规范描述，协商民主唤起了理性立法、参与政治和公民自治的理想"。③

（1）参与式民主的发展强调民主不仅是参与选举更要求参与决策，丰富了人们对民主的认识

---

① ［加］威尔·金里卡：《当代政治哲学》，刘莘译，上海三联书店 2004 年版，第 523 页。

② ［美］詹姆斯·D. 费伦：《作为讨论的协商》，王文玉译，陈家刚选编：《协商民主》，上海三联书店 2004 年版，第 10 页。

③ ［美］詹姆斯·博曼、威廉·雷吉主编：《协商民主：论理性与政治》，陈家刚等译，中央编译出版社 2006 年版，导言第 1 页。

"没有参与，就谈不上民主，民主内含了参与的意义，只不过，不同时代的民主，参与的广度、深度有别罢了"。[①] 参与式民主理论的关键点是重申积极参与对民主的价值。它承认参与主体本身的价值，而不管其能力高低如何，承认人与人之间共同享有的平等，认为个人参与公共事务是完善自我、发展自我的必需。同时，它承认公民个体的政治权力，认为公民个体是一切公共权力的源泉，即使普通公民也有直接参与公共决策的权力。

当代，民主作为一种政治理想，已经成为公认的价值，也成为各国政府所承认的政治发展的重要指标。但是，人们对于民主的理解却一直存有分歧。古希腊时期，民主被理解为"人民的统治"，公民大会协商议事被看成是民主的重要标志。现代民族国家建立以来，人口和疆域的扩大使古希腊时期以公民大会协商议事为内容的直接民主形式变得不再可行，于是普遍兴起了代议制民主。二战后，美国学者熊彼特提出"精英民主"，指出民主并不是人民自己"当家作主"，而是为了达到政治决定而采用的一种方法和制度安排，"在这种安排中，某些人通过争取人民选票取得作决定的权力"。[②] 从此，选举变成了民主的基本标志，多年来人们一直把自由选举看作是评价某国政治是否民主的重要指标，民主被理解为公民定期选举领导人，当今欧美的制度安排被看作是这种民主形式的典型体现。然而，对积极参与的民主理想怀有特殊情感并保持坚定信念的人们，却一直不能心甘情愿地接受对于民主的如此狭隘的理解。他们认为民主不仅仅意味着四年或五年一次的自由选举，还应该意味着直接参与公共决策。参与式民主理论正是积极参与理念的复兴。

参与式民主理论家不满足于自由主义民主的安排，他们更加关心民主的过程和真实的内容。他们不仅要求公民民主地选择政府领导人，而且，还要求公民积极、民主地参与决策过程，通过平等对话、共同协商的方式形成合法性的公共政策。"参与必须是一种在一些事情中的参与过程，这里是指

---

① 徐鸿武等：《当代西方民主思潮评析》，北京师范大学出版社 2000 年版，第 60 页。
② ［美］约瑟夫·熊彼特：《资本主义、社会主义与民主》，吴良键译，商务印书馆 1999 年版，第 395—396 页。

决策活动中的参与(这是参与民主理论的定义)"。① 同时,参与式民主论者希望公共决策不应该仅仅追求和体现多数人的利益,而是要考虑和协调社会各方的观点和利益。他们以公民参与决策作为民主的核心价值,把具有不同利益诉求的公民群体之间的平等协商作为实现民主价值的一个主要方面或环节。"如果我们想要真实世界中我们称之为民主的体制成为更为真实的民主,我们则需要设法去推动它们朝着协商模式的理想迈进。那这个理想民主是什么呢? 当决策是通过公开讨论过程而达成,其中所有参与者都能自由发表意见并且愿意平等地听取和考虑不同的意见,这个民主体制就是协商性质的"。②

可见,参与式民主注重民主的实质,以承认利益多元化为前提,主张协调各方利益,谋求社会共识,它将民主引向决策过程,可以拓宽人们的民主视野,进一步完善了人们对于民主的理解。

(2)协商民主关注提高参与的质,而不仅仅是增加参与的量,超越了早期参与式民主理论

佩特曼等学者构建的参与式民主理论着重的是公民在更多维度的直接参与。他们认为,通过广泛的社会和政治参与,公民能够创造出一种与政治共同体和其他公民休戚与共的归属感,一种自我控制命运的自主感,从而提高民主政治的凝聚力和活力。可以说,这一理论复兴了古典民主理想的积极参与理念,具有重要的理论价值。但是,它偏重于探讨如何增加参与的量,忽视了参与爆炸带来的负面影响,而且也没能提供有效参与的途径,在现实中面临诸多困境。

协商民主发展了早期参与式民主理论。首先,协商民主在早期参与式民主理论强调增加参与数量的基础上,进一步强调提高参与的质量。协商民主论者赞同早期参与式民主的基本诉求,但考虑到片面强调扩大参与所可能带来的负面影响,它更多地将重点集中在参与和决策的品质之间的关

---

① [美]卡罗尔·佩特曼:《参与和民主理论》,陈尧译,上海人民出版社2006年版,第65页。
② [美]戴维·米勒:《协商民主不利于弱势群体?》,[南非]毛里西奥·帕瑟琳·登特里维斯主编:《作为公共协商的民主:新的视角》,王英津等译,中央编译出版社2006年版,第139页。

系,特别关注如何才能更有助于产生得以被合理证成,并符合公共利益的决策。[①] 其次,协商民主理论提出了有效参与的具体运作机制。协商民主论者提出的解决方案是公开陈述理由的公共协商机制。它强调将个人既定的、未经审察的偏好和欲求置于公共论坛中,公民通过自由而平等的对话、讨论和协商等方式,在公共理性的指导下,提出各种相关理由,尊重并理解他人的偏好,在广泛考虑公共利益的基础上,实现偏好转换,提高公共决策的质量与合法性。虽然,公共协商机制并不完善,在现实中也还存在诸多困境,但它的确为实现有效参与提供了可供选择的方案,为寻求消极保护和积极参与平衡提供了机制。

因此,如果说早期参与式民主的重要意义在于它指出了公民与制度、机构和政治体系之间的有机联系,强调了参与的数量,即参与领域、机会和渠道的拓宽和增加,唤醒了公民政治参与的意识,指出了参与决策的重要价值。那么,协商民主的意义就是强调了参与的方式和质量,即在参与数量既定的情况下提高参与的性质、效能等,并进一步具体分析了公民参与过程如何运行和操作。从这一角度看,协商民主理论超越了早期参与式民主理论。

(3)参与式民主鼓励积极参与,关注共同体价值,强调通过平等自由的协商实现偏好转换,部分弥补了自由主义民主的不足

以代议制为平台的自由主义民主,是以个人主义为基础的民主模式,它对政治过程的理解往往具有私人化的倾向。它在本质上把民主过程等同于市场竞争,固定的偏好通过诸如投票之类的聚合机制相互竞争,并将政治看成是利益集团竞争稀缺社会资源的斗争,视法律为受供求力量支配的商品。作为参与式民主的新阶段,协商民主以一种新的视野来看待民主政治。它更像是公共论坛而不是竞争的市场,其中,政治讨论以公共利益为导向,强调民主决策是平等公民之间理性公共讨论的结果,通过追求实现理解的交流来寻求合理的替代,转换偏好,并做出合法的决策。具体而言,它从以下三方面弥补了自由主义民主的不足:

---

① 许国贤:《个人自由的政治理论》,法律出版社 2008 年版,第 198 页。

一是培养公民精神,关注共同体价值。自由主义民主的私人化倾向造成了公民精神的衰落和共同体价值的缺失。良好的公民精神和对共同体价值的关注是健康民主政治的重要基础,参与式民主是建构这一基础的重要途径。首先,参与式民主的公共协商过程能够培养出健康民主所必需的公民美德,如政治共同体成员之间的相互理解、相互尊重,以及相互包容和妥协等。其次,参与式民主强调公共利益。在参与式民主论者看来,"民主的政策决定应该建立在公共协商的实质过程,在这个过程中,支持或反对法律与政策的主张,都应从他们是否能够增进公民的共善或政治社会的正义这样的角度来提出论证"。① 公共协商过程中,通过公开说明理由,迫使公民更多地从共同体利益出发考虑问题,节制个人需要。再次,参与式民主能够形成集体责任感。参与式民主能够使人们看到,政治共同体的每个人都是更大社会的一部分,承担责任有利于促进共同体的繁荣。最后,参与式民主能够促进社会团结。在多元社会,通过公开的对话交流和协商,各种团体之间就会维持一种深层的相互理解,从而成为建立参与持续性合作行为所需要的社会基础。正如金里卡所指出的,参与式民主"还会导致更大的社会团结……人们对慎议经验的共同分享,就成了把公民们联结在一起的实实在在的纽带,并且,这种经验共享也促进着更大的相互理解并且加强公民之间的共同感受"。② 这样,通过参与公共协商过程,公民能够融入积极的公共生活,发扬他们身上的优良品质,以形成积极的公民精神,关注共同体价值。

二是提高决策的合法性。自由主义民主实行偏好聚合的决策机制,这种机制产生的决策合法性较低,因为"许多研究已经表明,公民们只有在下述情况下才会承认对他们不利的集体决定具有合法性:他们认为自己的论点和理由已经获得了被公平倾听的机会,并且他人认真地考虑过了他们不得不表达的内容。对于那些被边缘化的少数民族群体尤其如此,因为他们

---

① 林国明、陈东升:《公民会议与审议民主:全民健保的公民参与经验》,《台湾社会学》2003年第6期。

② [加]威尔·金里卡:《当代政治哲学》,刘莘译,上海三联书店2004年版,第525页。

事先就知道自己几乎没有希望赢得多数投票"。① 偏好聚合的决策机制没能提供这样的机会。决策意味着对资源的重新分配,在资源缺乏的情况下,每个人又同等地享有对资源使用的权利,所以,如何寻求一个大家都可以接受的结果,以强化其合法性就显得相当重要。参与式民主通过充分自由平等的协商,实现偏好转换,能够提高政策的合法性。因为,经由协商的决策过程能够包容所有受决策影响的利益相关者,他们都能够平等地参与政治讨论,没有人具有超越任何其他人的优先性。即使不同意最终结果,人们至少不认为它是权力争斗的产物,而是考虑多方冲突立场意见的结果,使公民就立法的优点达成理性一致,合法性借助协商而得到增强。

三是改善立法和决策的质量。自由主义民主的决策机制下,公民没有机会充分讨论和了解情况,只是根据固定偏好进行选择。但是,政治决策只有在获得广泛的信息,充分关注和了解政策对象的真实感受的基础上,才能够做出比较恰当和完善的决策。而参与式民主的公共协商机制提供了这种机会,它能够改善民主决策的结果,"通过把政治正当化和决策置于多种备选方案中,协商提高了它们的质量"。② 一方面,公共协商的过程能够充分提供信息,有助于克服有限理性,从而提高公共决策的品质。任何决策者在作决定时,因受生活经验和时空的限制,只能够获得并吸收一部分信息。在公共决策的过程中,与他人的沟通、对话和讨论,可以获得充分信息,削弱有限理性的影响。另一方面,通过参与式民主,参与者在公共讨论过程中合理说明理由,接受公开质疑与批评,这样有助于达成较为正确的决定而提升公共决策的品质。"这种决策过程可以引出公民们本来无法说出的知识和洞见,并且还因为公民们会经过检验而抛弃那样一些假设或信念——那些在公共论辩中被发现是错误的或短视的因而得不到辩护的信念"。③

四是促使官僚组织承担责任,制约行政权的膨胀。20 世纪以来,随着

---

① [加]威尔·金里卡:《当代政治哲学》,刘莘译,上海三联书店 2004 年版,第 523—524 页。
② [美]詹姆斯·博曼:《公共协商:多元主义、复杂性与民主》,黄相怀译,中央编译出版社 2006 年版,第 24 页。
③ [加]威尔·金里卡:《当代政治哲学》,刘莘译,上海三联书店 2004 年版,第 524—525 页。

国家角色、政体规模的变化，自由主义民主制度面临的另外一个重要挑战，就是行政机构的权力或者说官僚自由裁量权的日益膨胀，行政机构获得了制定规则以确定公共政策内容的权力，而无须承担同等的民主责任，这是政治腐败的主要诱因之一。而控制官僚自由裁量权的恰当途径是施行参与式民主，实行协商的民主立法模式。协商模式能够规范、建构现代的公共行政，因为公共协商在讨论和决策中具有公开性、平等性和包容性特点，所有政策协商的参与者都有确定问题、争论证据和形成议程的同等机会，使行政人员在决策的过程中必须更多地听取人民群众、利益相关者及有关专家的意见，并通过解释说明而负起责任，接受人民的监督。这是促使官僚组织承担责任，制约行政权的膨胀的有效途径。

在自由主义民主通过选举解决权力授予机制之后，参与式民主通过鼓励民众平等参与决策，设计并实施有利于广大民众的公共政策，确保所有公民都平等得益于国家福利。这种公共利益支配的程序，能够纠正个人主义和自利道德，能够提高决策的合法性与合理性，在一定程度上弥补自由主义民主的不足。

3. 参与式民主转向协商民主理论以寻求消极保护与积极参与的平衡，体现了民主理论发展的新趋向

近代以来，民主理论就存在着以卢梭为代表的发展型共和主义民主和由洛克开始的保护型自由主义民主理论两个流派。前者强调公民积极参与对于个人发展具有重要的价值；后者主张公民通过选举代表间接参与公共决策，其核心是保护人权。虽然，保护型民主理论是西方民主主流，但发展型民主理论并没有退出历史舞台，这两个流派一直以来都相互批评，针锋相对。20 世纪 90 年代之后，参与式民主转向协商民主理论，试图融合这两个流派，寻求消极保护与积极参与的平衡，这实际上体现了西方民主理论发展的趋势。

（1）体现间接民主与直接民主结合的趋势

直接民主"指的是统治者与被统治者的身份的重合，公民作为国家的主

人直接管理自己的事务,而不通过中介和代表"。① 与此相对应,间接民主"指的是公民通过由自己的同意所选举出来的代表来负责制定法律和管理公共事务。所以,间接民主常常又被称为代议制民主"。② 西方社会在古希腊时期是采用直接民主制,由公民直接共同决定城邦事务。近代以后,资本主义代议制确立,间接民主就成为西方民主的主要形式。间接民主由公民定期选举产生一定数额的代表组成议会,集体讨论决定国家有关重大事项。它是社会发展的必然产物,克服了直接民主时空上的局限性,是迄今为止最为有效的民主形式。但是,由于科学技术的发展,社会变革的日趋加速,普通公民素质提高,参与要求也随之增加。同时,本来就没有完全实现人民统治理想的代议制日益暴露出许多缺陷。于是,20 世纪中期,结合间接民主与直接民主的参与式民主理论逐渐兴起。

　　参与式民主理论自身的发展体现着直接民主与间接民主结合的趋势。参与式民主萌芽时期的学者较为激进地批判间接民主。例如,柯尔否定传统代议制,主张以鼓励积极参与的职能民主制代替之。同样,阿伦特也否定传统代议制,把参与提升到生命的高度,主张公共领域中的积极参与,提出委员会制民主。但是,他们并不主张直接民主,所提出方案都是具有直接民主和间接民主两种性质的形式。20 世纪 70 年代后,学者们不再完全否定传统代议制,而是进一步探索把直接民主和间接民主结合的方式。佩特曼明确提出参与式民主并不完全否定间接民主,并认为自由主义民主的许多核心制度,包括竞争性政党、政治代表和定期选举等,都将是一个参与性社会不可或缺的组成因素。同样,麦克弗森的参与式民主模式是一种"基层采用直接民主,基层之上采用代议制民主的金字塔体制"。③ 托夫勒也不认为代议制可立即抛弃,他认为间接和直接民主两种制度都有优点,因而"可以

---

① 刘军宁等:《直接民主与间接民主》,北京三联书店 1998 年版,第 37 页。

② 刘军宁等:《直接民主与间接民主》,北京三联书店 1998 年版,第 37 页。

③ C. B. Macpherson, The Life and Times of Liberal Democracy, Oxford: Oxford University Press, 1977, p108.

把直接的公民参政,与'代议制'结合起来,形成一种半直接民主的新制度"。① 参与式民主发展到协商民主阶段,也体现出直接民主与间接民主的结合。一方面,协商民主鼓励直接参与,它旨在打破国家对民主参与的限制,试图在现代国家实体中通过公共协商的方式实现共同参与的民主理想,并试图通过不断扩大协商范围和延展协商深度来克服间接民主的弊端。另一方面,协商民主承认代议机构的作用,甚至有学者把协商过程限制在议会这种正式的组织中。

总之,参与式民主既复兴了古典民主的直接参与理想,又承认间接民主的合理性,它自身的发展正体现了民主理论走向间接民主与直接民主结合的趋势。可以说,"古代——直接民主,近代——间接民主,当代——间接民主与直接民主的结合。这就是民主发展的逻辑。间接民主与直接民主的结合,就是西方民主的当代形态"。②

(2)体现精英统治与大众参与融合的趋势

20 世纪上半叶开始,精英民主成为西方民主理论的主流,它对大众统治的合理性与可能性持怀疑态度,认为民主不过是选举领导人的手段。与此相反,参与式民主鼓励大众参与,主张受政策影响的人都应该参与决策,认为精英民主违背了民主理想。协商民主阶段的参与式民主则进一步将二者融合起来,既倡导大众积极参与,又具有精英取向,体现了民主理论走向精英统治与大众参与融合的趋势。

早期积极参与论者批评精英统治,强调大众参与,但他们并未完全否定精英的作用。例如,柯尔认为,职能民主制并不是不要领袖,相反,领袖工作是民主政治所不可缺少的。阿伦特的委员会制民主也要依靠精英,"坐在委员会中的人也是精英,他们甚至是现代世界有史以来唯一的政治精英,他们来自人民,是人民的政治精英"。③ 同样,佩特曼等参与式民主论者也在强

---

① [美]阿尔文·托夫勒:《第三次浪潮》,朱志焱等译,生活·读书·新知三联书店 1983 年版,第 498 页。

② 应克复:《西方民主的逻辑发展》,《上海社会科学院学术季刊》1997 年第 1 期。

③ [美]汉娜·阿伦特:《论革命》,陈周旺译,译林出版社 2007 年版,第 260—261 页。

调大众参与的同时,承认精英的作用。例如,麦克弗森的金字塔民主体制就可以看作是基层大众参与与高层精英统治的结合。

参与式民主到协商民主阶段,进一步体现了精英统治与大众参与的融合。完整的协商民主制度包括精英统治与大众参与两方面:一方面,协商民主承认政治精英的作用。协商民主论者指出,决策的第一个环节是平等自由的公民在公共领域进行协商形成意见,而第二个环节则是这些在公共领域形成的公共意见最终要到国家层面,由政治精英形成公共意志,因此,政治精英的作用是不可否认的;另一方面,协商民主的协商重点关注普通公民。在协商民主的体制中,对共同关注事务的协商不再局限于政党利益集团、政治精英,而是扩展到整个社会,普通民众在一定意义上获得了平等的话语权。在自由主义民主体制中,广大公民经常只是充当投票工具的角色,他们在政治机器的灌输、宣传下容易被操纵、被欺骗。而协商民主则更强调为不同阶层的社会成员之间的对话构建一个平台,保证人们进行商谈所必需的各项权利以及有效实现这些权利所必需的权力。① 在这种较为包容、平等、自由的对话沟通机制的基础上,社会底层大众有渠道来反映自己的利益、需求和偏好,在很大程度上改变了以往少数特权精英阶层控制政治决策的现象。

概言之,大众广泛参与才能真正体现主权在民的民主核心,同时,随着社会政治经济的发展,越来越不能忽视精英所具有的重要作用,因此,当代西方民主理论发展的一个重要趋势,就是精英统治和大众参与的结合,希望在现存的市场经济和代议制的框架内进行政治改良,通过扩大大众直接参与来平衡社会不平等的精英统治,使现实民主更加切近理想民主。

(3)体现微观民主结合宏观民主的趋势

与自由主义民主理论只强调政治意义上大范围的宏观民主不同,参与民主理论不仅关注宏观层次,更强调以团体和工厂为中心的小范围的微观民主,提出公民在日常生活和工作场所的参与有着重要的教育功能。事实

① 贾可卿:《协商民主的价值及其局限》,《新视野》2008 年第 4 期。

上,参与式民主认为民主应该从微观开始,然后逐渐向上扩展,并在参与的扩展过程中,实现"自上而下"和"自下而上"的双向循环,以结合微观民主与宏观民主。

早期倡导积极参与的思想家大多主张"参与"在国家基本制度上进行整体突破,如卢梭所言,主权在本质上是由"公意"构成的,它只能由人民直接表达,而决不能被代表。但是,当代的积极参与论者看到了直接在宏观层次提倡积极参与的不现实性,因此,他们试图将微观和宏观民主结合起来。例如,柯尔把民主参与扩展到工业领域,提出全面民主化。他认为民主原理不仅或主要运用于社会行动的特殊领域如人们所熟悉的"政治领域",而且也应当运用于任何一种社会行动的领域,特别是像运用于政治事务那样充分运用于工业和经济领域。同样,佩特曼把政治的概念扩大到整个社会,探讨参与在实践层面的可行性,主张公民积极参与到与"人民生活息息相关的领域"。麦克弗森的金字塔式民主机制也体现出微观和宏观民主结合的趋势。一方面,参与式民主中必须存在相当程度的微观民主,金字塔的底层是工厂、地方社群及工作场所等"有限网络",在这个网络内实行公民直接参与决策;另一方面,竞争性政党则从中整合并提出议题,实现民主上升到宏观层次。巴伯也强调微观层次的"参与"对公民教育和促进公民能力的发展方面具有不可替代的意义,并同时提出了宏观层次的民主制度设计。

参与式民主发展到协商民主阶段,更进一步体现出微观和宏观民主结合的趋势。许多协商民主论者在强调微观民主的同时,努力探索将微观和宏观民主融合起来的机制。例如,哈贝马斯在强调公共领域内协商的同时,提出了双轨模式,认为合理的协商政治必须是双轨的,即需要通过两种渠道来完成,一是议会这种制度性组织,二是社会公共领域这种非正式的交往形式。在他看来,一种合理的协商政治必须承认,社会是民主意愿的来源地,而国家的制度性组织则是民主意愿的载体或表达渠道。协商性政治的成功"并不取决于一个有集体行动能力的全体公民,而取决于相应的交往程序和交往预设的建制化,以及建制化协商过程与非正式地形成的公共舆论之间的共同作用"。① 德雷泽克则从话语民主的视角探讨了协商民主不仅仅局限于宪政结构之内,更应该发生在一个必不可少的政治活动空间——公共领域之内。他认为"协商民主可能发生在三个层面的不同领域:国家制度、特设论坛、公共领域。这三个领域内的协商民主都有其不同的特点与运作方式"。②

实际上,不管是间接民主与直接民主的结合,或是微观和宏观民主的结合,还是精英统治与大众参与融合,都是参与式民主理论寻求消极保护与积极参与平衡的体现。它标志着以自由为核心的民主理念向以自治为核心的民主理念的转变。这一转变对于民主是很重要的,"如果公民有作为公民而积极行动的实际权利,也就是说,当公民享有一系列也许他们要求民主参与并把民主参与视做一种权利的时候,民主才是名副其实的民主"。③

(二)参与式民主理论发展的局限性

参与式民主理论建立在资本主义市场经济基础之上,它发展到协商民主的实质是对西方自由主义民主的一种补充、完善和超越,而非替代。④ 参与式民主虽然从总体上减少了传统民主的弊端,是对民主理论和实践的重要发展,但是,它并没有也不可能消除自由主义民主的所有问题。它仍以保护个人权利为核心,公民参与还是有限的,并且它是西方社会的特殊产物,不具有普遍性。具体而言,其局限性表现在以下三方面:

1. 以资本主义市场经济为基础,经济权力侵蚀政治民主,公民参与受限

西方参与式民主以资本主义市场经济为基础,属于资产阶级的民主,公

---

① [德]哈贝马斯:《在事实与规范之间——关于法律和民主法治国的商谈理论》,童世骏译,三联书店2003年版,第371页。

② [澳]John S. Dryzek:《不同领域的协商民主》,《浙江大学学报(人文社会科学版)》2005年第3期。

③ [英]戴维·赫尔德:《民主的模式》,燕继荣等译,中央编译出版社2004年版,第398页。

④ 需要说明的是,自由主义的协商民主理论家认为,协商民主不是对自由主义民主的替代,它只不过是对自由主义民主的一种补充而已;而激进的协商民主理论家,如雷泽克等,则认为那种试图把协商民主置于自由民主理论框架中去的做法,将会扼杀协商民主的巨大的创造性,协商民主应该是对自由主义民主的一种超越和替代。事实上,二者都有其合理性,协商民主既是对自由主义民主补充,又是对它的超越,但不是替代它。

民参与是有限的。一方面,市场经济并不必然导向民主制,但市场经济与民主制可以互相兼容、互相促进。另一方面,资本主义市场经济形成的经济权力却可能侵蚀政治民主。

从马克思主义的观点来看,民主首先是一种国家形态,属于上层建筑,它产生并服务于一定的经济基础。在阶级社会中,民主的主体从来都是经济上占支配地位、政治上占统治地位的阶级,因而民主总是具有阶级性的,总是一定阶级用来实现统治的形式和手段。参与式民主理论建立在生产资料私有制基础之上,是资产阶级的民主,会导致国家制度与劳动人民权利的分离,背离人民权利的本意。资产阶级民主只能是资本的特权,是一种少数人的民主。正如列宁所说,资产阶级民主同中世纪制度比较起来,在历史上是一大进步,但是,“资本主义社会里的民主是一种残缺不全的、贫乏的和虚伪的民主,是只供富人、只供少数人享受的民主”。① 理论上标榜代表社会普遍利益,而实际上保护和实现的主要是资本的特殊利益;法律形式上是平等,而经济地位事实上是不平等的;国家机构形式上是权力分立,而国家政权却是凌驾于社会之上。奈斯比特指出了金钱对参与式民主的腐蚀:“随着创制权的使用越来越经常,正如金钱对其他政治斗争产生影响一样,金钱显然也会影响运用创制权进行表决的结果……为了影响一些提案的表决结果,企业有权花钱,而且愿意花多少就花多少”。② 还有学者指出,参与式民主存在着“虚假的参与:工人被鼓励可以对上司的决定进行讨论和提出疑问,但实际上并不起任何影响,决策是管理者的特权,工人是被排除在决策之外的”。③ 在二战后,虽然资本主义国家的经济普遍繁荣,普通公民却仍然处于一种现实的不自由、不民主、不平等的社会生活之中。普通公民虽然可以通过游行示威等各种参与形式来表达对资产阶级代议制的不满,但都不能动摇资本主义的统治。

---

① 《列宁选集》第 3 卷,人民出版社 1995 年版,第 191 页。
② [美]约翰·奈斯比特:《大趋势——改变我们生活的十个新方向》,孙道章等译,新华出版社 1984 年版,第 227 页。
③ 黄文扬:《国内外民主理论要览》,中国人民大学出版社 1990 年版,第 393 页。

要言之，在资本主义市场经济中，很容易产生腐败和经济混乱，出现经济权力侵蚀政治民主的现象，使公民参与受到限制。参与式民主仍然是以资本主义市场经济为基础，它难以避免自由主义民主由于资本主义市场经济造成的弊端。只有保证一个良好的社会经济环境，才能有效地遏制市场经济条件下的严重贫富两极分化、严重的不公正和不平等，才能为民主发展提供有利条件。也就是说，只要没有摆脱资本主义经济基础，参与式民主就无法避免生产资料私有制造成的经济和政治不平等，同时也无法避免资本主义自由市场中的经济权力对政治民主的侵蚀。

2. 以个人主义为核心，强调消极保护个人权利，积极参与有限

个人与社会的不同价值选择是社会主义和自由主义最根本的分歧。社会主义坚持个人与社会价值的辩证统一，而自由主义则坚持个人本位的价值观。个人主义传统是西方协商民主立论的基础，其特点是"把个人当作人来尊重：就是在他自己的范围内承认他的爱好和趣味是至高无上的。纵然这个范围可能被限制得很狭隘；也就是相信人应该发展自己个人的天赋和爱好"。① 也就是说，个人主义是以个人权利与利益为本位，把社会利益视为个人利益之加总。可以说，自由主义是西方社会的主流意识形态，而个人主义是其本质特征。"我们相信个人的尊严，乃至个人的神圣，我们为自己而思考，为自己而判断，为自己而作决定，按照自己认为适当的方式而生活。违背这些权利的任何事情在道德上都是错误的，都是亵渎神明的……而我们自己和我们社会的一些最深层次的问题，也是同个人主义密切相连的。放弃个人主义就是放弃我们最深刻的本质"。② 在近代资本主义革命时期，个人主义对于反对教会和封建专制具有重要意义，但是，这种个人主义在"今天已经发展得象癌症一样危险了"。③ 如果说个人主义曾经发挥过积极

---

① ［英］哈耶克：《通往奴役之路》，王明毅等译，中国社会科学出版社1997年版，第21页。

② ［美］罗伯特·贝拉等：《心灵的习性——美国人生活中的个人主义和公共责任》，翟宏彪等译，三联书店出版社1991年版，第3页。

③ ［美］罗伯特·贝拉等：《心灵的习性——美国人生活中的个人主义和公共责任》，翟宏彪等译，三联书店出版社1991年版，第3页。

作用的话,那么现在它已到了其发展的极限,成为各种社会问题的明显根源,不可避免地给参与式民主带来种种局限性。

参与式民主理论虽然是以自由主义民主批评者的角色出现,提出公民积极地参与政治是实现自我价值的重要途径,追逐公共利益是公民的一种美德,积极的实践是实现个人价值的基本途径,但是,它深深地根植于西方的自由主义传统,仍然以保护个人权利为核心,难以克服个人主义给民主带来的种种弊端,积极参与仍是有限的。其一,个人主义把个人看作抽离了社会关系的原子人,把个人与现存的社会关系隔离开来,这限制了积极参与。"对于分离的个人的种种解释形成了自由主义民主理论的基础……换一种方式来说,就是在一个以权利为基础的社会里,自由交往的权利是一种不与人交往(dissociation)的权利"。① 对此,马克思曾指出,资本主义生产关系中的"生产和消费的普遍联系和全面依赖随着消费者和生产者的相互独立和漠不关心而一同增长"。② 人在这种相互分离和冷漠的驱使下往往以牺牲人的全面发展为代价,这是当代西方社会政治冷漠的重要原因,也严重地限制了积极参与。其二,个人主义强调权利(rights)优先于善(good)的理念,使参与式民主难以达到预期效果。"当代民主理论的一个主要特色是从以权利为基础的自由主义派生出来的,这就是把'权利'摆在'善'之上。约翰·罗尔斯支持这种立场的论点是众所周知的"。③ 这种理念有利于发挥个人积极性和创造性,但是却导致了公共善的缺失和共同体价值的削弱。"对民主的以权利为基础的理解,存在的一个根本性问题是,这种理解几乎没有什么机制来防止个人从共同体中异化出来。因为作为一个公正社会的最根本标志和奖赏的权利,总是由个人来领受"。④ 而有活力的共同体对于个人

---

① [美]郝大维、安乐哲:《先贤的民主:杜威、孔子与中国民主之希望》,何刚强译,江苏人民出版社2004年版,第45页。

② 《马克思恩格斯全集》第46卷(上册),人民出版社1979年版,第107页。

③ [美]郝大维、安乐哲:《先贤的民主:杜威、孔子与中国民主之希望》,何刚强译,江苏人民出版社2004年版,第46页。

④ [美]郝大维、安乐哲:《先贤的民主:杜威、孔子与中国民主之希望》,何刚强译,江苏人民出版社2004年版,第47页。

的成长与发展都是绝对必要的。虽然,参与式民主已经看到了自由主义个人观造成的这一缺陷,提出了相应的改进措施,但是,它是对自由主义民主的一种补充和完善,而非完全的改变,因此,它还是以个人主义为基础,不可能真正超越这些局限性。

正如马克思主义所指出的:"人的本质不是单个人所固有的抽象物,在其现实性上,它是一切社会关系的总和"。[①] 因此,人不能被理解为抽象的、孤立的个体,人是具体的、生活于现实生活中的人。他们的一切行为不可避免地要与周围所有的人发生各种各样的关系,生活在现实社会中的人,必然是生活在一定社会关系中的人。这种复杂的社会关系就决定了人的本质,形成了人的社会属性。根据对人的本质的这一界定,个人也只有在他融入社会关系并在其中积极活动,才能真正实现其价值。因此,参与式民主只有超越西方的自由主义个人观,以社会共同利益为本位,才有可能真正实现其理论预设,促进人的发展。

3.参与式民主理论的发展有其特殊的社会背景,不具有普适性

参与式民主理论的发展是西方社会自我调整的一种表现,有其特殊的社会背景,不具有普适性。马克思主义认为,世上没有所谓"纯粹民主"或"绝对民主"或"全体人的民主",在阶级社会,民主都是同一定的阶级统治相联系的,都具有浓厚的阶级性。在人类历史发展过程中,"民主"的形式是随着统治阶级的更换而变化的。"在古代希腊各共和国中,在中世纪各城市中,在先进的各资本主义国家中,民主有不同的形式和不同的运用程度"。[②]

参与式民主作为一种资产阶级民主是随着资本主义政治经济的发展而演变的。这种演变一方面有适应生产力的发展和社会进步的原因,另一方面也有缓和阶级矛盾的动因。从 20 世纪 60 年代中期开始,民权运动、新左派运动、学生运动、黑人运动和妇女运动风起云涌。原来无权、处于社会底

---

① 《马克思恩格斯选集》第 1 卷,人民出版社 1995 年版,第 60 页。
② 《列宁选集》第 3 卷,人民出版社 1995 年版,第 699 页。

层的社会民众和社会团体纷纷起来发动争取权利的社会运动,对资产阶级政府进行有组织的抗议。这些社会运动对自由主义民主制度形成了巨大冲击,于是,参与式民主理论应运而生。之后,随着资本主义社会矛盾的缓和,参与式民主理论也逐渐从激进趋向温和,不再全盘否定自由主义民主,而是对它进行修补与完善。20世纪80年代以来,西方社会又发生了巨大变化。信息网络技术迅猛发展,经济全球化迅速推进,文化多元主义逐渐兴起,这些都对西方民主理论提出了新的挑战。在这一背景之下,参与式民主发展到协商民主理论阶段。它既是多元文化社会的产物,又在此基础上为这一社会充满冲突的困境提供解决的方案,试图通过公民间自由平等的话语协商,确保所有人拥有真正的发言权,提高参与的质量,实现消极保护与积极参与的平衡,以构建弥补自由主义民主缺陷的民主模式。

可见,参与式民主理论的发展是西方社会自我调整的一种表现,其目的是为了缓和社会矛盾,调整资本主义社会各个阶级、阶层、利益集团之间的关系,解决各种现实的社会问题,是在资本主义框架内改良政治民主制度。参与式民主在当代的自我调整和新发展说明了西方民主仍然拥有较大的发展余地和空间,但这种新的发展变化是建立在生产资料私有制的基础,不能从根本上克服资本主义的基本矛盾和阶级对立,只能使资本主义基本矛盾和阶级冲突得到暂时和局部的缓和。参与式民主理论发展并不是普适的,它是西方社会特殊现实的产物。

总之,当代参与式民主理论在一定程度上客观地揭示了自由主义民主的弊端,复兴了积极参与理念,但是它本质上并未完全超越自由主义民主的框架。正如德雷泽克所指出的,"自由主义是一种最有效的真空吸尘器,它能够将所有似乎对自己形成挑战的学说都吸纳进去,无论论它们是批判理论、环境主义、女权主义,还是社会主义"。① 自由主义的这种能力削弱了参与式民主论者思考政治制度和实践如何变得更好的批判性思维,因此,它仍以

① [澳]约翰·S. 德雷泽克:《协商民主及其超越:自由与批判的视角》,丁开杰等译,中央编译出版社2006年版,第19—20页。

消极保护个人权利为核心,积极参与是有限的,寻求消极保护与积极参与的平衡还是其今后发展的主要任务。

二、参与式民主的发展前景:实践、困境与展望

近几年,作为参与式民主理论的新阶段,协商民主理论研究又开始进入实践探索阶段。学者们结合不同的实践问题展开了各种不同形式的政治实验,以修正和发展协商民主理论,极大地推动了参与式民主理论的发展。但是,目前这些实践只是在初步试验阶段,还需要不断的完善。而且,由于参与式民主理论的理想性,它在实践中面临着重重困境。但可以肯定的是,参与式民主理论符合西方社会发展的趋势,通过不断的实践和完善,能够具有广阔的发展前景。

(一)参与式民主理论的实践

在参与式民主实践研究方面处于领先地位的是斯坦福大学的费什金(James S. Fishkin)教授,他根据评估的是什么模式的大众观点和评估的是谁的观点,把公共协商分为八种模式:自我选择民意测验与协商小组、一些民意测验与公民陪审团等、大多数民意测验与协商民意测验、公投民主与协商日。① 澳大利亚华裔学者何包钢把协商民主的实践方法总结为四种:协商民意测验、公民陪审团(或称"公民议会"、"共识会议")、专题小组(又称焦点组)和大规模的协商大会(亦称21世纪城镇大会)。据此,当前参与式民主的主要实践方式可总结为以下几种:

第一,协商民意测验②。协商民意测验(Deliberative Poll)是一种基于信息对等和充分协商基础上的民意调查,它旨在克服传统民意调查的诸多局限性。协商式民意测验是费什金教授首创的,在他看来,协商民意测验可以

① [美]James S. Fishkin:《实现协商民主:虚拟和面对面的可能性》,《浙江大学学报(人文社会科学版)》2005年第3期。

② 协商民意测验内容主要参见:何包钢:《协商民主之方法》,《学习时报》,2006年2月13日第005版;[美]James S. Fishkin:《实现协商民主:虚拟和面对面的可能性》,《浙江大学学报(人文社会科学版)》,2005年第3期;马奔:《协商民主问题研究》,山东大学博士学位论文2007年,第45—46页。斯坦福大学协商民主研究中心网站:http://cdd.stanford.edu。

说是实现政治平等和协商这两种基本价值的最佳方式。费什金认为,虽然近年来美国的民主政治朝向更直接的民主方向发展,扩大了公民的直接参与,促进了民主政治追求的平等的价值,但是这种直接参与式的民主妨碍了民主政治所强调的协商,只能算是实现了民主的一部分,一个完整的民主必须要能同时充分满足"平等"和"协商"两个方面。为此,费什金所设计的协商民意测验的主要目的就在于解决在实践中如何兼顾"平等"与"协商"的两难。他从古雅典公民利用抽签选择法官或立法者的方式中得到启发,认为在现代国家可以采取随机抽样的方式,选取一部分公民作为一个国家的缩影,并且让这些公民聚集在一起,面对面相互讨论,这样可以提供给普通公民一个理想机会,使他们的声音可以被听到,尝试了解在一个信息充分和公民能够审慎思考和互相辩论的理想状况下所呈现的民意。

具体而言,协商式民意调查包括四个阶段:首先,针对某一特定的议题,随机选择参加接受调查的公民;其次,对这些公民进行第一次民调;再次,把受访的公民集合起来,安排政府官员、专家与公民对话,让被调查的公民在具备有关知识的基础上进行审慎和理性的讨论;最后,仍然针对原来的议题对受访的公民重新进行一次民调。参与者在协商前后两次填写民意测量表,比较两次的差别可反映协商对参与者偏好的影响。协商民意测验能够克服传统民意测验参与者只获得极少的信息,只有极少的时间来考虑一些被咨询问题的弱点。但是由于需要支付给参与者以一定的经济补偿,故协商民意测验方法的成本可能会较大。另外,两次民意调查问卷的制作和分析需要一定的专业人士的参与。协商民意测验一般适用于较大规模的规划问题,适用于地方重大事项的决策。当前协商民意测验已经在英国、美国、澳大利亚和丹麦等国家和地区实践过。

第二,公民陪审团①。公民陪审团(citizens juries)也称"公民议会"、"共识会议",源于美国历史上的陪审制,现发展成为一种现代公民参政形式。

---

① 公民陪审团主要参见:美国杰弗逊研究中心网站:http://www.jefferson-center.org/;何包钢:《协商民主之方法》,《学习时报》,2006年2月13日第005版。

公民陪审团由一个官方委员会创设而成,由委员会选择专家、证人和随机抽选出陪审团成员,促成公民、证人与政治人物之间的对话。

公民陪审团的会议和所讨论的议题将对外公布,将政府的政策置于更宽广的社会中。在陪审团进行协商后,他们会产生一份决议或提出建议,并且该决议或建议以公民报告的形式出现。一般情况下,发起公民陪审团的部门会被要求回应,要么根据公民报告的建议行事,要么说明拒绝这一建议的理由。这种参与形式的特点是:参与者由随机抽样产生;参与者具有一定的代表性;参与者人数在几十人左右;需要独立的受过培训的主持人或协调者的参与;参与者进行会面商议要持续2—4天;参与者在被召集之前能够得到书面的与议题相关的信息;参与者可以请教专家或者证人(通常由组织者指定),专家和证人可以在商议程序中提供特别的知识或经验;协商所得的结果最终以正式的报告形式公开;要公开说明为何要采取这样的建议或以充分的理由解释说明持异议的理由。

公民陪审团允许多层次的知识、技术和经验进入协商程序,要求参与者像处理法律案件时一样进行激烈辩论,这样协商讨论的质量就会提高。这一方法所要求的参与人数相对于协商民意测验要少,协商可以更加深入和全面。同时,由于参与者在完成协商后提交的建议报告确实可知,这就能够对公共协商的效果有无真正达到公众参与的目的和影响决策制定进行公正的评价。美国的杰斐逊研究中心已运用公民陪审团的方式讨论过多项重要的公共政策问题,涉及国家医疗改革、预算编制的优先项目、环境保护等议题。另外德国、丹麦、英国和澳大利亚也都引入并使用过该方法。

第三,专题小组①。专题小组,又称焦点组,是由与议题有关联的和知晓议题的人员组成。专题小组讨论是作为制定计划的一种协商方法,它也能同其他协商方法结合运用。

专题小组方法有以下主要特点:这种协商方法的影响力或结果并不覆

---

① 专题小组内容主要参见:何包钢:《协商民主之方法》,《学习时报》,2006年2月13日第005版;美国公共议程研究团体网站:http://www.publicagenda.org/。

盖全社区,它只涉及社区中的某一特殊利益的分配问题,并且参与者通常不是通过随机抽样而产生;参与者团体由当地的公共机构或非政府的中立机构指定。各种利益群体的成员都有可能参与到协商中来;参与人数相对较少(最多不超 25 人);根据需要,专题讨论可以进行一次、多次或者有规律性的定期举行;利益群体可以通过他们各自的参与人员向专题小组提供各自特殊的信息,而这对于大规模的协商方法来说不容易做到。从各利益群体反馈得来的各种形式的信息或者书面材料可以再次反馈给委员会。这种方法的优点在于由于代表各自利益群体的参与者在专题讨论前已充分掌握了议题的相关信息,这就使其能在短时间内进入深入协商的状态。另外,各利益群体所掌握的独特的知识或信息往往能够使他们创造出一些令人耳目一新的观点或解决方法。但是,这种方法也有一些缺点:利益群体内部会有一些积极参与的成员,但是他们并不能必然地代表整个利益群体;长时间的协商不利于参与人员的选择,也不利于参与者保持他们观点的一致性;由于该协商方法的参与人员带有既存的知识或观点,且不易退让或妥协,这就往往不能像其他协商方式那样展开充分的协商。

这一方法能够适用于局部的、专业的、带有强烈个体或小团体利益要求的议题。它可获得各种利益群体的态度或观点,当采用大规模的民意咨询方式不能得到其满意的答案时亦可采用该方法。澳新南威尔士州政府曾用此方法讨论城市发生紧急情况时反应措施的问题。

第四,大规模的协商大会①。大规模的协商大会(亦称 21 世纪城镇大会)最早源于美国非营利性组织"全美开讲"策划和组织的新型城镇会议。

大规模的协商大会采用小组协商讨论同计算机联网技术相结合的方法。各小组将各自讨论的结果输入电脑,然后这些信息将用电子数据的形式传输给主题中心,由该中心综合各小组的讨论结果并将结果展现在大屏幕上。澳大利亚珀斯市组织了一次有 1100 名公民参与的大规模的协商民

---

① 大规模的协商大会内容主要参见:何包钢:《协商民主之方法》,《学习时报》,2006 年 2 月 13 日第 005 版;美国全美开讲团体网站:http://www.americaspeaks.org/。

主试验，共同协商讨论如何促进珀斯地区的发展。具体来说，首先，每十个参与者组成一个讨论小组，每个小组有30到40分钟的时间对议程中所给出的问题进行回应和讨论，并将他们的意见输入电脑。中心根据所得信息将其综合成为10条主要的意见或议题展示在大屏幕上。其次，每个参与者都被要求对遭遇两难困境的计划问题提出实用性的解决方法，必须通过充分的互相协商和权衡完成对城市的规划。再次，为了保证实现参与者继续对这些议题进行跟踪关注，在大会结束之后，每个参与者收到了一份写有所有重要建议的初步报告。几周之后，他们又收到各自所在小组所做出的城市蓝图的复印件，以及经综合的城市蓝图，同时还有一份具有深度的最后分析报告。100多名参与者在9个多月之后被分成几个小组再次聚在一起共同商讨，讨论后的结果再一次分发给所有1100名参与者寻求他们的反馈。一年之后，州内阁在综合考虑反馈意见后通过了新的规划。

这种大规模的协商大会运用当代电子技术进行大规模的民意咨询和协商讨论，参与面十分广，但该方法成本高、费用大、技术要求高。在城市重大发展计划或重大问题上，需要广大市民协商咨询时可采用该方法。

第五，协商日。[①] 协商日是由费什金教授和耶鲁大学法学院阿克曼（Bruce Ackerman）教授提出的。他们根据以前的协商式民意调查的实证结果认为，一般公民在特定的制度设计下，非常乐意扮演积极的公民角色，只是现有的制度安排限制了公民作用的发挥。他们希望通过协商日的设计将协商的理念融入到正式的政治过程，以"把我们从基本民主价值的这种强制性妥协中解放出来"，而且如果能同时保有协商和参与，"我们就能周期性地为政治过程输入可以称为集体的深思熟虑的同意"。[②]

费什金和阿克曼设想了协商日的具体运作：由政府专门成立的单位负

---

① 协商日内容主要参见：Bruce Ackermen，James S. Fishkin，"Deliberation Day"，The Journal of Political Philosophy，Volume 10，No. 2，2002；[美]布鲁斯·阿克曼、詹姆斯·S. 费希金：《审议日》，谈火生编：《审议民主》，江苏人民出版社2007年版，第124—145页；马奔：《协商民主问题研究》，山东大学博士学位论文，2007年，第50—51页。

② [美]布鲁斯·阿克曼、詹姆斯·S. 费希金：《审议日》，谈火生编：《审议民主》，江苏人民出版社2007年版，第144页。

责,在美国全国性选举之前的一周,把登记选民召集到邻近的集会地点,按15人为一小组,500人为一大组,讨论竞选活动所提出的中心议题。参与者将可以获得150美金的出席费,条件是他或她一定会参与下周举行的投票。具体来说,第一,观看电视辩论会。主办单位安排参与的公民观看两党候选人的电视政见辩论会。第二,分组讨论。在辩论的过程中询问两党的候选人,从中了解两党主要政策的差异。第三,地方辩论会。地方辩论会是由当地不同政党的地方领袖,代表该政党回答公民在小组讨论中所形成的问题。经过两轮的分组讨论和面对面的辩论会后,由公民进行最后的小组讨论。最后的小组讨论并非以形成共识或投票表决等结果为目的,而是分享彼此之间的观点,以及讨论在辩论会中未被解答的公共议题。阿克曼和费什金认为,虽然协商日不能彻底解决自由主义民主存在的问题,但是它为一般公民的制度化参与提供了渠道,通过公共协商重新塑造了政治运作过程。协商日的成功将表明:"通过将一个正式的集体审议时刻镶嵌到更大的过程中,共同体已经将整个政治对话提升到一个更高的平台之上"。[①]

需要指出,参与式民主的实践形式随着各国历史经验、经济发展、社会情境与文化条件等的不同,其适用范围和运作模式也不一样,除了前面提到的五种模式,还有愿景工作坊、国会听证会及公民评议会等其它形式。事实表明,参与式民主原则正越来越多地被运用到各国的民主政治生活之中,发挥着越来越大的作用。[②] 但是,目前这些实践只是在初步试验阶段,在实践中会出现随意应付等问题,这会降低协商的信赖度而与良好出发点背道而驰。因此,参与式民主的实践形式还需要不断的改进和完善,并以此推动其理论的发展。

---

① [美]布鲁斯·阿克曼、詹姆斯·S.费希金:《审议日》,谈火生编:《审议民主》,江苏人民出版社2007年版,第129页。

② 值得注意的是,我国台湾地区参与式民主的实践成效显著,台湾地区推行的公民论坛、全民健保公民会议、公民共识会议、社区协商,还有"省籍—族群"间的沟通与对话,都是参与式民主重要的实践,这些被认为是有力推动台湾地区民主化工程的有效模式。

(二)参与式民主面临的困境

如前所述,参与式民主进入协商民主阶段之后,理论上有了极大发展,而且近年还以多种形式在许多国家和地区进行了试验。但是,许多学者仍然提出共同的质疑,认为参与式民主言之容易,行之困难。文化多元、社会复杂性、社会不平等以及共同体范围内的偏见和意识形态等诸多因素都潜在地威胁到了它的进一步发展。实际上,参与式民主建构于特定的理论假设和现实前提基础上,它的实际推行需要依赖于一系列理想条件,而这些条件在现实中难以满足。所以参与式民主尽管不乏制度化的现实路径,但在走向现实化的过程中仍存在诸多困境。

1. 多元社会中认知和道德的不可通约性和共同体价值的缺乏

参与式民主假设参与协商的公民之间存在认知和道德上相似的概念框架,以此调节和裁决他们之间的差异而达成共识。但是,当代社会的一个重要特征就是多元化。在这种多元社会中存在认知和道德的不可通约性,并且也缺乏共同体价值,这成为参与式民主达成共识的巨大障碍。

首先,认知和道德的不可通约性阻碍协商共识的达成。当代民主过程中的公民是个异质性的概念,具有不同的物质利益、文化属性和伦理责任,表现在信念、价值、认知、资源等方面的差异性。公民的差异性导致在公民之间使用的概念框架产生一定程度的不可通约性。在现代西方社会中个人和集体持有许多相互竞争的、敌对的、甚至不可调和的对幸福生活的看法。这些对幸福生活的不同理解,既有个人的层面,也有集体的层面,源于他们不同的经济利益、宗教、民族和生活方式,很难调和。因为,多元社会中存在认知和道德的不可通约性,根本就不存在消除分歧的合理或共同的基础。其中,文化的异质性构成了协商的最大障碍。因为,"某一文化的支持者,往往把他们的政治要求看做是关系到原则、关系到深刻的宗教或准宗教信仰,关系到文化的保持和团体的生存的大事,认为这些要求至关重要,不容妥协。他们没有丝毫商量的余地"。① 尤其是,当不同的文化与不同的族群

---

① [美]罗伯特·达尔:《论民主》,李柏光、林猛译,商务印书馆1999年版,第159页。

有机融合在一起的时候更是如此,各个文化中的核心原则成为其族群成员的核心价值而要求获得政治性的承认、保护,可能导致族群属性政治化。同时,政治体内的各个族群都强调自我文化的优越性和不可侵犯性,加剧了认知和道德的不可通约性,导致难以通过协商达成共识。

其次,共同体价值缺失导致协商缺乏有效沟通的利益和价值平台。参与式民主构想了一幅美好的民主参与图景:"当人们走到一起,就那些会对共同体产生影响的事务进行审议时,他们似乎需要将个人的利益和关切转化为公共利益和公共关切"。① 但是,每个人对"公共利益"的理解不尽相同,"大多数协商民主的支持者还没有充分认识到这一事实,即在多文化社会中,协商民主要求的较高程度的文化宽容和公共利益责任也许是不存在的,或者是很难实现的。因此,应该采取特殊的政策来培养多元文化社会中对于公共利益的责任"。② 同时,现代社会利益多元,并且多元利益在很多国家由于历史或现实政治的原因往往又与社会不平等联系在一起,多元利益在政治上或社会观念中被固定在不同等级的社会地位上,当利益冲突时,以协商进行冲突协调将难以获得共同的利益基础,居于优势地位的利益主体强调自我利益的至善性,居于弱势地位的群体则强调自我利益的不可缺失性,都不愿意妥协,协商由于缺乏共通共融的利益基础而难以开展。正如费什金指出:"危险在于,如果社会背景涉及过多的人,或者参与者的动机被某种推动派系的热情和利益转移开了,那么,协商民主将是不可能的"。③

因此,可以说,认知和道德的不可通约性和缺乏共同的核心价值原则是在当代多元社会实施参与式民主面临的主要障碍。

2. 参与者理性不足和事实上的不平等性

参与式民主的顺利开展是以普通公民具有充足的理性和较强的政治能

---

① 〔美〕诺埃里·麦加菲:《民主审议的三种模式》,谈火生:《审议民主》,江苏人民出版社2007年版,第57页。

② 〔美〕乔治·M.瓦拉德兹:《协商民主》,何莉编译,《马克思主义与现实》2004年第3期。

③ 〔美〕詹姆斯·S.菲什金:《协商民主》,陈家刚编:《协商民主》,上海三联书店2004年版,第26页。

力为前提的。但现实政治生活中，这样的前提很难达到。普通公民的理性不足对参与式民主的影响主要表现在两个方面：一是公民缺乏政治知识影响参与效果。人类本身具有局限性，诺贝尔经济学奖得主西蒙（Herbert A. Simon）提出"有限理性"概念，指出人的理性由于人能力的限制、信息的不完全性和环境的复杂性而是有限的，"即人脑不可能考虑一项决策的价值、知识及有关行为的所有方面"。① 而且，"随着政治日趋复杂，知识——认知能力和控制力——也会越来越成问题……我们正在陷入'知识危机'"。② 由于缺乏政治知识，公民既缺乏完全认知自我政治权利、自我政治要求和他人政治主张的理性知识，又没有对可供选择的对象作出正确判断的理性知识，使参与式民主很难达到预期效果。二是公民的理性差异造成参与不平等。协商代表了一种理性的交往模式即不带感情的、理由充分的、合乎逻辑的交往。然而人们之间的理性也具有差异，一些受过良好教育对自我利益有更清楚认识的人，在协商过程中更有能力用理性而清晰的话语来表达自己的看法。相反，那些没有文化，处于弱势的群体或许不具备足够的理性能力来阐述并使其他人信服其观点，桑德斯（Lynn Sander）称此为"内部排斥"。③ 一个可能的后果会出现，即人们以发现公共利益的名义对弱势群体的利益加以修改、限制甚至完全忽视，这也完全违背了参与式民主的初衷。

　　此外，参与者事实上的不平等性也制约着参与式民主的发展。参与式民主要通过自由平等的公民的积极参与来实现，因此平等是参与式民主的重要条件，但在现实中，平等具有非常丰富和复杂的内涵，不可能完全达到，这也是参与式民主面临的主要困境之一。这种困境主要表现在两个方面：第一，资源不平等导致参与的不平等。由于各种原因，人们在社会中占有的资源总是不平等的，存在着事实上的差异。在这种情况下就会产生一种恶

---

　　① ［美］赫伯特·西蒙：《管理行为》，杨砾等译，北京经济学院出版社1988年版，第106页。

　　② ［美］乔万尼·萨托利：《民主新论》，冯克利、阎克文译，东方出版社1998年版，第134—135页。

　　③ ［澳］约翰·S.德雷泽克：《协商民主及其超越：自由与批判的视角》，丁开杰等译，中央编译出版社2006年版，第56页。

性的循环,资源不平等导致参与的不平等,参与的不平等又导致不同社会群体的不平等。而这种不平等也必然导致认识资源上的不平等,如教育水平、利用信息技术、收集和传播信息等方面的不平等。既然参与式民主赋予公共协商以核心角色,那么,不同文化协商参与者的认识资源差异,会严重阻碍某些协商者有效参与协商过程和平等维护自身权益。而且,即使能保证所有公共协商参与者的正式权利,认识资源上的不平等也会造成他们在公共协商论坛上能力的严重不对称。所以,参与式民主强调平等影响的机会,不能使任何人处于不公平的劣势地位,没有人会因为权力与资源的缺乏而无法有效参与,这种作为民主协商核心的协商过程,在实践中是很难做到的。

第二,机会的不平等导致参与的不平等。机会的不平等能够导致边缘群体无法参与公共协商领域。机会的不平等尽管是相对低层次的平等,但至今仍然无法达到。从古希腊对公民资格的限制到近代对选举权资格的限制,历史上的政治参与多少与财产或社会地位有关。尽管许多国家已经提出普选制,但仍然排斥了许多游离于国家体制外的边缘群体,他们没有被纳入到协商中,无法表达他们的利益需求。同时,能力的不平等导致协商中的边缘群体不能有效地运用机会影响协商过程。这正是博曼提出的"政治贫困",它"包括公民团体没有能力有效参与民主过程。这种贫困的结果是两方面的:公共排斥(public exclusion)和政治包容(political inclusion)"。[①] 在这条政治贫困线之下,政治贫困团体既无法避免公共排斥也难以进入政治包容,政治上的不平等使参与协商的公民无法有效影响政治决策。

总之,理想的协商程序目的在于提供公民自由平等参与协商的条件,但是将这种理想要求应用于制度设计领域产生了可行性问题,"(1)那种协商民主要求的程序平等很难实施;(2)无论在什么情况下,判断任何特定的制

---

① [美]詹姆斯·博曼:《协商民主与有效社会自由》,[美]詹姆斯·博曼、威廉·雷吉主编:《协商民主:论理性与政治》,陈家刚等译,中央编译出版社2006年版,第246页。

度安排是否事实上体现必要的程序平等都是不可能的事情"。① 可见,理性不足和事实上的不平等性对参与式民主提出了极大的挑战。

3.公共协商的高成本和低效性

参与式民主主张更广更深的民主参与,它认为与公共事务具有利益相关性的公民对公共事务都具有平等的协商参与、共同管理的权力。这导致了两个问题,即运作效率低和交易成本高。

一是参与式民主存在效率低的问题。这表现在两方面:一方面,对绝大多数公共事务都进行协商管理,可能导致整个政治运作的低效率。政府基于公开性、服务性的要求,就管理的公共事务必须与利益相关者进行过程性的连续协商以达成理性共识,这虽能更好地体现治权对主权的从属性和服务性,但在客观上也导致整个政治运作较为迟缓;另一方面,单个公共事务的协商管理也可能导致决策费时过长,出现低效率的现象。协商的成功有赖于众多的参与者拥有平等的机会充分地表达意见、参与辩驳,形成理性共识。但是,协商中参与者的相互否决权和社会对理性共识的需要,可能导致协商的僵持不决。这样,单个公共事务的协商管理就可能需要很长时间方能达成共识,从而降低公共决策效率。这种低效性不符合当代复杂性社会快速发展的需要,使参与式民主难以在现实中广泛实施。

二是参与式民主存在成本高的问题。对于参与式民主而言,高成本问题不单指金钱物质,主要还包括时间、信息、体制上的准备等。参与式民主更多的重点是放在民众对于涉及公共利益的问题进行公开辩论和协商上,这更需要大量的时间和金钱成本,以及固定的协商场所,这很大程度上将制约参与式民主的实施。另外,就公民个体而言,可能不少人会认为自己是否参与对整个决策结果的影响微乎其微,甚至可以忽略不计。又加上参与是要付出成本的,包括信息收集的成本、以及参与的时间和交通费用等,很多公民选择不参与。

---

① [美]杰克·奈特、詹姆斯·约翰逊:《协商民主需要什么样的政治平等》,陈家刚编:《协商民主》,上海三联书店2004年版,第250页。

美国学者唐斯(Anthony Downs)用经济学的方法深入分析了民主政治中的政党和选民的行为,提出了"理性弃权"的问题。他认为,为了节省成本,低收入选民更可能出于自身利益的考虑而弃权,尽量减少对政治活动的参与。"由于两个原因,低收入选民中的弃权率高于高收入选民中的弃权率。因为前者更难支付投票成本……且由于他们更不容易负担信息成本,因此他们拥有较少的信息,并更没有把握",①这导致低收入选民对参与收益要做更大的折算。这种"理性弃权"的结果是,民主政治可能受控于高收入阶层,特别是被操纵在那些具有强大经济实力的利益集团手里,这将违背参与式民主的初衷。因此,效率低和成本高也是参与式民主面临的重要难题。

4. 社会资本下降和公民的政治冷漠

社会资本是20世纪90年代以后形成的被许多学科关注的热门概念和分析范式,它试图为社会行为、经济效率、制度绩效以及民主政治等提供一个新的解释框架。真正将社会资本概念引入政治学领域的是美国学者罗伯特·D·帕特南(Robert D. Putnam)。他在使其一举成名的《使民主运转起来:现代意大利的公民传统》中,将社会资本理论扩展到更为宏观的民主治理研究中,并且发展了自己的一套社会资本理论,提供了应用社会资本理论框架来研究经济发展和民主政治等宏观问题的新途径。他指出,社会资本是"指社会组织的特征,诸如信任、规范以及网络,它们能够通过促进合作行为来提高社会的效率"。② 在他看来,互惠规范和公民参与网络能够促进社会信任,它们都是具有高度生产性的社会资本,正是这样的社会资本使得遵守规范的公民共同体能够解决他们的集体行动问题,更好地促进经济繁荣和民主治理。

20世纪90年代中期,帕特南分析了美国的社会资本状况,及其对美国经济和政治的影响,指出美国的社会资本正在下降,因此民主制度的运转速

---

① [美]安东尼·唐斯:《民主的经济理论》,姚洋等译,上海人民出版社2005年版,第249页。
② [美]罗伯特·D.帕特南:《使民主运转起来》,王列、赖海榕译,江西人民出版社2001年版,第195页。

度也随之下降。他以"独自打保龄球"①来形容美国民间社团的衰落。保龄球是美国人最喜欢的运动之一，每年打过保龄球的人数比参加国会选举的投票人数还多。但美国保龄球协会的成员却下降了，因为美国人现在倾向于"独自玩保龄球"。这反映了当今美国社团组织的活力在衰减。事实上，西方其它国家也存在不同程度的社会资本下降问题。而参与民主恰恰需要以社团和地方组织为民主参与的主要依托结构，"充裕的社会资本储备往往会产生联系紧密的公民社会，而公民社会反过来也普遍被看作是现代自由主义民主制度的必要条件"。② 社会资本下降严重阻碍了公共领域的复兴，影响大众的民主参与，阻碍参与式民主的实施。

公民对政治参与的冷漠，可以说是西方参与式民主面临的又一个重大挑战。参与式民主鼓励公民积极参与立法和决策利益相关的公共协商。而事实证明，在当代西方国家，公众的政治参与形式和程度呈现出两头小、中间大的特点，即完全不关心政治和热衷于参与政治的人数相对较少，大多数公众是在低水平上一般地参与政治。多数人仍同政治保持了一定的距离，这必然影响参与式民主的推广与实践。另外，在协商过程中，虽然参与式民主更像是公共论坛而非竞争市场，它创造的对话领域在很大程度上降低了对专业知识的要求，只需参与者能用相互理解的语言进行交流。但是，在参与公共协商的讨论过程中，参与者仍需要对议题做必要的信息处理，更重要的是他们在阐明自己的观点和立场时，能否说服他人，这取决于他们个人的分析能力、表达能力，而这种能力与他们的教育水平、社会阅历等相关。随着公共事务复杂程度的提高，对参与者的知识水平的要求也随之提高，边缘群体、弱势群体面临边缘化程度加深，造成他们的政治冷漠。因此，公民对政治参与的冷漠既有主观原因又有客观原因，但不管怎样，这种状况对需要公民广泛参与的参与式民主来说是很不利的。

---

① ［美］罗伯特·D.普特南：《独自打保龄球：美国下降的社会资本》，虞大鹏等译，《规划师》2002 年第 8 期。

② ［美］弗朗西斯·福山：《社会资本、公民社会与发展》，曹义编译，《马克思主义与现实》2003 年第 2 期。

除了上述几个方面,在文化越来越多元、冲突越来越激烈的社会中,实施参与式民主还面临着其他许多问题和困境,尤其是参与式民主理论自身仍存在诸多缺陷。因此,参与式民主在西方要进行普遍推广,还需要一个不断完善与改进的漫长过程。

(三)参与式民主的前景展望

参与式民主发展到协商民主阶段,揭示了自由主义民主由于强调消极保护个人权利带来的种种弊端,也看到了早期参与式民主理论的不足,通过话语协商,为消极保护个人权利与积极参与提供了平衡机制,超越了既有政治模式。因此,虽然参与式民主理论具有诸多局限性,同时其实践面临重重困难,但不可否认它在当代西方复杂而且多元的社会中具有广阔的发展前景。

1. 通过促进积极的公民身份,培养共同体价值观,提升社会资本,参与式民主可能逐步从理想走向现实

随着民主价值得到普遍和广泛地认可,构建完善的民主制度已经成为具有不同历史、文化和传统的国家的共同选择。与其它民主形式相比,参与式民主赋予直接参与公共决策重要地位,并希望通过公众深思熟虑的判断,提高决策的合法性。在某种程度上,参与式民主是一种确实能够实现的理想。但是,它的实现有赖于促进积极的公民身份,超越自由主义的个人观,并且提升社会资本。

首先,促进积极的公民身份,培养共同体价值观。前面讨论过,自由主义民主以个人主义为核心,倡导的是一种消极的公民身份,主张消极自由,主要保护个人权利。这种消极的公民身份会带来社会生活过度私人化,导致人们不再相信自己有能力影响政治,造成公民政治疏离感和政治冷漠,这将极大地阻碍着政治参与。同时,自由主义民主的个人观强调权利优先于善的理念,这一理念会造成公共善的缺失和共同体价值观的削弱。由于参与式民主建立在自由主义民主的基础上,所以上述缺陷成为实践参与式民主的主要障碍。

针对上述缺陷,参与式民主要获得进一步发展,一是要促进积极的公民

身份。通过鼓励公民积极参与国家共同体的政治知识与核心价值的构筑过程,积极捍卫与落实自己的公民权利,履行自己的公民义务,推动社会共识与社会合作,形成具有强烈公民身份意识的公民。二是要培养共同体价值观。在参与过程当中,参与者都有自己的个人偏好,每个行为者都有自己的利益。参与式民主的主要目标不是狭隘单纯地追求个人利益,而是在集体理性指导下最大限度地实现公共利益,因此应努力使公民在公共协商过程中建立相互理解,而不仅仅在为个人利益而运用策略,"民主制下的公民必须不仅要积极地、非独断地参与对权威的批判,而且要通过慎议追求相互理解而不是通过讨价还价或威胁去排他地追求个人利益。如果没有公民具备这些品德,自由主义的民主制就不能实现它的正义承诺,就的确可能会受制于非民主的和非自由主义的力量"。① 总之,积极的公民身份和共同体价值观是参与式民主从理想走向现实的基本条件。

其次,提升社会资本。社会资本为参与式民主提供赖以存在的社会基础。因为只有普遍具有团结、互助、合作与信任的公共精神和公民参与网络,公民才能作为公共治理的普遍主体参与到对话和协商中去,促成参与式民主。

一是社会资本提供互惠的社会规范。互惠的社会规范是社会信任的主要来源,是存在于社会组织、社会关系中的一整套通行的习俗、惯例、规则、信念、价值观、道德标准和思维方式,起着维持社会秩序的作用。"普遍的互惠是一种具有高度生产性的社会资本。遵循了这一规范的共同体,可以更有效地约束投机,解决集体行动问题"。② 这种互惠的规范加强了公共协商过程中的相互信任和合作,同时促进了公民与基层公务人员参与公共协商的激情,拓展相互合作的政策网络范围,有利于培育经济繁荣的公民社会和增强基层行政人员积极参与政府决策的能力,为参与式民主的实施提供基础。

---

① [加]威尔·金里卡:《当代政治哲学》,刘莘译,上海三联书店2004年版,第528页。
② [美]罗伯特·D.帕特南:《使民主运转起来》,王列、赖海榕译,江西人民出版社2001年版,第203页。

二是社会资本为参与式民主提供了公民参与网络。参与式民主离不开公众参与网络,这种网络在社会资本里表现为社会行动者之间的各种关系,这些关系蕴含着可转移的资源,包括权威关系、信任关系、规范信息网络、多功能的组织、社会关系网络等方面。帕特南指出,"任何社会……都是由一系列人际沟通和交换网络构成的,这些网络既有正式的,也有非正式的。其中一些以'横向'为主,把具有相同地位和权力的行为者联系在一起。还有一些则以'垂直'为主,将不平等的行为者结合到不对称的等级和依附关系之中"。① 在他看来,公民参与网络是密切的横向互动,这些网络是社会资本的基本组成部分。在一个共同体中,此类网络越密,其公民就越有可能为了共同利益而合作。这是因为公民参与网络增加了人们在任何单独交易中进行欺骗的潜在成本、培育了强大的互惠规范、促进了有关个人品行的信息之流通,并体现了以往合作的成功。因此,公民参与网络社会资本充裕有助于促进公民之间的团结、引导每个人参与政策过程中的对话和协商,并创造对话的公共背景,因而能够促进参与式民主的实现。

三是社会资本为参与式民主提供了社会信任基础。"所谓信任,是在一个社团之中,成员对彼此常态、诚实、合作行为的期待,基础是社团成员共同拥有的规范,以及个体隶属于那个社团的角色"。② 信任是社会资本中最重要的组成部分,信任可分为"特殊信任"和"普遍信任",③用以区别人们是只信任诸如亲朋好友这样的封闭"小圈子",还是愿意信任"陌生人"。这两种信任对于政治的意义完全不同,而属于现代社会资本,为参与式民主提供社会基础的是普遍信任。一方面,普遍信任为参与式民主提供前提。公民如果普遍信任"陌生人",他们就容易摆脱阶层和集团的狭小眼界,包容不同的政见、信仰和派别,学会理性处理自我利益和公共利益之矛盾所构成的

---

① [美]罗伯特·D.帕特南:《使民主运转起来》,王列、赖海榕译,江西人民出版社2001年版,第203页。

② [美]弗朗西斯·福山:《信任:社会美德与创造经济繁荣》,李宛容译,远方出版社1998年版,第35页。

③ [美]埃里克·乌斯拉纳:《民主与社会资本》,[美]马克·E.沃伦编:《民主与信任》,吴辉译,华夏出版社2004年版,第116页。

"集体行动困境"。另一方面,普遍信任可以节省协商政治的交易成本。"协商民主理论的一个关键问题是决策的协商方式相对费时和麻烦,以及认知资源的苛求"①。而信任中的认知成分隐含于那些能够逐渐代替判断的社会关系和习惯倾向中。信任在很大程度上避免了政治决策过程中的信息搜集费用,可以节省交易成本,最终为参与式民主提供基础。

2.面对当代风险社会状况,参与式民主能够在生态治理、低碳经济等方面发挥重要作用

"风险社会"是德国著名社会学家乌尔里希·贝克(U. Beck)1986年首次提出来的。贝克将后现代社会诠释为风险社会,其主要特征在于人类面临着威胁其生存的由社会所制造的风险。"风险的概念直接与反思性现代化的概念相关。风险可以被界定为系统地处理现代化自身引致的危险和不安全感的方式"②。也就是说,风险理论家们认为"风险社会是指这样一个时代,社会进步的阴暗面越来越支配社会和政治"③。在他们看来,我们身处其中的社会充斥着组织化不负责任的态度,尤其是,风险的制造者以风险牺牲品为代价来保护自己的利益,最典型就是全球生态环境遭到的毁灭性破坏。几乎同时,从20世纪80年代开始,一股全球化的力量迅猛发展并不断影响着我们的生活,从遍及全球的生态危机到最近的金融危机,越来越多的事实表明,我们正在进入由贝克所预设的"风险社会"。各个国家发生的一系列风险事件,无论是天灾还是人祸,都以巨大的力度和广度冲击影响着社会各阶层,对社会稳定构成了最直接的威胁。风险的频发和日益深化的属性对各国政府提出了重大挑战,有效应对这些风险是对政府决策能力和效力的全面考察,也是衡量和反映政府统治力量的重要方面,它不仅是政府的一项战略任务,同时也是政府日常管理的重要部分。

---

① [美]马克·E.沃伦:《民主理论与信任》,[美]马克·E.沃伦编:《民主与信任》,吴辉译,华夏出版社2004年版,第315页。

② [德]乌尔里希·贝克:《风险社会》,何博闻译,译林出版社2004年版,第19页。

③ [美]弗兰克·费舍尔:《乌尔里希·贝克和风险社会政治学评析》,孟庆艳编译,《马克思主义与现实》2005年第3期。

正如风险理论家指出的,既有的自由主义民主已经无法承担这样的任务,风险社会的政治改革预示了其常规体制的不足。如果风险社会要有效应对其自身带来的风险的话,就需要沿着生态治理的方向发展。治理"是各种公共的或私人的机构和个人管理其共同事务的诸多方式的总和。它是使相互冲突或不同的利益得以调和并采用联合行动的持续的过程"。① 生态治理是一种新的治理模式,它是多元参与、良性互动、诉诸公共利益的治理形式,"生态治理是全球化话语下善政与善治的新体现,是个体、社会组织与政府之间的多向互动。它追求一种更高意义上、更现代意义上的社会公正。其前提和基础是作为社会资本的公民社会。参与公共事务是每个公民不可或缺的意识与责任。生态治理是一种多元治理,强调公民参与、对话、协商、共识与公共利益。生态治理是以民主为基础的,民主是生态治理的前提"。② 而符合风险社会中生态治理的政治形式,在某种意义上就是建立在公民广泛参与基础之上的参与式民主。

参与式民主与生态治理具有某种亲和性,它倾向于把共同利益放在核心地位,而且它还能够充分容纳贝克所说的有责任的现代性。正如荷兰学者阿赫特贝格所指出的,"协商式民主模式,与生态民主政治内容和愿望存在着某些亲密的关系。这是因为协商式民主倾向于把普通利益放在核心地位,如维持生态多样化或自然资源的质量,至少比自由民主政治有更多这样的内容"。③ 所以,"如果风险社会要成功地迎接其自身带来的道义上的和其他方面的挑战,就急需沿着生态民主政治的方向发展,大体上来说这种发展在某种意义上就是建立在公民广泛参与基础之上的协商式民主"。④

其实,参与式民主还是推进低碳经济的有效手段。"低碳"一词,英文

---

① 俞可平主编:《治理与善治》,社会科学文献出版社 2000 年版,第 4 页。

② 陈家刚:《生态文明与生态治理的路径选择》,来源于:http://news. xinhuanet. com/politics/2007 – 12/11/ content_7231036. htm

③ [荷]沃特·阿赫特贝格:《民主、正义与风险社会:生态民主政治的形态与意义》,周战超编译,《马克思主义与现实》2003 年第 3 期。

④ [荷]沃特·阿赫特贝格:《民主、正义与风险社会:生态民主政治的形态与意义》,周战超编译,《马克思主义与现实》2003 年第 3 期。

为"low carbon"，意指较低的温室气体（二氧化碳为主）排放。"低碳经济"最早见诸于政府文件是在 2003 年的英国能源白皮书《我们能源的未来：创建低碳经济》，它是指在可持续发展理念指导下，以减少温室气体排放为目标，通过多种手段，构筑低能耗、低污染为基础的经济发展体系。当前，在全球变暖的大趋势下，低碳经济已经成为各个国家的发展战略问题，而推行低碳经济的意义绝不止于技术与经济的层面，也在于政治层面。也就是说，低碳经济需要的不仅仅是提高能源利用率、降低排放量的新技术，更重要的是自觉节制人类自身欲望的新生存方式。但在低碳经济语境下，要在一个较短的时期内，使人类的全体成员至少是多数成员接受与自身欲望本能相悖的整体价值理性，就必须强有力的引导。这种强有力的理性引导，不是少数人的强权乃至专制，而是民主制度内部的自我教育，这表现为在民主决策的过程中，使具有低碳觉悟的少数社会成员具有有效的话语权，以尽可能使更多的参与决策的人走向理性，从而使决策的结果更加科学、合理。显然，当代能够实现这一过程的理想方式就是协商民主，其主要目标"不是狭隘地追求个人利益，而是利用公共理性寻求能够最大限度地满足所有公民愿望的政策"。① 协商民主是修正只关注个人利益的自由民主缺陷的有效办法，也是人类的自救，是低碳经济有效的推进手段。

目前，许多人仍然乐观地寄希望于技术进步，认为只要一系列新技术的出现就能在不改变现有生存方式的情况下应对风险社会的种种状况。然而，正如美国绿色政治学者丹尼尔·A. 科尔曼指出："对技术进行综合改造并不能求助于技术本身，相反，它需要重新构建一套视野宽广、重视生命的社会价值观。只有在这样的价值观念之上，生态可续的技术发展才会有坚实的支撑"。② 因此，在风险社会中，需要沿着参与式民主的方向拓展和修正自由主义民主，以从容应对风险并实现可持续性发展的目标。

3. 在全球化的背景下，参与式民主将是促进国际关系民主化并化解国

---

① ［美］乔治·M. 瓦拉德兹：《协商民主》，《马克思主义与现实》2004 年第 3 期。

② ［美］丹尼尔·A. 科尔曼：《生态政治：建设一个绿色社会》，梅俊杰译，上海译文出版社 2002 年版，第 32 页。

际冲突的有效手段

全球化浪潮对当今社会的影响波及整个世界,并深刻地影响着各国文化传统、经济结构、政治体制、意识形态等。全球化"可被看作是指引着跨越时空的社会关系和社会制度的拓展和纵深发展,以至于一方面,地球一边的日复一日的活动正日益受到来自地球另一边所发生事件的影响,另一方面,地方性团体或共同体的决策和实践可能会具有重要的全球反响"。① 全球化的发展给人类带来繁荣和发展的同时,也造就了各种矛盾、冲突和灾难。核扩散、种族屠杀与冲突、恐怖主义、生态灾难与危机、能源危机、少数族群问题、地区安全、国际合作等各种挑战时刻在考验人类的政治智慧。"由于人类活动的实质性领域正在全球层面上不断地被组织起来,民主的命运,以及特别是那些独立的民主制民族国家的命运,到处隐藏着艰难困苦。在这种情形下,民主政治的含义和地位,以及有关民主的各种悬而未决的模式的含义和地位,必须与地方的、国家的、区域的、全球的各种重叠交错的结构与进程联系在一起,加以重新思考"。②

在全球化背景下,一些重大问题,诸如世界性的贫困问题、女性问题、恐怖主义、经济发展和生态危机等问题的解决,已经很难完全依赖于单个国家的国内政治制度,它们越来越依赖于跨国的解决机制。而正如德雷泽克所指出的:"在国际政治体系中,协商民主比自由主义的聚合民主模式更可以胜任"。③ 因为,把偏好聚合起来的前提条件是界定自治社会的边界,但在国际政治中,这种边界是很难明确的,因此,跨国界的偏好聚合难以概念化,而跨国界的协商却较为容易。鼓励更多国家、机构、多边组织、区域组织和公民的参与,促进决策透明度,从而在实现共识的基础上形成合法决策,成为解决全球化问题的重要途径。而作为一种强调包容、促进参与、尊重差异

---

① 〔英〕戴维·赫尔德:《民主与全球秩序》,胡伟等译,上海人民出版社 2003 年版,第 22 页。

② 〔英〕戴维·赫尔德:《民主与全球秩序》,胡伟等译,上海人民出版社 2003 年版,第 22—23 页。

③ John S. Dryzek, Deliberative democracy and beyond: Liberals, critics, contestations, Oxford: Oxford University Press, 2000, p. 115.

和鼓励对话的制度安排,参与式民主在遵循普遍的价值、理念和程序的基础上,能够最大程度地解决全球化面临的问题。

在当代国际社会中利用参与式民主进行有效治理的一个典型例子是欧盟。欧洲自一体化进程加深以来,一直受到民主问题的困扰。代议民主的合法性不足、实行直接民主的客观不可能,使得欧洲一体化进程面临困境。而协商民主为解决欧盟民主化的困境提供了解决方案。哈贝马斯等学者希望协商民主形式能够成为欧盟的超国家民主形式,因为它不需要以植根于一个文化共同体上的公民为前提条件,而且,协商民主中的理性协商体现了国家间关系民主,在国家间平等的基础上通过自愿、互利的协商达成共识,符合欧盟的超国家政体性质。其实,在欧盟政治实践中,2002－2003年的欧洲制宪会议在相当大程度上反映了协商民主的精神和原则。按“制宪会议”主席团的设计,整个大会分成“倾听”、“工作组讨论”和“起草”三个阶段,在前两个阶段中,整个制宪会议洋溢着“协商精神”,“制宪会议”委员们遵守协商规则。① 可以说,协商民主为参与各方提供了讨论的公共场所,而不是竞争的市场,这就为地位平等的欧盟各国提供对话的平台。在此平台之上,欧盟各国得以平等讨论共同关心的话题,通过建立在理解基础上的相互交流来寻求理性的决策,这在一定程度上避免了代议民主和直接民主的缺陷,又强化了二者的优势,带来了欧洲民主的新转向,为欧洲整合进程提供了理论上和制度上的支持。

当代国际社会,协调与合作成为国际关系的主流,共赢、合作成为各国谋和平、促发展的必由之路。而以主权平等、和平共处、尊重多样性和反对霸权为主要内容的国际关系民主化的推进无疑为世界的和平与发展提供了重要现实支撑。因此,在既有国际行为者忠诚于自身民主实践和价值的基础上,参与式民主有可能解决当前的困境和挑战,提供包容差异性观点,为促进国际关系民主化并化解国际冲突的恰当选择和安排。

---

① 赵晨:《协商还是博弈:对欧洲制宪会议的考察》,《欧洲研究》2007年第5期。

4.面对当代文化多元的趋势,参与式民主将成为处理普遍文化冲突的重要机制

在当代社会,具有文化独特性的少数民族和种族群体、不同的宗教信仰群体、原住民群体、弱势群体等等,因为差异而产生了普遍的文化冲突和分歧。事实上,现代化对于多族群国家而言,较容易催化内部族群的分离倾向。因为,虽然现代化可能会使不同的团体更加聚合在一起,但是现代化的影响由于族群团体的差别而有所不同,对一些族群团体是有利的,对另一些族群团体可能就是不利的。这些不同影响往往造成族群团体间的冲突,而这些冲突已经不仅仅局限于经济利益,还涉及到道德、原则等方面。自由主义民主的代议制或其他政治设计已经不再是充分的解决冲突的路径,如何处理普遍文化冲突造成的挑战成为现代政治生活的关键问题。为此,当代西方多元文化主义兴起,他们提出了差异公民的概念,主张自由主义政府不但基于个人立场保障每一个公民平等权利,而且为了承认和包容少数族群和团体的特殊认同和需求,应该赋予这些族群和团体以相应的权利。事实上,正是多元文化主义促进了协商民主理论的产生。

因为,如何将边缘化的群体和少数族群纳入现存体制,是应对当代文化多元的关键环节,协商民主提供了这样的机制。作为参与式民主的新阶段,协商民主尊重差异,充分考虑少数族群和边缘群体,它通过公共协商机制,使所有公民有机会自由平等地参与公共论辩,以维护其权利。协商民主"旨在保证为社会带来更大的好处。而它确实为少数民族或被边缘化群体带来特别的好处。如果这些群体要想对遵循多数原则的选举系统实施真正影响的话,就必须通过影响公共舆论而不是通过赢得多数选票……他们的授权主要通过参与公共论辩得到了实现,而公共论辩最终改变了社会大多数成员就如何公平地对待这些群体及其权利的业已存在的观点"。[①] 因此,正如金里卡指出的:"包括自由主义者、社群主义者、批判理论家、女权主义者和文化多元主义者在内的涉及面很广的理论家都认为,有必要使更大程度的

---

① [加]威尔·金里卡:《当代政治哲学》,刘莘译,上海三联书店2004年版,第526页。

慎议成为现代民主国家的一个关键性的优先考虑"。①

同时,参与式民主鼓励包容、参与、倾听、尊重和理解,为分歧和冲突的解决提供了共同合作的方法。对于文化多元社会的公民健康和公共生活来说,种族文化团体成员之间的相互理解是非常重要的。通过公开检视歧视和压制对现存问题的影响,公共协商能够有效地促进不同文化间的理解,文化团体会维持一种深层的相互理解,从而成为建立参与持续性合作行为所需要的社会信任的基础。并且,通过将曾经受排斥的种族文化团体吸纳进协商过程以及向这些团体表明公共协商的结果来自公正和包容性的程序,参与式民主还可以促进多元文化国家的政治合法性。

值得注意的是,参与式民主不可能完全取消自由主义民主模式所强调的偏好聚合程序。因为当论点都得到了恰当考虑后,最终还是需要某些投票或选举程序以解决残存的分歧。因此,尽管参与式民主理论实质上是对自由主义民主的修补,具有诸多局限性,但它符合当代社会、政治、经济和文化发展的趋势,具有广阔的发展前景。而参与式民主理论要想获得进一步发展,归根结底有赖于这一理论自身在实践中不断地修正和完善。

三、参与式民主理论发展对我国的启示

通过上述对西方参与式民主理论发展逻辑的分析,可以看到,作为参与式民主的新阶段,西方协商民主是特殊社会条件的产物,以自由主义民主为基础,为消极保护与积极参与提供了平衡机制,它在一定程度上客观地揭示了自由主义民主的实质,复兴了积极参与理念,体现了民主理论发展的新趋向。当前,我国很多领域迫切需要扩大公民参与,公民参与可以大大改善政府决策和治理状况,提高政府的合法性,还可以帮助政府实现目标,抗衡地方政府和企业的违法行为,解决利益失衡与社会公正的问题。例如,在城市建设和改造中,推行公众参与可以有效解决当前城市拆迁中出现的暴力拆迁问题,因为有事先的公众参与,让利益相关的被拆迁者充分表达意见,参

---

① [加]威尔·金里卡:《当代政治哲学》,刘莘译,上海三联书店2004年版,第527页。

与决策,就不容易造成事后的暴力抗争和冲突,可以有效保障公民权利,缓解社会矛盾。改革开放以后,虽然我国把扩大公民有序参与作为政治体制改革的重要举措提出来,但近年来由于没有得到应有重视和有效的实施,公众参与面临被形式化的困境。而西方参与式民主鼓励积极参与,为扩大公民有效参与提供了许多理论和实践上的经验,因此,虽然中国民主政治的发展与西方民主的演进有着本质区别,西方协商民主并不完全适合中国,但其具体的一些操作方式和手段,对推进中国的民主化进程有一定借鉴意义。

(一)中西协商民主比较分析

与西方协商民主发展的历史不同,中国的协商民主实践可以追溯到中华人民共和国建国前,中国共产党在领导人民进行新民主主义革命斗争的实践中,积极探索能够使人民群众广泛参与国家事务的民主形式,在这过程中逐渐形成了具有中国特色的协商民主。不过,在我国公民的政治参与意识不断增强的现实社会背景下,西方参与式民主理论的发展对我国社会主义协商民主政治建设有一定借鉴意义。

一方面,西方协商民主与中国协商民主有着本质区别,并不适合中国。作为参与式民主理论的新阶段,西方协商民主产生于西方的特殊语境,是一种特殊的、历时的政治现象,并不具有普遍主义的适用性。协商民主具有特定的涵义,核心是政治共同体成员平等、自由地参与公共讨论和批判性地审视具有集体约束力的公共政策的过程,其目的是实现偏好的转移,弥补多数原则的缺陷,以保护个人权利。其实,协商民主理论是西方民主理论发展到一定阶段的产物,它是对选举民主的补充,核心是保护个人权利,仍属于资本主义民主范畴。同时,协商民主理论本身并不完善,存在很多缺陷,带有一定的乌托邦色彩,面临着多元文化主义、社会复杂性、社会不平等等诸多现实难题。因此,它很难在现实中真正实现消极保护与积极参与的平衡,也并不具有普适性。

与西方协商民主强调个人权利不同,中国的协商民主政治属于社会主义民主的范畴,强调的是集体利益,发展的核心问题不是寻求消极保护与积极参与的平衡,而是要通过实现公民的有序参与,促进整个社会的发展。因此,中国式协商与西方协商民主有着本质区别:一是协商的主体地位有差别。中国的协商民主首先强调的是坚持中国共产党领导的机制,体现了鲜明的中国社会主义民主特色。"在政治协商的参与者中,中国共产党与各民主党派、社会团体和各界别代表等的主体地位是有差别的,前者是执政党,后者则是协商制度中的参与者"。[①] 而西方协商民主的制度基础是竞争性政党政治。二是协商发挥的作用不同。中国协商民主更多发挥的是咨询和建议作用。中国政治协商制中的协商是由中国特殊的历史和现实条件决定的,是在中国共产党领导之下,建立在民主集中制的基础上的,一个扩大参与、集思广益的过程,大部分时候不具备形成公共决策的功能。而西方协商民主主要是政治共同体成员达成共识,形成公共决策的功能。三是协商的基础和范围不同。中国式协商讲求公共利益的最大化,而不是像西方协商民主那样以个人权利为核心;西方协商民主是对资本主义自由主义民主的修正和补充,强调基层治理的协商,尚未完全独立地上升到国家民主的层面,而中国协商民主政治实践的范围已经远远超出政治协商机构,不仅可以运用于从中央到地方的各个层级,而且适用于政府管理和基层自治等多种形式。可见,中国式协商与西方协商民主的协商有着本质的区别。

另一方面,中国协商民主是在马克思主义理论指导下、立足于中国政治文化和政治实践的一种民主形式,已经逐渐形成了自己的特色。首先,中国传统政治文化包含着鼓励协商的因素。中国传统哲学奉行"和"、"中"的思维,体现在政治价值观念上是"和而不同",这与协商民主体现出的宽容、妥协、多元兼容和互惠双赢等理念相契合,为协商民主的发展提供良好的文化背景。其次,协商民主符合中国国情。中国是一个多阶层、多民族、多党派、多宗教并且处于社会转型期的国家,利益多元化导致社会矛盾众多且难以整合。而协商民主正是针对多元社会的现实提出的,试图通过协商协调各个群体的利益要求。同时,协商民主也适合于我国非竞争性的政党制度。

① 陈家刚:《协商民主与政治协商》,高建、佟德志主编:《协商民主》,天津人民出版社2010年版,第190页。

中国共产党的领导有助于克服政治冲突、权力角逐等西方各种政党制度的弊端。再次,我国基层协商民主实践取得良好效果。事实上,当代我国社会主义政治实践的许多方面体现出公共协商因素,如政治协商制度、民主恳谈会、民主听证会、社区议事会、互联网公共论坛等。

可见,近年来我国各地推出了很多带有协商性质的民主运行机制,这些机制因公民参与的相对有效性,使民意在某种程度上能够被吸纳,使政府决策的正当性、科学性能够得以提升,显示出强大的生命力。当然,这些公共参与机制还存在许多不足,需要进一步在实践中进行检验和完善。因此,我国的民主政治建设需要借鉴西方先进的政治文明成果,但同时存在着如何对待本土政治资源,并在各种外来理论的比较和启发下对其进行完善和创造的问题。也就是说,在我国的民主化过程中,面临着对参与式民主理论借鉴和超越的双重任务。

(二)借鉴参与式民主理论发展的有益经验

进入21世纪以来,公民参与越来越成为中国的社会热点和焦点问题,但如何有效扩大公民的有序参与一直是难题,因此有必要借鉴西方的先进经验。参与式民主理论是在西方资本主义社会遭遇到严重危机的背景下提出的,是对自由主义民主存在的种种弊端和危机提供的解决方案,但在某种程度上对于当前中国的民主建设,具有一定的借鉴意义。

其一,应借鉴参与式民主通过微观民主促进宏观民主发展,以推动我国民主政治渐进发展。"政治意义上的民主是大范围的宏观民主,而团体和工厂为中心的民主是小范围的微观民主"。[①] 参与式民主论者强调,对政治的参与特别是在那些与人民的日常生活密切相关的微观领域的参与,能够强化人们的政治责任感,培养人们对公共问题的关注,有助于形成积极的、对政治事务有更敏锐兴趣的公民,创造一种民主的氛围,为民主政治提供充分的条件。他们认为通过基层公共生活中公民的广泛参与,培养公民的民主素养和能力,使民主政体所必需的民主学习过程得以发生,并能逐渐上升到

---

① [美]乔万尼·萨托利:《民主新论》,冯克利、阎克文译,东方出版社1998年版,第12页。

政治层面。① 当前,在我国政治中,人民参政议政的氛围并未形成。在这种情况下,如何从中国的历史文化社会条件、国际环境和具体国情出发,在坚持中国特色社会主义制度的前提下,积极稳妥地推动中国的民主化建设,是当前我们面临的重要课题。鉴于中国长期以来一直缺乏民主的传统和观念,民众对民主制度的认识欠缺,当前中国的民主建设需要建立在民众微观领域的积极参与基础上,大幅度提高基层社会成员的民主意识,培养他们的民主实践能力,形成民主观念和民主价值,在适当的时候,上升到政府体系中的民主参与。因此,可以借鉴参与式民主理论,根据哈贝马斯的交往行动理论,在没有来自权威方面压力的情况下,以真诚的交流达成共识。积极培养公民的参政意识和能力,保证交往和协商出于理性的动机和真诚的愿望。从有限的政治参与开始,让公民逐渐培养民主意识,提高管理能力,然后逐级提升,使之能够以理性的精神来参与政治,推动我国民主政治渐进发展。

其二,应借鉴参与式民主鼓励公民直接参与公共决策,以提高我国政府决策的合理性和合法性。参与式民主理论主张,参与必须是参与决策,并能够对决策的结果产生关键性的作用。在参与式民主中,社会大众由于对整个公共政策论辩过程的感性体认,对政治体制的心理认同和信任也会大大增加,可以提高政治合法性。对于一个转型时期的社会来说,这一点显得尤为重要。随着我国改革开放和市场经济建设的深入,公共政策在调节经济生活和社会生活中的作用日益明显,与民众的关系日益密切。但由于各种原因,我国的社会主义民主法治建设相对滞后,表现为一些党的部门和政府机构的权力缺乏监督和约束,决策的科学化、民主化没有得到有效落实。在这一背景下,如何将公民的广泛参与引入政策过程,使公民有权参与政策的制定、执行和评估等环节提高政策的合理性和合法性,已经成为当前我国公共政策领域的一项迫切要求。因此,我国应借鉴参与式民主理论和实践,通过公民直接参与公共决策,以及协商过程与结果的公开,来实现对国家权力

---

① 参见陈尧:《西方参与式民主理论及其对中国社会主义民主政治的启示》,《社会主义研究》2008 年第 1 期。

的控制和监督,赋予立法和决策以合法性,从而使立法和决策更公正合理。

其三,应借鉴参与式民主培养积极公民,以促进我国社会主义民主的全面建设。参与式民主理论强调实践政治的真正精神和内涵,就是公民在公共领域中讨论协商公共事务,充分发挥每个参与者的主体性,通过参与活动锻炼判断能力,形成积极的公民身份,使公民能够在政治生活中发挥决定性作用,从而真正落实民主精神。同时,参与式民主主张积极公民的培养需要在基层的公共生活中参与,通过公民自己创建的社群,通过在有关公民利益的公共决策中的参与,可以将依附性的个人转变为自由的、积极的公民,最终实现公民对自己生活的真正控制,促进个人发展。[①] 同时,参与式民主促进个人发展的理想与社会主义民主的目标相契合。我国社会主义民主的目标是真正实现人民当家作主,以促进人的全面而自由的发展。这一目标的实现,首先有赖于扩大公民有序的政治参与。参与式民主的内容广泛,主体多元,使社会各群体中个别、分散的意见、愿望和要求通过协商渠道得到系统、综合的反映,从而在很大程度上实现人民的权利。因此,我国应借鉴参与式民主,倡导建立各种社群和公共领域的参与、协商,主张民主讨论、民主决策、民主行动的观点,培养积极公民,以有效扩大公民有序政治参与,促进我国社会主义民主的全面建设。

其四,应借鉴参与式民主的方式和技术,提高参与的质量。我国当代各地进行的政治参与实践技术手段少、方法简单,在现有法律规定中,只有听证会、论证会、座谈会和公开征求意见等方式。而且,由于中国的特殊国情,很多人片面地认为公众参与就意味着听证会,尽管听证会是国外最为普遍、常用的公众参与的有效方法,但它作用有限,主要用来收集公众意见,还不是一种很深层的参与手段。这一政治参与方法经常被一些政府做成形式主义和表面文章,因而失去公众的信任。所以,没有从方法上的改进和引进,把公众参与做得生动、有效,公众参与在中国也会陷入困境。[②] 而从西方参

---

①　参见陈尧:《西方参与式民主理论及其对中国社会主义民主政治的启示》,《社会主义研究》2008 年第 1 期。

②　参见蔡定剑:《民主是一种现代生活》,社会科学文献出版社 2010 年版,第 200 页。

与式民主的发展过程中可以看出，参与的方式和技术是使公众参与具有生命力的重要因素，如协商民意调查、公民陪审团、专题小组、公民论坛、协商日、公共辩论等，这些都有利于提高公众参与的质量。所以，我国民主参与要更好地发展，需要学习和引进先进的参与方法和技术，同时探索适合自己的、能调动公众参与的各种新方法。

总之，西方参与式民主尊重差异，承认多元，强调理性思考、妥协，有助于化解社会矛盾。现阶段我国通过借鉴参与式民主的具体手段，能有效地整合民意，增强公民的政治认同感，培养有责任感的公民，激发公民政治参与和公民自治，协调多元化利益，保护弱势群体，稳定社会秩序。这对于正在加强、完善社会主义民主制度，深化社会主义民主改革的当代中国而言，具有深远的意义。

（三）探索超越西方既有民主模式的道路

美国学者李普赛特在《政治人：政治的社会基础》一书中开宗明义地指出："政治社会学的首要任务之一是分析促进民主的社会条件"。[①] 参与式民主在西方的诞生，是一种历史逻辑的结果，是在西方社会这块独特的土壤上培育出来的，因此，它是一种特殊的、历时的政治现象，并不具有普遍的适用性。同时，参与式民主理论以自由主义民主为基础，仍属于资本主义民主范畴，本身也并不完善，存在很多缺陷，而且还面临着多元文化主义、社会复杂性、社会不平等等诸多现实难题，很难实现消极保护与积极参与的平衡，也不能真正促进个人全面而自由的发展。所以，虽然参与式民主理论对我国民主政治建设有重要的借鉴作用，但不能完全照搬，必须在马克思主义指导下，根据具体国情，超越西方民主模式，探索具有中国特色的社会主义民主。

1. 在马克思主义指导下探索社会主义民主模式

在长期实行自由主义民主的现代西方社会，人们正在追求一种自治的、

---

① ［美］西摩·马丁·李普赛特：《政治人：政治的社会基础》，上海人民出版社1997年版，第1页。

协商的和参与的民主形式,以此作为自由主义民主的补充。而与此不同,中国式的民主政治在现实性上则是由人民民主转化而来的,是马克思主义民主思想中国化的现实表现。而且,保护个人权利与积极参与都是民主政治的基本诉求,参与式民主理论以个人主义为基础,很难实现消极保护与积极参与的平衡,马克思主义指导下以集体主义为基础的民主模式才有可能真正超越二者的张力。因此,中国的民主政治建设必须在马克思主义指导下才能顺利推进。

首先,在马克思主义的指导下超越参与式民主的资本主义经济基础。当代我国民主建设的基础是社会主义经济,是追求群体的利益,以及人与自然的和谐,而不是西方参与式民主追求个人利益的资本主义经济基础。西方资本主义民主国家一再产生的冲突和危机充分证明,以社会主义经济制度代替资本主义经济制度,才能最终解决以私有制为基础的生产关系与生产力之间的矛盾,真正解决消极保护和积极参与的矛盾,构建具有中国特色的社会主义民主模式。正如恩格斯所说:"单纯的民主制并不能治愈社会的病疾。民主制的平等是空中楼阁,穷人反对富人的斗争不能在民主制或单是政治的基础上完成。因此,这个阶段只是一个过渡,只是最后一种纯粹政治的手段,这一手段还需要加以试验,但从其中马上就会发展出一种新的因素,一种超出现行政治范围的原则'这个原则就是社会主义原则'"。① 自由主义民主在当代显现出诸多弊端,究其根源之一就是它的资本主义经济基础,以及在此基础上形成的近代个人主义,参与式民主只是对自由主义民主的修补和完善,不能完全克服既有西方民主模式的缺陷。因此,我国的民主化建设应该在马克思主义民主观的指导下,把民主与社会主义有机地结合起来,摆脱资本主义经济基础的局限,才能很好地借鉴西方参与式民主的有益成分,同时克服其缺陷,探索超越西方民主的社会主义民主模式。

其次,马克思主义指导下超越参与式民主的个人主义基础。西方强调自治、理性、协商和公共利益的参与式民主虽然试图弥补自由主义民主的不

---

① 《马克思恩格斯全集》第1卷,人民出版社1956年版,第705页。

足,但它仍以自由主义为基础,本质上仍然是以个人主义为核心。马克思主义以社会为本位,强调通过全人类的解放,最终实现每个人的全面而自由的发展,超越了以个人权利为基础的自由主义。马克思认为民主的发展过程本质上就是人的解放过程,是使个人摆脱外在的束缚关系,成为全面而自由发展的人。他在《资本论》中指出,未来新社会是"以每个人的全面而自由的发展为基本原则的社会形式",①并把这种社会叫做"自由人的联合体"。而且在《共产党宣言》中指出,"每个人的自由发展是一切人的自由发展的条件"。② 可见,在马克思主义看来,一方面,人的发展是"人以一种全面的方式,也就是说,作为一个完整的人,占有自己的全面的本质"。③ 人的全面发展主要包括人的劳动形式的不断丰富、人的社会关系的不断完善及人的各种能力的不断提升等不同层面。另一方面,人的发展是建立在个人全面发展这一基础上的自由个性的发展。"自由个性"是指经过全面提升的个人特有的优秀品质,是人的发展的高级形式。由此观之,以自由主义民主观为基础的参与式民主,以个人权利和自由为核心,强调私人领域,只能是片面发展,无法完善人的社会关系,也无法提升人的各种能力,不能现实每个人的全面而自由发展。因此,它自身无法摆脱消极保护与积极参与的困境。而在马克思主义指导下,以社会为本位,通过人的劳动形式的不断丰富、人的社会关系的不断完善及人的各种能力的不断提升等,实现人全面而自由的发展,才有可能真正超越消极自由与积极参与之间的张力,达到民主政治的目的。

显然,理想的社会主义民主不是不要选举、协商等民主形式,而是要从基础和技术上尽量克服现有西方民主制度的不完善,比西方民主更直接、更透明、更公正,真正实现消极保护与积极参与的平衡,从而超越西方民主,体现社会主义的优越性。我国要实现这一目标,根本的问题是要在马克思主义指导下克服西方民主的资本主义经济基础及其个人主义价值观。

---

① 《马克思恩格斯全集》第23卷,人民出版社1972年版,第649页。
② 《马克思恩格斯选集》第1卷,人民出版社1995年版,第294页。
③ 《马克思恩格斯全集》第42卷,人民出版社1979年版,第123页。

2. 根据具体国情探索中国式民主道路

"民主没有统一的模式",①不同的传统政治文化背景必然产生不同的民主制度模式。虽然中国民主政治制度的协商元素与西方协商民主中协商成分有部分耦合,但二者有着本质区别,而且中西方有着不同的历史和文化背景,因此,我国应该在马克思主义指导下,根据具体国情,超越西方民主的局限,进一步发展具有中国特色的社会主义协商民主模式。概括而言,主要应该从以下几方面入手:

第一,通过促进公民的有序参与,循序渐进地推动中国的民主化进程。亨廷顿曾经针对发展中国家政治发展问题提出:"人当然可以有秩序而无自由,但不能有自由而无秩序"。② 中国 30 多年政治改革的经验是先稳定后发展,以发展促稳定,以改革促发展,实现改革、发展、稳定之间的和谐与平衡。尽管改革开放以来中国要借鉴其他国家吸取有益经验,但不能完全按照西方民主模式来推进。在民主建设方面应该采取循序渐进的改革思路,在保持继承和变革的相对平衡,保持社会的基本稳定的基础上,逐步扩大公民的有序参与。在我国传统政治中,公民政治参与相对欠缺,随着市场经济的改革和发展,公民的财富日益增加,独立、多元的经济主体日益成长和壮大,产生独立和多元的权利诉求,政治参与的要求也随之日益增强。而且,扩大公民参与还得到了政治上的认同,党的十八大报告明确提出:"要健全基层党组织领导的充满活力的基层群众自治机制,以扩大有序参与、推进信息公开、加强议事协商、强化权力监督为重点,拓宽范围和途径,丰富内容和形式,保障人民享有更多更切实的民主权利"。③ 在此背景下,我国公民参与渠道和空间正在日益广阔。公民可以通过人大、政协、工会、新闻媒体或其他社会组织,参与国家和政府的公共管理、公共决策和公共监督,参加地

---

① 徐大同、吴春华:《关于社会主义民主建设的几点思考》,《天津师范大学学报》1987 年第 6 期。

② [美]塞缪尔·亨廷顿:《变化社会中的政治秩序》,王冠华等译,生活·读书·新知三联书店 1989 年版,第 7 页。

③ 《胡锦涛在中国共产党第十八次全国代表大会上的报告》,来源:新华网 http://news.xin-huanet.com/18cpcnc/2012 - 11/17/c_113711665.htm。

方选举、村民自治和民主评议等多种活动,公民参与正逐步发展。

但是,目前中国公民参与在实践中存在不少问题:一是参与动力不足。中国的传统与现实共同确立了政府的主导地位。在这种环境下,中国公民参与与西方不同,它不完全是自发产生的,而是在政府及其部门支持下培植起来的,公民参与意识淡薄,这可能造成公民参与的形成与发展缺乏自主性,有效性不确定,参与动力不足。有学者曾指出:"协商式的公共决策在很大程度上仍然受制于政府权力和既有权威结构的影响,它的有效性和制度的可持续性仍存在较大的不确定性"。[①] 二是限于局部试点。我国目前的公民参与实践是在学者的推动与政府创新冲动的合力作用下展开的,虽然包括民主听证会、民主论坛和民主恳谈会等多种形式,但大多是一些局部地区的试点,没有普遍推行。也就是说,目前我国的公民参与"缺少系统而呈碎片化。我们看到公众参与在一些实践层面已经做起来,但我们看到的景象,都是一些孤立的点,而没有连贯的线"。[②] 三是公民参与形式化。我国当前的基层公民参与实践活动主要是咨询、议论、质疑以及询问等信息交流功能,这些实践模式存在着形式上的多样性和效力上的不确定性。公民参与的功能基本上局限在了解情况上,真正带有实质性的参与不多,话语权不足,参与范围较窄。也就是说,目前政府采用的公众参与方式,包括听证、公开听取公众意见、展示和咨询、民意调查、座谈会等,往往被形式化了。例如价格听证会被广大公众认为是一种形式主义,留下"逢听必涨"的印象。四是法律制度不完善。虽然保障公民参与行政决策的一些制度诸如听证制度、咨询制度、公示制度、信息公开制度已初步建立,但这些制度并不完善。听证、咨询、公示、信息公开这些制度的适用范围、落实程度在初步的制度建构中并未被明确确定下来。结果,我国目前的基层公众参与要不要推行仍然靠政府领导的觉悟,而不是法律设定的程序,不是政府部门的责任和义务,这阻碍了公民参与的发展。针对上述问题,今后推进我国公民的有序参

---

① 陈剩勇、吴兴智:《公民参与与地方公共政策的制定——以浙江省温岭市民主恳谈会为例》,《学术界》2007 年第 5 期。

② 蔡定剑:《民主是一种现代生活》,社会科学文献出版社 2010 年版,第 198 页。

与需要从以下几个方面入手：

首先，培育公民参与的政治文化。政治文化这一概念是美国政治学家阿尔蒙德最早提出："政治文化是一个民族在特定时期流行的一套政治态度、信仰和感情"。① 政治文化作为政治过程的文化背景，决定着公民参与的政治态度和政治价值取向，进而决定了公民参与的行为模式。有效的公民参与不仅需要完备的参与机制，还需要培育参与型政治文化。但是，目前我国公民政治文化与参与型政治文化还有较大的距离，公民参与的自觉性、主动性较低，参与意识薄弱。为此，一方面，政府应切实从官本位向民本位理念转变，尽快走出管理误区，真正把推进公共决策民主化看成一种责任和义务。另一方面，积极创造公民参与实践的机会，努力培育公民的参与意识，提高公民参与的自觉性和主动性。

其次，加强公民参与制度建设。当前，由于法律的缺陷和政府的动力不足，我国公民参与的发展受到限制，要使公民参与在中国有真正的发展，必须从法律上解决参与作为政府决策和治理程序过程的刚性制度问题。具体而言，一是要完善和落实已有的制度。听证制度、咨询制度、公示制度有待进一步规范。通过法律将听证、咨询、公示等制度的适用范围、代表产生程序、效力等问题明晰化，加强这些参与机制的制度化建设，以保证公民全面有效参与的实现；二是要不断进行制度创新。针对相关问题，应该积极探索公众参与的切实有效的制度。

再次，从技术层面完善公民参与机制。当前我国的基层公民参与实践有效性不足。因而，要推进公民参与需要从技术的层面改进公民参与机制。具体而言，一是改进参与方式，保障利益相关人参与。公民参与过程中，应保证公众参与和利害关系人的意见表达机会，使公众参与真正运转起来。公民参与实践中不能只包括支持政府方案者，还应包括利益相关人，甚至是相关利益对立人，听取他们的意见，以完善方案，这样才能通过积极参与保

---

① ［美］加布里埃尔·A.阿尔蒙德、小 G.宾厄姆·鲍威尔：《比较政治学：体系、过程和政策》，上海译文出版社 1987 年版，第 29 页。

障公民的合法权益;二是反馈参与结果。在这里,反馈就是公布参与人的意见。政府不一定要采纳多数的意见,但必须说明政府采纳或不采纳某些意见的理由。如果没有反馈,只是让公众发表意见,这样的参与缺乏有效性。① 三是提高政府的信息公开程度。信息公开是公众有效参与的基本条件和前提,公民参与以有效的信息为基础。没有充分透明的信息,公民将失去参与能力,而有偏向的、被控制的信息可能会导致错误的参与,因此政府有透明、公开地提供所有相关信息的义务。总之,应该多层次、多领域扩大公民有序政治参与。

第二,采取选举与协商并举的民主模式,在完善选举制的同时,加强公共协商,为保护公民权利提供有效机制。民主既是一种政治制度,也是一种政治过程。真正的民主,应当体现在政治制度的各个方面和政治过程的各个环节。其中,两个环节最重要:"第一个环节是民主选举。民主就是人民的统治,可人民对国家的统治一般都不是直接的,而是间接的。间接统治就离不开选举。人类到现在还没有找到另外一个更好的办法,来代替选举的形式,把最能代表人民利益并真正对人民负责的官员选出来。第二个环节就是决策,这里面包含了协商民主。当一个官员被选举出来后,一定要有一套制度来制约他的权力,让他在决策的过程中能够更多地听取人民群众、利益相关者及有关专家的意见。可见,选举民主与协商民主处于政治过程的不同环节,它们不能相互取代"。② 从当前国情来看,我国正处于由计划经济体制向市场经济体制的转型的过程,中国共产党领导的多党合作和政治协商制度属于非竞争性的民主体制,应探索一种选举和协商相结合的民主模式。

一方面,加强选举民主建设,为公民参与提供制度渠道。选举民主的核心是选举,每个公民都拥有选择权,体现的精神是平等的个人能够作出理性的选择,所有选择的总和就是公共的意志。选举民主为保障公民政治权利、

---

① 蔡定剑:《公众参与及其在中国的发展》,《团结》2009 年第 4 期。

② 参见俞可平:《以发展民生替代民主是错误思维》,http://news.163.com/09/0331/15/55OC13RO00012Q9L.html。

排除独裁专制、保证国家政权的政治合法性等起到了至关重要的作用。由于民主制度首先是一种国家制度,解决的是国家权力来源于人民的问题,因此以保障公民个人选择权为要义的选举民主在制度建设上具有重要意义。只有解决了权力来源于民的问题,才能从根本上保障人民的参与权。

我国不仅要完善选举民主的程序性建设,还要提升其实质性效果。改革开放以来,我国的选举民主取得了长足进展,建立了直接选举和间接选举有机结合的体制,使选举成为公民参与政治生活的重要制度渠道。"我国在较短时间内普及了普选权,建立了不同层次的选举制度,为权力来源于人民提供程序支持。但必须看到,在法律规定、程序环节、选举方法、投票方式等方面,还有很大的完善空间;选举民主的实质效果,还难以满足公民的期望"。[①] 而且,选举有其自身的局限性,它带来的副作用如果不能很好的抑制,很有可能被人利用来破坏选举和扼杀选举,选举过程中存在的贿选等现象、因简单多数原则而可能带来的多数人暴政、普选成本高昂等缺陷大大限制了选举民主和竞争性民主的发展。例如,在我国农村基层选举中用金钱来控制选举、家族势力和暴力行为等问题已经出现。因此,在加强选举民主的程序建设同时,应不断增强选举的公平性和竞争性,把选举民主的弊端限制在最小的范围内,提升其实质性效果。

另一方面,推进社会主义协商民主的发展,进一步保障公民权利。西方的参与式民主以选举代议制民主为基础和条件,但并不说明没有选举民主就完全不能实践参与式民主。"即使在威权政府下,参与式民主也对改善决策和治理起到很好的作用。参与式民主一般在地方政府和基层公共机构实行,它不会影响到政权稳定,而是一种法律秩序范围内的民主。所以它也会受到威权政府的青睐,从而使参与式民主获得现实政治的合法性"。[②] 在中国特色社会主义民主法治的发展过程中,选举民主和协商民主有着各自的功能和价值,应同时大力推动。

---

① 杨雪冬:《推动选举民主与协商民主的发展》,《陕西日报》2009 年 03 月 25 日。
② 蔡定剑:《民主是一种现代生活》,社会科学文献出版社 2010 年版,第 195 页。

促进我国社会主义协商民主的发展,需要从以下几方面入手:一是充分发挥政治协商制度的作用,构建并完善基于权利的制度平台。各级政治协商会议是协商民主发展的重要制度载体,新形势下有必要积极努力地为各种声音的表达提供畅通的制度化渠道。因此,应该"利用既有平台,建构一个基于权利的多维度利益表达机制,将日益分化的社会力量纳入一个不断完善的制度结构,使社会利益能够通过规范化的渠道加以表达,通过协商形成共识,有效协调复杂的利益关系,是完善政治协商制度的目的和前提"。① 二是发展多种形式的公共协商机制。应该"大力鼓励包括民主恳谈、社会对话在内的多种形式的协商民主的发展,推动程序化、规范化,并向制度化目标迈进。在协商民主发展中,一方面要积极扩大公民有序参与,加强协商的平等性;另一方面,也是更为重要的,就是要在协商过程中培养平等参与精神、民主协商习惯、服从公共决定的意识"。② 也就是说,应该发展协商治理实践,推进社会主义协商民主广泛、多层、制度化发展,改善政府治理状况。三是注意避免协商民主固有的缺陷。可以借鉴西方协商民主的具体手段,但要清楚地看到其存在的问题,并在马克思主义指导下避免和消除这些问题。尤其是,我国民主协商的政治体制是建立在选举民主发展滞后基础之上的,在诸多方面仍然亟待完善,存在广阔的发展空间。

需要注意的是,要协调选举民主和协商民主的关系,发挥二者相互支持、相互促进的作用。目前,最重要的是明确选举民主和协商民主各自发展的重点,依法有序推进,以提高制度的有效运行为目标,从而实现二者的良性互动。也就是说,通过渐进民主化方式,在进一步完善选举民主的基础上,使公民通过各种渠道参与和影响公共管理和公共决策,让公民参与逐步落到实处,以提升立法和公共决策的合法性,保护公民权利,改善民主治理的质量,使我国的民主政治建设走上健康发展之路。

关键问题在于,在当代中国的政治发展过程中,西方民主制度和价值观

---

① 陈家刚:《协商民主与政治协商》,高建、佟德志主编:《协商民主》,天津人民出版社 2010 年版,第 192 页。

② 杨雪冬:《推动选举民主与协商民主的发展》,《陕西日报》2009 年 03 月 25 日。

念并不是现成的享用品,不能完全照搬。"每一个伟大的文明都基于一个伟大的政治文明,中国的传统政制是中华古典文明的核心,中华文明复兴的希望在于确立一个植根于本土文明和本土条件的政体,解决大众面临的现实问题"。① 民主有其自身的成长和发展的逻辑,必然置身于特定的社会历史环境,这是树立科学、正确的民主观的出发点。

---

① 潘维:《民主与民主的神话》,《天涯》2001 年第 1 期。

结　语

　　随着社会政治的发展,民主越来越成为个人生活不可或缺的部分,人们也更多地从个人境况出发来讨论民主。因此,当代西方民主理论面临的根本困境在于:"怎样把外在的民主价值与人的内在生命价值统一起来,使民主不再是外在于人的力量,人不再为民主而民主,而是为生活和为生命的灿烂而民主"。①

　　正如英国学者约翰·邓恩(John Donne)所指出的,"1776 年以来,在任何时候,在任何条件下,民主作为一种国家政体形式,一直保持着胜利者的姿态,但很显然,这种民主是代议制民主而不是参与式民主"。② 以代议制为主要形式的自由主义民主在当代民主理论中一直占据主导地位,它强调消极保护个人的权利,对积极参与心存疑虑。在他们看来,应把民选政府控制在合法的范围内,没有限制的参与不仅会造成"多数人的暴政"、侵犯个人权利,还会导致政治混乱。自由主义民主作为社会经济发展的产物,是人类的智慧选择,在其运行的过程中显示出巨大的优越性,但自由主义民主的理论预设在实践中并未完全实现,其中蕴涵着内在的、深刻的矛盾与困境,尤其是它使民主沦为一种保护性的工具,忽视了民主参与本身对于个人发展具有的重要价值。

　　20 世纪后期,社会日益复杂化和多元化,同时随着整个社会的文化、教育水平的提高和现代信息技术的发展,人们借助先进的信息传播工具了解

---

　　① 公治之:《西方民主的困境及其理论思考》,《政治学研究》1996 年 3 期。
　　② [英]约翰·邓恩编:《民主的历程》,林猛等译,吉林人民出版社 1999 年版,第 248 页。

各种各样重大问题的机会大大增加,公民意识明显增强,新通讯技术给扩大和增强公众政治参与提供了可能。在这种情形下,无论从理论上还是实践上来看,公民对政治生活的平等参与成为了衡量民主政治的首要基准,限制参与的自由主义民主受到了越来越多的挑战。参与式民主理论的兴起,在一定程度上正是为了缓解自由主义民主所遇到的这种危机与困难。它对当代西方自由主义民主理论和实践进行了反省和批判,指出当代自由主义民主过度强调消极保护个人权利,忽视了积极参与对个人发展的重要价值,因此应重新强调公民直接参与的意义,恢复民主的原本涵义。作为一种针对市场社会所带来的种种弊端和危机的救疗方案,参与式民主提出了很多值得深思的问题。

但是,参与式民主在发展中存在消极保护与积极参与之间内在的紧张,没有回答如何有效避免积极参与带来的负面影响,也没有回答在具体政治运作中应该如何有效参与。而协商民主恰好沿着参与式民主的方向,回答了这些问题,它继承了早期参与式民主对参与的强调,但为了避免片面强调积极参与对个人权力可能造成的侵害,它更多地将重点放在提高参与的质量上,特别是关注如何才能更有助于产生满足公共利益的决策,以达到既能保护个人权利又能实现有效参与的目的。在他们看来,最有效的办法就是公共理性指导下的协商活动。

因此,本文得出的结论是:西方协商民主是参与式民主理论发展的新阶段,它为消极保护与积极参与提供了平衡的机制,符合当代社会的多元化发展趋势,具有重要的理论和实践价值。但是,参与式民主发展到协商民主阶段,仍以自由主义民主为基础,还是主要强调消极保护个人权利,积极参与是有限的,寻求消极保护与积极参与的平衡仍是它今后发展的方向。

对于正在探索民主化道路的中国来说,参与式民主理论具有重要的借鉴价值,它为我们提供了思考民主问题的新思路。它启示我们,民主不仅意味着参与投票,更重要是意味着参与决策。"协商民主理论以公民参与决策作为民主的核心价值,把具有不同利益诉求的公民群体之间的平等协商作为实现民主价值的一个主要方面或环节,这丰富了对于民主的认识"。① 自由主义民主只是把民主看作公民定期参与选举领导人。然而,民主不仅仅体现为自由选举,更主要地体现为参与决策,决策的过程不是领导决断的过程,而应该是自由平等的公民就某些公共事务充分表达各自利益和意见,通过协商最终产生符合公共利益的政策。通过参与决策,公民不仅能更好地保护个人的权利和自由,而且通过积极参与公共事务的过程,可以促进个人全面而自由的发展。

总之,对我们所有人来说,"民主仍是一项正在进行的工程而不是一项安全已然达成的成就"。②

---

① 燕继荣:《协商民主的价值和意义》,《科学社会主义》2006 年第 6 期。
② ［英］安东尼·阿伯拉斯特:《民主》,孙荣飞等译,吉林人民出版社 2005 年版,第 154 页。

参考文献

(一)中文著作

1.《马克思恩格斯选集》第1-4卷,人民出版社1995年版。

2.《马克思恩格斯全集》第1卷,人民出版社1956年版。

3.《马克思恩格斯全集》第23卷,人民出版社1972年版。

4.《马克思恩格斯全集》第42卷,人民出版社1979年版。

5.《马克思恩格斯全集》第46卷,人民出版社1979年版。

6.《列宁选集》第1-4卷,人民出版社1995年版。

7.[英]戴维·米勒、韦农·波格丹诺编:《布莱克维尔政治学百科全书》,邓正来等译,中国政法大学出版社2002年版。

8.[美]阿米·古特曼、丹尼斯·汤普森:《民主与分歧》,杨立峰、葛水林、应奇译,东方出版社2007年版。

9.[美]Amy Gutmann,Dennis Thompson:《商谈民主》,谢宗学、郑惠文译,智胜文化事业有限公司2006年版。

10.[美]阿尔文·托夫勒:《第三次浪潮》,朱志焱等译,生活·读书·新知三联书店1983年版。

11.[美]阿尔温·托夫勒:《未来的冲击》,孟广均等译,中国对外翻译出版公司1985年版。

12.[英]阿克顿:《自由史论》,胡传胜等译,译林出版社2001年版。

13.[美]阿伦·利普哈特:《民主的模式——36个国家的政府形式和政府绩效》,陈崎译,北京大学出版社出版2006年版。

14. ［英］埃德蒙·柏克:《自由与传统——柏克政治论文选》,蒋庆、王瑞昌、王天成译,商务印书馆 2001 年版。

15. ［英］安东尼·阿巴拉斯特:《西方自由主义的兴衰》,吉林人民出版社 2004 年版。

16. ［英］安东尼·阿伯拉斯特:《民主》,孙荣飞等译,吉林人民出版社 2005 年版。

17. ［英］安东尼·吉登斯:《超越左与右——激进政治的未来》,李惠斌、杨雪冬译,社会科学文献出版社 2003 年版。

18. ［美］安东尼·唐斯:《民主的经济理论》,姚洋等译,上海人民出版社 2005 年版。

19. ［法］邦雅曼·贡斯当:《古代人的自由与现代人的自由》,阎克文、刘满贵译,商务印书馆 1999 年版。

20. ［美］本杰明·巴伯:《强势民主》,彭斌等译,吉林人民出版社 2006 年版。

21. ［古希腊］柏拉图:《理想国》,郭斌和、张竹明等译,商务印书馆 1986 年版。

22. ［英］戴维·赫尔德:《民主的模式》,燕继荣等译,中央编译出版社 2004 年版。

23. ［英］戴维·赫尔德:《民主与全球秩序:从现代国家到世界主义治理》,胡伟等译,上海人民出版社 2003 年版。

24. ［美］丹尼尔·贝尔:《后工业社会的来临——对社会预测的一项探索》,高铦、王宏周、魏章玲译,新华出版社 1997 年版。

25. ［美］丹尼尔·A.科尔曼:《生态政治:建设一个绿色社会》,梅俊杰译,上海译文出版社 2002 年版。

26. ［英］道格拉斯·柯尔:《社会学说》,李平沤译,商务印书馆 1959 年版。

27. ［美］道格拉斯·拉米斯:《激进民主》,刘元琪译,中国人民大学出版社 2002 年版。

28. ［英］恩斯特·拉克劳、查特尔·墨菲:《领导权与社会主义的策略——

走向激进民主政治》,尹树广、鉴传今译,黑龙江人民出版社 2003 年版。

29.[澳]菲利普·佩迪特:《共和主义》,刘训练译,江苏人民出版社 2006 年版。

30.[英]弗里德利希·冯·哈耶克:《法律、立法与自由》(一、二、三卷),邓正来等译,中国大百科全书出版社 2000 年版。

31.[英]弗里德利希·冯·哈耶克:《自由秩序原理》(上、下),邓正来译,生活·读书·新知三联书店 1997 年版。

32.[英]弗里德利希·冯·哈耶克:《通往奴役之路》,王明毅译,中国社会科学出版社 1997 年版。

33.[英]F. A.哈耶克:《致命的自负》,冯克利、胡晋华译,中国社会科学出版 2000 年版。

34.[美]弗朗西斯·福山:《历史的终结及最后之人》,黄胜强、许铭原译,中国社会科学出版社 2003 年版。

35.[美]弗朗西斯·福山:《信任:社会美德与创造经济繁荣》,李宛容译,远方出版社 1998 年版。

36.[美]格林斯坦、波尔斯底比编:《政治学手册精选》,王沪宁等译,商务印书馆 1996 年版。

37.[美]Berward E. Brown 编著:《比较政治学读本》,北京大学出版社 2004 年版。

38.[美]汉密尔顿等:《联邦党人文集》,程逢如等译,商务印书馆 1980 年版。

39.[美]汉娜·阿伦特:《人的条件》,竺乾威译,上海人民出版社 1999 年版。

40.[美]汉娜·阿伦特:《论革命》,陈周旺译,译林出版社 2007 年版。

41.[美]郝大维、安乐哲:《先贤的民主:杜威、孔子与中国民主之希望》,何刚强译,江苏人民出版社 2004 年版。

42.[美]赫伯特·西蒙:《管理行为》,杨砾等译,北京经济学院出版社 1988 年版。

43. [英]霍布豪斯:《自由主义》,朱曾汶译,商务印书馆1996年版。

44. [美]加布里埃尔·A.阿尔蒙德、G.宾厄姆·鲍威尔:《比较政治学:体系、过程和政策》,曹沛霖等译,上海译文出版社1987年版。

45. [美]加·阿尔蒙德、西·维巴:《公民文化》,马殿君等译,浙江人民出版社1989年版。

46. [意]加塔诺·莫斯卡:《统治阶级》,贾鹤鹏译,译林出版社2002年版。

47. [法]古斯塔夫,勒庞:《乌合之众——大众心理研究》,冯克利译,中央编译出版社2000年版。

48. [意]圭多·德·拉吉罗:《欧洲自由主义史》,杨军译,吉林人民出版社2001年版。

49. [美]卡罗尔·佩特曼著:《参与和民主理论》,陈尧译,上海人民出版社2006年版。

50. [阿根廷]卡洛斯·桑迪亚戈·尼诺:《慎议民主的宪法》,赵雪纲译,法律出版社2009年版。

51. [美]克莱斯·瑞恩:《异中求同:人的自我完善》,张沛、张源译,北京大学出版社2001年版。

52. [美]科恩:《论民主》,聂崇信等译,商务印书馆1988年版。

53. [英]昆廷·斯金纳:《近代政治思想的基础》(上、下),奚瑞森、亚方译,商务印书馆2002年版。

54. [英]昆廷·斯金纳:《自由主义之前的自由》,李宏图译,上海三联书店2003年版。

55. [美]列奥·施特劳斯、约瑟夫·克罗波西:《政治哲学史》,李天然等译,河北人民出版社1993年版。

56. [美]罗伯特·贝拉等:《心灵的习性——美国人生活中的个人主义和公共责任》,翟宏彪等译,三联书店出版社1991年版。

57. [奥]路德维希·冯·米瑟斯:《自由与繁荣的国度》,韩光明等译,中国社会科学出版社1995年版。

58. [美]罗伯特·达尔:《多头政体——参与和反对》,谭君久、刘惠荣译,商务印书馆 2003 年版。

59. [美]罗伯特·达尔:《论民主》,李柏光、林猛译,商务印书馆 1999 年版。

60. [美]罗伯特·达尔:《民主理论的前言》,顾昕、朱丹译,三联书店出版社 1999 年版。

61. [美]罗伯特·达尔:《民主及其批评者》,曹海军、佟德志译,吉林人民出版社 2006 年版。

62. [美]罗伯特·A·达尔:《多元主义民主的困境——自治与控制》,尤正明译,求实出版社 1989 年版。

63. [德]罗伯特·米歇尔斯:《寡头统治铁律——现代民主制度中的政党社会学》,任军锋等译,天津人民出版社 2003 年版。

64. [美]罗伯特·诺齐克:《无政府、国家与乌托邦》,何怀宏等译,中国社会科学出版社 1991 年版。

65. [美]罗伯特·D. 帕特南:《使民主运转起来》,王列、赖海榕译,江西人民出版社 2001 年版。

66. [英]罗素:《西方哲学史》(上、下卷),马元德译,商务印书馆 1976 年版。

67. [法]卢梭:《社会契约论》,何兆武译,商务印书馆 2003 年版。

68. [美]马尔库塞:《工业社会与新左派》,任立编译,商务印书馆 1982 年版。

69. [美]马尔库塞:《单向度的人》,张峰译,重庆出版社 1988 年版。

70. [德]马克斯·韦伯:《经济与社会》(上、下卷),林荣远译,商务印书馆 1997 年版。

71. [德]马克斯·韦伯:《儒教与道教》,王容芬译,商务印书馆 1995 年版。

72. [英]迈克尔·H. 莱斯诺夫:《二十世纪的政治哲学家》,冯克利译,商务印书馆 2001 年版。

73. [美]迈克尔·J. 桑德尔:《自由主义与正义的局限》,万俊人等译,译林出版社 2001 年版。

74. [加]麦可福生:《自由民主的经验与时代》,张明贵译,桂冠图书股份有限公司 1993 年版。

75.[美]曼瑟尔·奥尔森:《集体行动的逻辑》,陈郁等译,上海三联书店、上海人民出版社 1995 年版。

76.[南非]毛里西奥·帕瑟林·登特里维斯主编:《作为公共协商的民主:新的视角》,王英津等译,中央编译出版社 2006 年版。

77.[法]孟德斯鸠:《论法的精神》,张雁深译,商务印书馆 1959 年版。

78.[法]米歇尔·克罗齐、[美]塞缪尔·P 亨廷顿、[日]绵贯让治:《民主的危机》,马殿军、黄素娟、邓梅译,求实出版社 1989 年版。

79.[美]帕特南:《使民主运转起来》,王列、赖海榕译,江西人民出版社 2001 年版。

80.《潘恩选集》,马清槐译,商务印书馆 1981 年版。

81.[法]皮埃尔·卡蓝默:《破碎的民主》,高凌瀚译,北京三联书店 2005 年版。

82.[日]蒲岛郁夫:《政治参与》,解莉莉译,经济日报出版社 1989 年版。

83.[美]乔治·霍兰·萨拜因:《政治学说史》,盛葵阳等译,商务印书馆 1986 年版。

84.[美]乔万尼·萨托利:《民主新论》,冯克利、阎克文译,东方出版社 1998 年版。

85.[美]Robert Isaak 编著:《美国政治思想经典文献选读》,北京大学出版社 2004 年版。

86.[美]塞拉·本哈比主编:《民主与差异:挑战政治的边界》,黄相怀译,中央编译出版社 2009 年版。

87.[美]塞缪尔·亨廷顿:《变化社会中的政治秩序》,王冠华等译,生活·读书·新知三联书店 1989 年版。

88.[美]塞缪尔·亨廷顿:《第三波——20 世纪后期民主化浪潮》,刘军宁译,上海三联书店 1998 年版。

89.[美]塞缪尔·亨廷顿、琼·纳尔森:《难以抉择——发展中国家的政治参与》,汪晓寿、吴志华、项继权译,华夏出版社 1989 年版。

90. [美]塞缪尔·鲍尔斯、赫伯特·金蒂斯:《民主和资本主义》,韩水法译,商务印书馆2003年版。

91. [意]萨尔沃·马斯泰罗内:《欧洲民主史》,黄华光译,社会科学文献出版社1998年版。

92. [英]史蒂文·卢克斯:《个人主义》,阎克文译,江苏人民出版社2001年版。

93. [英]T. H. 马歇尔、安东尼·吉登斯等:《公民身份与社会阶级》,郭忠华、刘训练编,江苏人民出版社2008年版。

94. [法]托克维尔:《论美国民主》(上、下卷),董果良译,商务印书馆1988年版。

95. [美]托马斯·戴伊:《民主的嘲讽》,孙占平等译,世界知识出版社1991年版。

96. [加]威尔·金里卡:《当代政治哲学》,刘莘译,上海三联书店2004年版。

97. [德]乌尔里希·贝克:《风险社会》,何博闻译,译林出版社2004年版。

98. [美]西摩·马丁·李普塞特:《政治人——政治的社会基础》,张绍宗译,上海人民出版社1997年版。

99. [古罗马]西塞罗:《国家篇 法律篇》,沈叔平、苏力译,商务印书馆1999年版。

100. [古希腊]修昔底德:《伯罗奔尼撒战争史》(上册),谢德风译,商务印书馆1960年版。

101. [古希腊]亚里士多德:《政治学》,吴寿彭译,商务印书馆1983年版。

102. [古希腊]亚里士多德:《雅典政制》,日知、力野译,商务印书馆1959年版。

103. [英]以赛亚·伯林:《自由论》,胡传胜译,译林出版社2003年版。

104. [德]尤尔根·哈贝马斯:《包容他者》,曹卫东译,上海人民出版社2002年版。

105. [德]尤尔根·哈贝马斯:《在事实与规范之间——关于法律和民主法

治国的商谈理论》,童世俊译,三联书店2003年版。

106. [德]尤尔根·哈贝马斯:《公共领域的结构转型》,曹卫东等译,学林出版社2005年版。

107. [德]尤尔根·哈贝马斯:《合法化危机》,刘北成、曹卫东译,世纪出版集团、上海人民出版社2000年版。

108. [德]哈贝马斯:《交往行动理论》,洪佩郁、蔺菁译,重庆出版社1994年版。

109. [美]伊森·里布主编:《美国民主的未来——一个设立公众部门的方案》,朱昔群等译,中央编译出版社2009年版。

110. [英]约翰·邓恩编:《民主的历程》,林猛等译,吉林人民出版社1999年版。

111. [美]约翰·杜威:《新旧个人主义——杜威文选》,孙有中等译,上海社会科学院出版社1997年版。

112. [美]约翰·杜威:《人的问题》,傅统先、邱椿译,上海人民出版社1965年版。

113. [英]约翰·格雷:《自由主义的两张面孔》,顾爱彬等译,江苏人民出版社2005年版。

114. [美]约翰·凯克斯:《反对自由主义》,应奇译,江苏人民出版社2003年版。

115. [美]约翰·罗尔斯:《正义论》,何怀宏等译,中国社会科学出版社1998年版。

116. [美]约翰·罗尔斯:《政治自由主义》,万俊人译,译林出版社2000年版。

117. [美]约翰·罗尔斯:《万民法》,张晓辉等译,吉林人民出版社2001年版。

118. [美]约翰·罗尔斯:《作为公平的正义——正义新论》,姚大志译,上海三联书店,2002年版。

119. [美]罗尔斯等:《政治自由主义:批评与辩护》,万俊人等译,广东人民出版社 2003 年版。

120.［美］约翰·克莱顿·托马斯:《公共决策中的公民参与》,孙柏瑛译,中国人民大学出版社 2005 年版。

121.［英］约翰·洛克:《政府论》(下),叶启芳、瞿菊农译,商务印书馆 1964年版。

122.［英］约翰·密尔:《论自由》,许宝骙译,商务印书馆 1959 年版。

123.［英］约翰·密尔:《代议制政府》,汪瑄译,商务印书馆 1982 年版。

124.［英］约翰·穆勒:《政治经济学原理》(上、下卷),胡企林、朱泱译,商务印书馆 1991 年版。

125.［澳］约翰·S. 德雷泽克:《协商民主及其超越:自由与批判的视角》,丁开杰等译,中央编译出版社 2006 年版。

126.［美］约翰·奈斯比特:《大趋势——改变我们生活的十个新方向》,孙道章等译,新华出版社 1984 年版。

127.［美］约瑟夫·熊彼特:《资本主义、社会主义与民主》,吴良键译,商务印书馆 1999 年版。

128.［美］约·埃尔斯特:《协商民主:挑战与反思》,周艳辉译,中央编译出版社 2009 年版。

129.［美］詹姆斯·博曼:《公共协商:多元主义、复杂性与民主》,黄相怀译,中央编译出版社 2006 年版。

130.［美］詹姆斯·博曼、威廉·雷吉主编:《协商民主:论理性与政治》,陈家刚等译,中央编译出版社 2006 年版。

131.［美］詹姆斯·菲什金、［英］彼得·拉斯莱特主编:《协商民主论争》,张晓敏译,中央编译出版社 2009 年版。

132.［日］猪口孝等:《变动中的民主》,林猛等译,吉林人民出版社 1999 年版。

133.徐大同主编:《西方政治思想史》,天津教育出版社 2002 年版。

134.徐大同主编:《当代西方政治思潮:70 年代以来》,天津人民出版社 2000 年版。

135. 王乐理主编:《西方政治思想史》(第一卷),天津人民出版社 2005 年版。

136. 丛日云主编:《西方政治思想史》(第二卷),天津人民出版社 2005 年版。

137. 高建主编:《西方政治思想史》(第三卷),天津人民出版社 2005 年版。

138. 吴春华主编:《西方政治思想史》(第四卷),天津人民出版社 2005 年版。

139. 马德普主编:《西方政治思想史》(第五卷),天津人民出版社 2005 年版。

140. 包亚明主编:《现代性的地平线——哈贝马斯访谈录》,李安东、段怀清译,上海人民出版社 1997 年版。

141. 蔡定剑:《民主是一种现代生活》,社会科学文献出版社 2010 年版。

142. 陈炳辉:《参与式民主的理论》,厦门大学出版社 2012 年版。

143. 陈家刚编:《协商民主》,上海三联书店 2004 年版。

144. 陈剩勇,[澳]何包钢主编:《协商民主的发展:协商民主理论与中国地方民主国际学术研讨会论文集》,中国社会科学出版社 2006 年版。

145. 丛日云:《当代世界的民主化浪潮》,天津人民出版社 1997 年版。

146. 丛日云:《在上帝与凯撒之间:基督教二元政治观与近代自由主义》,生活·读书·新知三联书店 2003 年版。

147. 房宁:《民主政治十论:中国特色社会主义民主理论与实践的若干重大问题》,中国社会科学出版社 2007 年版。

148. 高建、佟德志主编:《协商民主》,天津人民出版社 2010 年版。

149. 郭秋永:《当代三大民主理论》,新星出版社 2006 年版。

150. 郭为桂:《大众民主:一种思想史的文本解读与逻辑重构》,武汉大学出版社 2008 年版。

151. 顾肃:《自由主义基本理念》,中央编译出版社 2003 年版。

152. 顾肃:《罗尔斯:正义与自由的求索》,辽海出版社 1999 年版。

153. 顾准:《顾准文集》,贵州人民出版社 1994 年版。

154. 何包钢:《民主理论:困境和出路》,法律出版社 2008 年版。

155. 何包钢:《协商民主:理论方法和实践》,中国社会科学出版社 2008 年版。

156. 何怀宏:《公平的正义——解读罗尔斯＜正义论＞》,山东人民出版社 2002 年版。

157. 何怀宏编著:《西方公民不服从的传统》,吉林人民出版社 2001 年版。

158. 河清:《民主的乌托邦》,中国社会科学出版 2004 年版。

159. 哈佛燕京学社、三联书店主编:《公共理性与现代学术》,生活·读书·新知三联书店 2000 年版。

160. 哈佛燕京学社、三联书店主编:《儒家与自由主义》,生活·读书·新知三联书店 2001 年版。

161. 黄文扬:《国内外民主理论要览》,中国人民大学出版社 1990 年版。

162. 江宜桦:《自由民主的理路》,新星出版社 2006 年版。

163. 罗豪才等:《软法与协商民主》,北京大学出版社 2007 年版。

164. 李强:《自由主义》,中国社会科学出版社 1998 年版。

165. 李铁映:《论民主》,人民出版社、中国社会科学出版社 2001 年版。

166. 刘军宁主编:《民主与民主化》,商务印书馆 1999 年版。

167. 刘军宁等:《直接民主与间接民主》,北京三联书店 1998 年版。

168. 刘军宁:《共和·民主·宪政——自由主义思想研究》,上海三联书店 2000 年版。

169. 马德普主编:《中西政治文化论丛》(第 2 辑),天津出版社 2002 年版。

170. 马德普:《普遍主义的贫困——自由主义政治哲学批判》,人民出版社 2005 年版。

171. 马啸原:《西方政治思想史纲》,高等教育出版社 1998 年版。

172. 慕毅飞主编:《民主恳谈——温岭人的创造》,中央编译出版社 2005 年版。

173. 启良:《西方自由主义传统:西方反自由至新自由主义的追索》,广东人民出版社 2003 年版。

174. 石元康:《当代西方自由主义理论》,上海三联书店 2000 年版。

175. 孙永芬:《西方民主理论史纲》,人民出版社 2008 年版。

176. 谈火生编:《审议民主》,江苏人民出版社 2007 年版。

177. 谈火生:《民主审议与政治合法性》,法律出版社 2007 年版。

178. 佟德志:《现代西方民主的困境及其出路》,人民出版社 2008 年版。

179. 陶东明、陈明明:《当代中国政治参与》,浙江人民出版社 1998 年版。

180. 唐士其:《西方政治思想史》,北京大学出版社 2002 年版。

181. 汪行福:《通往话语民主之路—与哈贝马斯对话》,四川人民出版社 2002 年版。

182. 汪晖、陈燕谷主编:《文化与公共性》,生活·读书·新知三联书店 2005 年版。

183. 王彩波主编:《西方政治思想史》,中国社会科学出版社 2004 年版。

184. 王惠岩主编:《政治学原理》,高等教育出版社 1999 年版。

185. 王维国编著:《公民有序政治参与的途径》,人民出版社 2007 年版。

186. 吴春华:《当代西方自由主义》,中国社会科学出版社 2004 年版。

187. 许国贤:《个人自由的政治理论》,法律出版社 2008 年版。

188. 许国贤:《马克弗森》,东大图书股份有限公司 1993 年版。

189. 徐鸿武等:《当代西方民主思潮评析》,北京师范大学出版社 2000 年版。

190. 闫健:《民主是个好东西:俞可平访谈录》,社会科学文献出版社 2006 年版。

191. 应克复等:《西方民主史》,中国社会科学出版社 1997 年版。

192. 应奇、刘训练编:《第三种自由》,东方出版社 2006 年版。

193. 应奇、刘训练编:《公民共和主义》,东方出版社 2006 年版。

194. 俞可平:《增量民主与善治》,社会科学文献出版社 2003 年版。

195. 俞可平:《民主与陀螺》,北京大学出版社 2006 年版。

196. 原宗丽:《参与式民主理论研究》,中国社会科学出版社 2011 年版。

197. 张铭、严强主编:《政治学方法论》,苏州大学出版社 2003 年版。

198. 赵成根:《民主与公共决策研究》,黑龙江人民出版社 2000 年版。

(二)中文论文

1. 梁军峰:《中国参与式民主发展研究》,中共中央党校博士学位论文,2006 年。

2. 刘训练:《公民与共和——当代西方共和主义研究》,天津师范大学博士学位论文,2006 年。

3. 马奔:《协商民主理论问题研究》,山东大学博士学位论文,2007 年。

4. 马德普:《普遍主义的贫困——自由主义政治哲学研究》,天津师范大学博士学位论文,2002 年。

5. 董石桃:《公民参与和民主发展》,浙江大学博士学位论文,2011 年。

6. 王洪树:《民主政治视野下的协商合作研究》,武汉大学博士学位论文,2008 年。

7. 薛洁:《偏好转换的民主过程——群体选择的困境》,吉林大学博士学位论文,2006 年。

8. 余宜斌:《自由主义民主的困境与重建——麦克弗森的政治理论研究》复旦大学博士论文,2007 年。

9.《中共中央关于加强人民政协工作的意见(摘要)》,载《人民日报》2006 年 3 月 2 日,第 001 版。

10. [印]阿玛蒂亚·森:《民主的价值观放之四海而皆准》,《当代中国研究》2000 年第 2 期。

11. 戴夫·伦顿:《替代新自由主义的参与式民主实践》,《国外理论动态》2005 年第 10 期。

12. [美]弗兰克·费舍尔:《乌尔里希·贝克和风险社会政治学评析》,《马克思主义与现实》2005 年第 3 期。

13. [美]乔治·M.瓦拉德兹:《协商民主》,《马克思主义与现实》2004 年第 3 期。

14. [加拿大]杰弗里·希尔墨:《参与式民主理论的现状(上)》,《国外理论动态》2011 年第 3 期。

15.［加拿大］杰弗里·希尔墨:《参与式民主理论的现状(下)》,《国外理论动态》2011年第4期。

16.［英］马修·费斯廷斯泰因:《协商、公民权与认同》,《马克思主义与现实》2004年第3期。

17.［澳］John S. Dryzek:《不同领域的协商民主》,《浙江大学学报(人文社会科学版)》2005年第3期。

18.［美］James S. Fishkin:《实现协商民主:虚拟和面对面的可能性》,《浙江大学学报(人文社会科学版)》2005年第3期。

19.［英］斯科特·拉什:《风险社会与风险文化》,王武龙编译,《马克思主义与现实》2002年第4期。

20.［荷］沃特·阿赫特贝格:《民主、正义与风险社会:生态民主政治的形态与意义》,《马克思主义与现实》2003年第3期。

21.［德］乌尔里希·贝克:《从工业社会到风险社会(下篇)——关于人类生存、社会结构和生态启蒙等问题的思考》,《马克思主义与现实》2003年第5期。

22.蔡定剑:《公众参与及其在中国的发展》,《团结》2009年第4期。

23.蔡定剑:《中国公众参与的问题与前景》,《民主与科学》2010年第5期。

24.蔡定剑:《政改至少走三步:党内民主、公共预算、公众参与》,《领导文粹》2010年第7期。

25.常士闇:《发展协商民主,完善中国特色的族际政治整合》,《民族研究》2010年第4期。

26.陈炳辉:《20世纪西方民主理论的演化》,《厦门大学学报》1999年第3期。

27.陈炳辉:《直接民主与间接民主——〈代议制政府〉的重新解读》,《当代哲学》2006年第1期。

28.陈东升、林国明:《审议民主、科技与公民教育》,第十届张昭鼎纪念研讨会「科学与教育」,台湾大学应用力学馆国际会议厅,http://tsd. social. ntu. edu. tw。

29. 陈家刚:《协商民主引论》,《马克思主义与现实》2004 年第 3 期。

30. 陈家刚:《协商民主:概念、要素与价值》,《中共天津市委党校学报》2005 年第 3 期。

31. 陈家刚:《协商民主的价值、挑战与前景》,《中共天津市委党校学报》2008 年第 3 期。

32. 陈家刚:《协商民主研究在东西方的兴起与发展》,《毛泽东邓小平理论研究》2008 年第 7 期。

33. 陈家刚:《生态文明与生态治理的路径选择》,《大地》,http://news.xin-huanet.com/ politics/2007 - 12/11 /content_7231036. htm

34. 陈家刚:《风险社会与协商民主》,《马克思主义与现实》2006 年第 3 期。

35. 陈家刚:《温岭改革:开启基层协商民主新路径》,《学习时报》2012 年 11 月 26 日。

36. 陈剩勇:《协商民主理论与中国》,《浙江社会科学》2005 年第 1 期。

37. 陈剩勇、杜洁:《互联网公共论坛与协商民主:现状、问题和对策》,《学术界》2005 年第 5 期。

38. 陈剩勇、赵光勇:《参与式治理研究述评》,《教学与研究》2009 年第 8 期。

39. 陈尧:《西方民主观及其理论思考》,《中共福建省委党校学报》2001 年第 1 期。

40. 陈尧:《拥占性个人主义与自由主义民主——C. B. 麦克弗森的政治学说》,《上海交通大学学报(哲学社会科学版)》2004 年第 1 期。

41. 陈尧:《从参与到协商—当代参与型民主理论之前景》,《学术月刊》2006 年第 8 期。

42. 陈尧:《民主时代的参与》,《读书》2006 年第 8 期。

43. 陈尧:《西方参与式民主理论及其对中国社会主义民主政治的启示》,《社会主义研究》2008 年第 1 期。

44. 陈尧:《参与式民主:一种新的民主范式》,《贵州师范大学学报(社会科学版)》2010 年第 5 期。

45. 陈尧：《折中的民主——麦克弗森的参与式民主思想》，《上海行政学院学报》2012 年第 5 期。

46. 昌业云，马晓黎：《协商民主在预防和处置群体性事件中的功能》，《山东社会科学》2011 年第 9 期。

47. 丛日云：《民主制度的公民教育功能》，《中共天津市委党校学报》2001年第 1 期。

48. 邓兴军：《参与式民主适合中国》，《北京青年报》2003 年 11 月 13 日第A35 版。

49. 杜英歌、娄成武：《西方协商民主理论述评》，《国家行政学院学报》2010年第 5 期。

50. 高新军：《"增量改革"：温岭制度创新 11 年不变》，《同舟共进》2010 年第 6 期。

51. 高抗、吴兴智：《当代西方参与式民主的理路及其限度》，《理论月刊》2012 年第 4 期。

52. 公治之：《西方式民主的困境及其理论思考》，《政治学研究》1996 年 3期。

53. 郭忠华：《个体·公民·政治——现代政治的思想理路与悖谬趋势》，《浙江学刊》2007 年第 6 期。

54. 何包钢：《协商民主之方法》，《学习时报》2006 年 2 月 13 日第 5 版。

55. 何包钢：《协商民主在解决群体性突发事件中的作用》，《学习时报》2010年 4 月 19 日第 005 版。

56. 何包钢：《协商民主和协商治理：协商民主是解决外嫁女上访问题的一个有效方法吗？》，《北京论坛（2011）文明的和谐与共同繁荣——传统与现代、变革与转型："协商民主与社会和谐"政治分论坛论文及摘要集》，2011 年版。

57. 贺龙栋：《协商民主的理论诘难与现实挑战》，《社会主义研究》2008 年第 1 期。

58. 黄东益、萧乃沂、陈敦源：《网际网路时代公民直接参与的机会与挑战——台北市「市长电子信箱」的个案研究》,《东吴政治学报》2003 年第 17 期。

59. 洪明:《"西方民主"还是源于西方的民主》,《战略与管理》2002 年第 6 期。

60. 胡伟:《民主与参与:走出貌合神离的困境? ——评卡罗尔·帕特曼的参与民主理论》,《政治学研究》2007 年第 1 期。

61. 蒋本国:《参与式民主理论初探》,《学习与探索》2002 年第 6 期。

62. 金安平、姚传明:《"协商民主":在中国的误读、耦合以及创造性转换的可能》,《新视野》2007 年第 5 期。

63. 康健:《论个人主义的逻辑及其限度》,《中共中央党校学报》1997 年第 4 期。

64. 齐卫平、陈朋:《网络公共论坛:虚拟空间中的协商民主实践》,《理论探讨》2010 年第 5 期。

65. 郎友兴:《商议性民主与中国的地方经验:浙江省温岭市的"民主恳谈会"》,《浙江社会科学》2005 年第 1 期。

66. 林尚立:《协商政治:对中国民主政治发展的一种思考》,《学术月刊》2003 年第 4 期。

67. 林尚立:《协商政治:中国特色民主政治的基本形态》,《毛泽东邓小平理论研究》2007 年第 9 期。

68. 林尚立:《协商政治与和谐社会:中国的国家建设之路》,《天津社会科学》2008 年第 3 期。

69. 林国明、陈东升:《公民会议与审议民主:全民健保的公民参与经验》,《台湾社会学》2003 年第 6 期。

70. 林应荣:《参与式预算与社会管理创新》,《人大研究》2012 年第 1 期。

71. 潘非欧:《汉娜·阿伦特论公共领域的建设》,《浙江学刊》2006 年第 5 期。

72. 潘维:《民主与民主的神话》,《天涯》2001 年第 1 期。

73. 阮思余:《参与制民主:佩特曼的言说》,http://www.chinaelections.org/

NewsInfo. asp？NewsID＝95703，2006 年 9 月 18 日。

74. 谈火生：《审议民主理论的基本理念和理论流派》，《教学与研究》2006 年第 11 期。

75. 王邦佐、朱勤军：《协商民主的内涵和中国协商民主的特征》，《联合时报》2006 年 9 月 15 日第 007 版。

76. 王运宝、孙建光：《温岭参与式民主恳谈》，《决策》2008 年第 1 期。

77. 王锡锌：《参与式治理与根本政治制度的生活化》，《法学杂志》2012 年第 6 期。

78. 吴兴智：《协商民主与中国乡村治理》，《湖北社会科学》2010 年第 10 期。

79. 徐大同、吴春华：《关于社会主义民主建设的几点思考》，《天津师范大学学报》1987 年第 6 期。

80. 徐友渔：《中国式民主的模式和道路》，《同舟共济》2007 年第 12 期。

81. 许纪霖：《在合法与正义之间——关于两种民主的反思》，《战略与管理》2001 年第 6 期。

82. 许国贤：《商议式民主与民主想象》，《政治科学论丛》2000 年第 13 期。

83. 燕继荣：《两种民主观和民主观念的现代性变革》，《学习与探索》2002 年第 2 期。

84. 燕继荣：《协商民主的价值和意义》，《科学社会主义》2006 年第 6 期。

85. 杨雪冬：《推动选举民主与协商民主的发展》，《陕西日报》2009 年 03 月 25 日。

86. 应奇：《两种政治观的对话——关于哈贝马斯与罗尔斯的争论》，《浙江学刊》2000 年第 6 期。

87. 应克复：《西方民主的逻辑发展》，《上海社会科学院学术季刊》1997 年第 1 期。

88. 于建嵘：《维权就是维稳》，《人民论坛》2012 年第 1 期。

89. 于建嵘：《当前压力维稳的困境与出路——再论中国社会的刚性稳定》，《探索与争鸣》2012 年第 9 期。

90. 俞可平：《当代西方政治理论的热点问题（下）》，《学习时报》2002 年 12 月 23 日。

91. 俞可平：《民主是个好东西》，《民主》2007 年第 1 期。

92. 俞可平：《以发展民生替代民主是错误思维》，http://news.163.com/09/0331/15/55OC13RO00012Q9L.html。

93. 虞崇胜、张光辉：《参与式民主与主权在民的实现机制》，《江苏行政学院学报》2012 年第 1 期。

94. 张丹丹：《小议参与式民主之"参与"》，《湖北社会科学》2008 年第 2 期。

95. 张方华：《协商民主与公共利益的困境》，《理论探讨》2009 年第 1 期。

96. 张紧跟：《从维权抗争到协商对话：当代中国民主建设新思路》，《华中师范大学学报（人文社会科学版）》2011 年第 2 期。

97. 赵晨：《协商还是博弈：对欧洲制宪会议的考察》，《欧洲研究》2007 年第 5 期。

98. 郑曙村、张瑞琨：《当代西方"参与制民主"理论分析》，《济南大学学报》1998 年第 8 期。

99. 郑慧：《参与民主与协商民主之辨》，《华中师范大学学报（人文社会科学版）》2012 年第 6 期。

100. 朱圣明：《抽样民主与代议民主的结合——一种新型的基层民主形式》，《学习时报》2009 年 6 月 29 日第 5 版。

101. 陈奕敏：《民主恳谈：社会管理创新的好形式》，《浙江日报》2012 年 1 月 17 日。

102. 《胡锦涛在中国共产党第十八次全国代表大会上的报告》，来源：新华网 http://news.xinhuanet.com/18cpcnc/2012-11/17/c_113711665.htm。

103. 《国务院新闻办公室发表＜中国的政党制度＞白皮书》，来源：新华网 http://news.xinhuanet.com/newscenter/2007-11/15/content_7078834_3.htm。

104. 《中国共产党领导的多党合作和政治协商制度》，来源：中国政府门户网站 http://www.gov.cn/test/2005-05/25/content_18182.htm。

（三）英文文献

1. Amy Gutmann and Dennis Thompson, Why Deliberative Democracy, Princeton: Princeton University Press, 2004.

2. A. Gutmann and D. Thompson, Democracy and Disagreement, Cambridge MA: Belknap Press of Harvard University Press, 1996.

3. Coarle Patemna, Participation and Democratic Theory, Cambridge: Cambridge University Press, 1970.

4. C. B. Macpherson, The Political Theory of Possessive Individualism: Hobbes to Locke, Oxford: Oxford University Press, 1962.

5. C. B. Macpherson, Democratic Theory, Oxford: Oxford University Press, 1973.

6. C. B. Macpherson, The Life and Times of Liberal Democracy, Oxford: Oxford University Press, 1977.

7. Carlos Santiago Nino, The Constitution of Deliberative Democracy, New Haven: Yale University Press, 1996.

8. Cass R. Sunstein, Designing Democracy: What Constitutions Do, Oxford: Oxford University Press, 2001.

9. Diana C. Mutz, Hearing the Other Side: Deliberative versus Participatory Democracy, Cambridge: Cambridge University Press, 2006.

10. Jane J. Mansbridge, Beyond Adversary Democracy, Chicago: University of Chicago Press, 1983.

11. James F. Bohman, William Rehg(ed.), Deliberative Democracy: Essays on Reason and Politics, Cambridge, MA: MIT Press, 1997.

12. James S. Fishkin and Peter Laslett(ed.), Debating Deliberative Democracy, Blackwell Publishing Ltd, 2003.

13. James S. Fishkin, Deliberative and Deliberation: New Directions for Democratic Reform, New Haven and London: Yale University Press, 1991.

14. James S. Fishkin, When the People Speak: Deliberative Democracy and

Public Consultation, Oxford University Press, 2011.

15. Jon Elster(ed.), Deliberative democracy, Cambridge: Cambridge University Press, 1998.

16. John Gastil and Peter Levine (ed.), The Deliberative democracy Handbook: Strategies for Effective Civic Engagement in the Twenty First Century, San Francisco: Jossey – Bass, June 2005.

17. John S. Dryzek, Deliberative democracy and beyond: Liberals, critics, contestations, Oxford: Oxford University Press, 2000.

18. John S. Dryzek, Foundations and Frontiers of Deliberative Governance, Oxford: University Press, 2011.

19. Maurizio Passerin D'Entreves (ed.), Democracy as Public Deliberation: new perspectives, Manchester and New York: Manchester University Press, 2002.

20. Seyla Benhabib, The Claims of Culture: Equality and Diversity in the Global Era, Princeton: Princeton University Press, 2002.

21. Seyla Benhabib(ed.), Democracy and difference, Princeton: Princeton University Press, 1996.

22. Shawn W. Rosenberg(ed.), Deliberation, Participation and Democracy: Can the People Govern?, New York: St. Martin's Press, 2007.

23. Suzanne Ogden, Inklings of Democracy in China, Massachusetts: Harvard University Press,2002.

24. Amy Gutmann and Dennis Thompson, "Deliberative Democracy Beyond Process", Prepared for the Conference on Deliberating about Deliberative Democracy, University of Texas, ustin February 4 – 6, 2000. http://www. svet. lu. se/links/Demokratiresurser/papers_deliberativ demokrati/DelibDembeyondProcess. pdf.

25. Adeno Addis, "Constitutionalizing Deliberative Democracy in Multilingual Societies", Berkeley Journal of International Law, Vol. 25, No. 2, 2007.

26. Anika Gauja, "The Pitfalls of Participatory Democracy: A Study of the Australian Democrats' GST", Australian Journal of Political Science, Vol. 40, No. 1, March 2005.

27. Bruce Ackermen, James S. Fishkin, "Deliberation Day", The Journal of Political Philosophy, Vol. 10, No. 2, 2002.

28. Cass R. Sunstein, "Deliberative Trouble? Why Groups Go to Extremes", The Yale Law, Journal, Vol. 110, Oct. 4, 2000.

29. Charles Levendosky, "Participatory democracy depends upon open records, open meetings", Masthead, Vol. 54, No. 7, Summer 2002.

30. Christiana Ochoa, "The Relationship of Participatory Democracy to Participatory Law Formation", Indiana Journal of Global Legal Studies, Vol. 15, No. 1, Winter 2008.

31. Cheryl Hall, "Recognizing the Passion in Deliberation: Toward a More Democratic Theory of Deliberative Democracy", Hypatia, Vol. 22, No. 4, Fall 2007.

32. David Capie, "Diplomatic Amity or Democratic Reform?", Taiwan Journal of Democracy, Vol. 5, No. 2, July 2009.

33. David Stasavage, "Polarization and Publicity: Rethinking the Benefits of Deliberative Democracy", The Journal of Politics, Vol. 69, No. 1, February 2007.

34. James S. Fishkin, "Realizing Deliberative Democracy: Virtual and Face to Face Possibilities", Electronic Working Papers Series, http://www. ethics. ubc. ca/workingpapers/deg/ deg007. pdf.

35. James S. Fishkin, Baogang He, Robert C. Luskin, Alice Siu, "Deliberative Democracy in an Unlikely Place: Deliberative Polling in China", http:// cdd. stanford. edu/research/papers/2006/ china – unlikely. pdf.

36. James S. Fishkin, Baogang He, Robert C. Luskin, Alice Siu, Deliberative Democracy in an Unlikely Place: DeliberativePolling in China, British journal

of political science, 2010, Vol. 40, No. 2.

37. Jeffrey Kopstein, "The Dilemmas of Liberal Intervention", Taiwan Journal of Democracy, Vol. 5, No. 2, December 2009.

38. John S. Dryzek, Christian List, "Social Choice Theory and Deliberative Democracy: A Reconciliation", British Journal of Political Science, version 27, February 2002.

39. John S. Dryzek, "Legitimacy and Economy in Deliberative Democracy", Political Theory, http://dspace. anu. edu. au/bitstream/1885/41642/1/W15. pdf.

40. Judith M. Green, "Participatory Democracy", Journal of Speculative Philosophy, Vol. 18, No. 1, 2004.

41. Lynn M. Sanders, "Against Deliberation", Political Theory, Vol. 25, No. 3, Jun, 1997.

42. Michael Bratton, Yun – han Chu, and Marta Lagos, "Who Votes? – Implications for New Democracies", Taiwan Journal of Democracy, Vol. 6, No. 1, July 2010.

43. Michael Menser, "Transnational Participatory Democracy in Action: The Case of La Via Campesina", Journal of Social Philosophy, Vol. 39, No. 1, Spring 2008.

44. Nancy L. Thomas, "Educating for Deliberative Democracy: The Role of Public Reason and Reasoning", Journal of College & Character, Vol. 9, No. 2, November 2007.

45. Paul Litt, "Trudeaumania: Participatory Democracy in the Mass – Mediated Nation", The Canadian Historical Reviews, Vol. 89, No. 1, March 2008.

46. Philip Pettit, "Deliberative Democracy and the Discursive Dilemma", Philosophical Issues (Supp. Nous), Vol 11, 2001.

47. Ron Miller, "Toward Participatory Democracy," Free Voices, No. 2, summer 2005.

48. Stefan Rummens, "Debate: The Co – originality of Private and Public Autonomy in Deliberative Democracy", The Journal of Political Philosophy, Vol. 14, No. 4, 2006.

49. Tim Heysse, "Consensus and Power in Deliberative Democracy", Inquiry, Vol. 49, No. 3, June 2006.

后 记

　　书稿终于完成了，在滇池之畔一个静谧的夜晚。写作过程辛苦却充实，一直有恩师和亲友的鼓励与支持，在此想表达我最诚挚的谢意。

　　此书是在我博士论文的基础上进一步研究完成的，因此首先要感谢我的博士导师高建教授，他以渊博的学识和特有的人格魅力深深感染着我，而且本书从选题开始就倾注了他无数的心血。感谢政治学界泰斗徐大同先生，他的教诲使我深受启迪；感谢马德普教授、吴春华教授和常士闿教授，他们的指点也使我颇有教益。感谢中国政法大学博士后合作导师丛日云教授的提点；感谢同学赵海英、于峰和张慧卿的无私帮助。

　　同时，感谢云南大学的各位老师，没有他们的支持我不可能完成此书稿。首先感谢我的硕士导师崔运武教授，他在工作和生活等各方面给予了我诸多的关心和帮助，让我能安心完成书稿；感谢周平教授无私的指点和提携；感谢马啸原教授、袁明旭教授多年来诸多的关照。

　　另外，感谢一直为我默默操劳、无私奉献的父母，特别是病逝的父亲；感谢爱人邹智忠十五年的陪伴和鼓励。

　　最后，感谢国家社会科学基金青年项目的资助，通过该资助我才能进一步开展研究，对博士论文全部章节进行大幅度修改和完善，尤其是导言、第一章和第四章，共删改和增加数万字内容，以完成此书稿。

　　当然，此书还有很多不足之处，恳请各位批评指正。

卢 瑾

二零一三年元月二十二日于昆明

责任编辑:陈寒节

责任校对:湖 催

图书在版编目(CIP)数据

西方参与式民主理论发展研究/卢瑾著. —北京:人民出版社,
2013.11

ISBN 978 - 7 - 01 - 012728 - 6

Ⅰ.①西… Ⅱ.①卢… Ⅲ.①民主 - 政治理论 - 研究 -
西方国家 Ⅳ.①D082

中国版本图书馆 CIP 数据核字(2013)第 251587 号

西方参与式民主理论发展研究

XIFANG CANYUSHI MINZHU LILUN FAZHAN YANJIU

卢瑾 著

人民出版社 出版发行

(100706 北京市东城区隆福寺街 99 号)

北京新魏印刷厂印刷 新华书店经销

2013 年 11 月第 1 版 2013 年 11 月北京第 1 次印刷

开本:710 毫米×1000 毫米 1/16 印张:19.00

字数:279 千字 印数:0,001 - 1,700 册

ISBN 978 - 7 - 01 - 012728 - 6 定价:39.00 元

邮购地址:100706 北京市东城区隆福寺街 99 号

人民东方图书销售中心 电话:(010)65250042 65289539